# 教科の「深い学び」を実現するパフォーマンス評価

「見方・考え方」をどう育てるか

西岡加名恵
石井英真
［編著］

日本標準

# はじめに

　2017年の学習指導要領改訂に向けた議論のなかで，当初，衆目を集めたキーワードは，アクティブ・ラーニングだった。変化の激しい時代を生きる子どもたちに，問題解決，論理的思考，コミュニケーションといった汎用的スキルを保障するためには，授業の質を転換することが重要だと考えられたのである。

　だが，間もなくアクティブ・ラーニングについては，活発な活動が行われていたとしても「深い学び」は実現されない危惧があるのではないか，という批判が寄せられることとなった。かくして，2017年版学習指導要領においては，「主体的・対話的で深い学び」の視点からの学習過程の改善が推奨されるにいたった。

　しかしながら，「主体的・対話的」な学びと「深い学び」の両立は，言うは易く行うは難しである。そこで本書では，「深い学び」を実現するために，教科における「本質的な問い」に対応させてパフォーマンス課題を用いることを提案している。「本質的な問い」とは，教科の本質を見極めることを促すような問いである。また，パフォーマンス課題とは，複数の知識やスキルを総合して使いこなすことを求めるような複雑な課題である。具体的には，レポートなど何らかの作品を生み出したり，プレゼンテーションなど一連のプロセスを実演したりすることを求めるような課題が考えられる。

　教科において魅力的なパフォーマンス課題を用いれば，子どもたちの「主体的」な学びが促進されることとなる。「対話的」な学びについてみると，対話そのものが課題となる場合もあれば，課題に取り組む力を身につけさせる学習を効果的に進めるために対話が取り入れられる場合もある。

　「本質的な問い」に対応させてパフォーマンス課題を用いることによって，それぞれの教科において育成をめざす「資質・能力」，とりわけ「思考力・判断力・表現力」を支えるような「見方・考え方」も身につくことが期待される。詳細は本文に譲るが，2017年版学習指導要領で「見方・考え方」の育成が推進された背景には，実は，米国のカリキュラム設計論である「逆向き設計」論で提唱されている「永続的理解」の考え方がある（G. ウィギンズ，J. マクタイ（西岡加名恵訳）『理解をもたらすカリキュラム設計』日本標準，2012年参照）。「永続的理解」とは，将来，それぞれの教科内容の詳細を忘れてしまったとしても身につけておいてほしいような重要な「理解」を指す。そこで本書では，各教科で育成をめざすべき「永続的理解」（「見方・考え方」）についても，提案している。

　子どもたちに「深い学び」を保障するために，カリキュラムと授業，評価の改善をめざす先生方にとって，本書が一助となれば幸いである。

　本書の執筆者たちは，2009年度より，京都大学大学院教育学研究科E.FORUMの会員

となってくださった先生方とともに，各教科における「本質的な問い」「永続的理解」とパフォーマンス課題を整理した「E.FORUM スタンダード」の共同研究開発プロジェクトに取り組んできた（http://e-forum.educ.kyoto-u.ac.jp/seika/ 参照）。本書では，その研究の蓄積を，2017 年版学習指導要領の内容を踏まえて発展させることをめざした。本書で提案している内容は，執筆者たちの研究成果であるばかりでなく，各地の先生方の実践の成果でもある。ここに記して，心より感謝申し上げたい。

　なお，共同研究開発を進めるにあたっては，日本学術振興会科学研究費補助金の基盤研究（B）「E.FORUM カリキュラム設計データベースを活用したスタンダードの開発」（課題番号：21330177，2009 〜 2013 年度，研究代表者：矢野智司），ならびに基盤研究（B）「21 世紀型コンピテンシー育成のためのカリキュラムと評価の開発」（課題番号：26285175，2014 〜 2018 年度，研究代表者：矢野智司）の助成を受けた。

　また，本書の出版にあたっては，企画から刊行に至るまで，日本標準の郷田栄樹氏に多大なご支援をいただいた。厚く御礼申し上げたい。

　　2019 年 2 月

　　　　　　　　　　　　　　　　　　　　　　　　　　　　　　　　　　西岡加名恵

# 目次

はじめに　西岡加名恵 …………………………………………………………………… 3

## 第Ⅰ部　2017年版学習指導要領とパフォーマンス評価　　　　西岡加名恵　9

1　2017年版学習指導要領の方針　10
　(1)「資質・能力」の育成　　(2) 教科等ならではの「見方・考え方」
　(3) パフォーマンス評価
2　パフォーマンス課題と「逆向き設計」論　12
　(1) 学力評価の方法　　(2)「逆向き設計」論
3　パフォーマンス課題の作り方　15
　(1) 単元の中核に位置する重点目標に見当をつける　　(2)「本質的な問い」を明確にする
　(3) パフォーマンス課題のシナリオを作る　　(4)「期待されるパフォーマンス」
4　ルーブリックの作り方　19
　(1) ルーブリックとは何か　　(2) 特定課題ルーブリックの作り方
　(3) 長期的ルーブリック
5　学力評価計画の立て方　20
　(1) 観点別学習状況の評価　　(2) 学力評価計画の立て方
【コラム】より深く理解するために　パフォーマンス評価Q&A　22

## 第Ⅱ部　各教科で育てる「見方・考え方」とパフォーマンス課題　23

### 第1章　国語科　八田幸恵 ……………………………………………………… 24

1　2017年版学習指導要領「国語科」における主な変更点　24
　(1) 比較対象　　(2) 目標，内容領域編成，指導事項　　(3) まとめ
2　国語科における「本質的な問い」と「期待されるパフォーマンス」　29
　(1) 問題状況　　(2) 日米における読みの指導論に学ぶ
3　国語科におけるパフォーマンス課題づくりの発想法　31

## 第2章　社会科　鋒山泰弘・次橋秀樹　……………………………………………… 36
### 1　2017年版学習指導要領「社会科」における主な変更点　36
　（1）変更の概要　　（2）「何ができるようになるか」
　（3）「どのように学ぶか」　　（4）「何を学ぶか」
### 2　社会科における「本質的な問い」と「永続的理解」　39
　（1）社会科における「本質的な問い」　　（2）社会科における「永続的理解」
### 3　社会科におけるパフォーマンス課題の実践例　40
　（1）「昔の道具と人びとのくらし」
　（2）「中国・四国地方　―都市と農村の変化と人々の暮らし―」

## 第3章　算数・数学科　石井英真……………………………………………………… 48
### 1　2017年版学習指導要領「算数・数学科」における主な変更点　48
　（1）算数・数学科の目標　　（2）算数・数学科の内容と領域の組み換え
### 2　算数・数学科における「本質的な問い」と「永続的理解」　49
　（1）包括的な「本質的な問い」の抽出　　（2）各領域における問いのスパイラル
　（3）算数・数学科の方法論に関する問い
### 3　算数・数学科におけるパフォーマンス課題の実践例　53
　（1）目標設定から課題の構成へ――小学校第5学年の単元「単位量当たりの量」
　（2）素材の発見から課題の構成へ――中学校第2学年の単元「一次関数」

## 第4章　理科　大貫　守　………………………………………………………………… 64
### 1　2017年版学習指導要領「理科」における主な変更点　64
　（1）理科における全体目標の方向性　　（2）理科の「見方・考え方」とは何か
　（3）資質・能力を育む学習過程のイメージ
### 2　理科における「本質的な問い」と「永続的理解」　68
### 3　理科におけるパフォーマンス課題の実践例　70
　（1）「すがたをかえる水」の実践例　　（2）「自然と人間」の実践

## 第5章　生活科　中西修一朗　…………………………………………………………… 78
### 1　2017年版学習指導要領「生活科」における主な変更点　78
　（1）目標と内容の整理　　（2）運用上の留意事項
### 2　生活科における「本質的な問い」と「永続的理解」　79
　（1）生活科の領域区分　　（2）生活科における「本質的な問い」と「永続的理解」
### 3　生活科におけるパフォーマンス課題の実践例　80

## 第6章　音楽科　　小山英恵　　　　　　　　　　　　　　　　　　　　　　　　　84

### 1　2017年版学習指導要領「音楽科」における主な変更点　　84
　（1）音楽科の目標・内容と3つの「資質・能力」　　（2）「音楽的な見方・考え方」
　（3）「生活や社会の中の音や音楽，音楽文化と豊かに関わる資質・能力」の育成
### 2　音楽科における「本質的な問い」と「永続的理解」　　86
　（1）表現と鑑賞の深まりをもたらす　　（2）「本質的な問い」　　（3）「永続的理解」
### 3　音楽科におけるパフォーマンス課題の実践例　　88
　（1）小学校第4学年〔歌唱表現〕　　（2）中学校第3学年〔創作〕

## 第7章　図画工作科　　中西修一朗　　　　　　　　　　　　　　　　　　　　　96

### 1　2017年版学習指導要領「図画工作科」における主な変更点　　96
　（1）図画工作科の目標について　　（2）図画工作科の内容について
### 2　図画工作科における「本質的な問い」と「永続的理解」　　97
　（1）図画工作科における領域区分について　　（2）領域ごとの包括的な「本質的な問い」
### 3　図画工作科におけるパフォーマンス課題の実践例　　98

## 第8章　美術科　　小山英恵　　　　　　　　　　　　　　　　　　　　　　　　104

### 1　2017年版学習指導要領「美術科」における主な変更点　　104
　（1）「生活や社会の中の美術や美術文化と豊かに関わる資質・能力」の育成
　（2）「造形的な見方・考え方」
### 2　美術科における「本質的な問い」と「永続的理解」　　105
　（1）美術科の学習と「私」との関わり　　（2）美術の「表現」と「鑑賞」の営み
### 3　美術科におけるパフォーマンス課題の実践例　　105
　（1）「本質的な問い」を繰り返し問う単元構想
　（2）「造形的な見方・考え方」を育むパフォーマンス課題とルーブリック

## 第9章　家庭科〔家庭／技術・家庭科（家庭分野）〕　　北原琢也　　　　　　110

### 1　2017年版学習指導要領「家庭科」における主な変更点　　110
　（1）家庭科の目標における主な変更点　　（2）家庭科の教育内容と指導内容における見直し
### 2　家庭科における「本質的な問い」と「永続的理解」　　112
　（1）家庭科における「見方・考え方」　　（2）家庭科における「本質的な問い」
　（3）家庭科における「永続的理解」
### 3　家庭科におけるパフォーマンス課題の実践例　　113

## 第10章　技術科［技術・家庭科（技術分野）］　北原琢也……116

1　2017年版学習指導要領「技術科」における主な変更点　116
　（1）技術科の目標における主な変更点
　（2）技術科の教育内容と指導内容における主な見直し
2　技術科における「本質的な問い」と「永続的理解」　118
　（1）技術科における「見方・考え方」　　（2）技術科における「本質的な問い」
　（3）技術科における「永続的理解」
3　技術科におけるパフォーマンス課題の実践例　119

## 第11章　体育・保健体育科　徳島祐彌……122

1　2017年版学習指導要領「体育・保健体育科」における主な変更点　122
　（1）豊かなスポーツライフの重視　　（2）「知識・技能」と「思考・判断・表現」
　（3）予想される影響と危惧される点
2　体育科における「本質的な問い」と「永続的理解」　123
3　体育科におけるパフォーマンス課題の実践例　124
　（1）パフォーマンス課題「ヒーローインタビューに答えよう！」の実践
　（2）パフォーマンス課題「NHK放送局への安全な行き方を教えてあげよう！」の実践
4　おわりに　129

## 第12章　外国語活動・外国語科　赤沢真世・福嶋祐貴……136

1　2017年版学習指導要領「外国語活動・外国語科」における主な変更点　136
　（1）外国語科で求められる資質・能力と「見方・考え方」
　（2）小学校での主な変更点　　（3）中学校での主な変更点
2　外国語科における「本質的な問い」と「永続的理解」　140
3　外国語科におけるパフォーマンス課題の実践例　140
　（1）「Welcome to Japan」　　（2）「Show & Tellをしよう」

執筆者一覧……149

＊本書における各実践者の所属は，実践当時のものです。

# 第Ⅰ部

## 2017年版学習指導要領と パフォーマンス評価

西岡加名恵

2017年版学習指導要領で示された方針とパフォーマンス評価は,どのように関係しているのだろうか？
第Ⅰ部では,パフォーマンス評価の基本的な考え方を解説する。

# 1　2017年版学習指導要領の方針

## 1　「資質・能力」の育成

　グローバル化やICTの革新など急激な社会の変化を背景として、学習指導要領の2017年改訂にあたっては、従来の学力の範疇にとどまらない「資質・能力」を育成するという方針が打ち出された。そこでは、育成すべき「資質・能力」が次の3つの柱で捉えられている。すなわち、①「何を理解しているか、何ができるか（生きて働く「知識・技能」の習得）」、②「理解していること・できることをどう使うか（未知の状況にも対応できる「思考力・判断力・表現力等」の育成）」、③「どのように社会・世界と関わり、よりよい人生を送るか（学びを人生や社会に生かそうとする「学びに向かう力・人間性等」の涵養）」である[1]（図1）。さらに、「資質・能力」の育成のために、「主体的・対話的で深い学び」（「アクティブ・ラーニング」）の視点からの学習過程の改善が推奨されている[2]。

　「資質・能力」を育成するという方針は、これからの社会において生きていくために必要な力を保障するうえで一定の意義があるものと期待される。しかしながら、「資質・能力」の育成や、アクティブ・ラーニングの実施をめぐっては、いくつかの疑問の声が投げかけられているのも事実である。そのうちのひとつは、教科における学力保障が十分に図られなくなるのではないか、というものである。たとえば、授業において、「主体的」で「対話的」な学習が行われていたとしても、「深い学び」が実現できているとは限らない。教科の内容に即した「深い学び」の実現が課題となっているのである。

## 2　教科等ならではの「見方・考え方」

　この課題を乗り越えるために、2017年版学習指導要領では、「特に、各教科等において身に付けた知識及び技能を活用したり、思考力、判断力、表現力等や学びに向かう力、人間性等を発揮させたりして、学習の対象となる物事を捉え思考することにより、各教科等の特質に応じた物事を捉える視点や考え方（以下「見方・考え方」という。）が鍛えられていくことに留意し、児童が各教科等の特質に応じた見方・考え方を働かせながら、知識を相互に関連付けてより深く理解したり、情報を精査して考えを形

**図1　育成をめざす「資質・能力」の3つの柱**

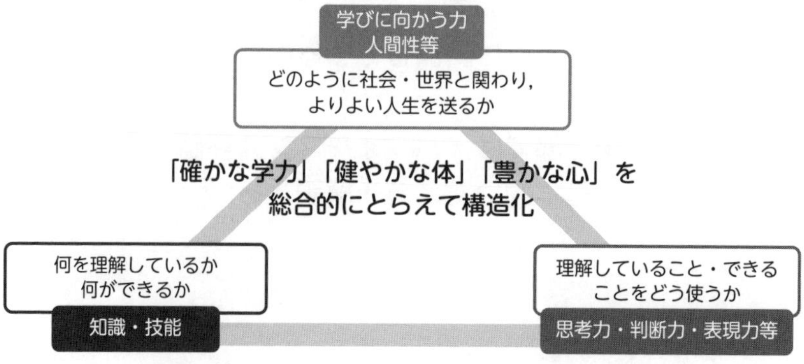

```
            学びに向かう力
             人間性等
        どのように社会・世界と関わり、
          よりよい人生を送るか

    「確かな学力」「健やかな体」「豊かな心」を
          総合的にとらえて構造化

  何を理解しているか              理解していること・できる
    何ができるか                   ことをどう使うか
     知識・技能                    思考力・判断力・表現力等
```

出典：中央教育審議会「幼稚園，小学校，中学校，高等学校及び特別支援学校の学習指導要領等の改善及び必要な方策等について（答申）」補足資料，2016年12月21日，p.7。

**表1　「検討会」の論点整理において示された方針**

②育成すべき資質・能力に対応した教育目標・内容について

・現在の学習指導要領に定められている各教科等の教育目標・内容を以下の三つの視点で分析した上で，学習指導要領の構造の中で適切に位置付け直したり，その意義を明確に示したりすることについて検討すべき。ア）〜ウ）については，相互のつながりを意識しつつ扱うことが重要。
ア）教科等を横断する汎用的なスキル（コンピテンシー）等に関わるもの
　　① 汎用的なスキル等としては，例えば，問題解決，論理的思考，コミュニケーション，意欲など
　　② メタ認知（自己調整や内省，批判的思考等を可能にするもの）
イ）教科等の本質に関わるもの（教科等ならではの見方・考え方など）
　　例：「エネルギーとは何か。電気とは何か。どのような性質を持っているのか」のような教科等の本質に関わる問いに答えるためのものの見方・考え方，処理や表現の方法など
ウ）教科等に固有の知識や個別スキルに関するもの
　　例：「乾電池」についての知識，「検流計」の使い方

出典：「育成すべき資質・能力を踏まえた教育目標・内容と評価の在り方に関する検討会―論点整理―【主なポイント】」2014年3月31日。

成したり，問題を見いだして解決策を考えたり，思いや考えを基に創造したりすることに向かう過程を重視した学習の充実を図ること」[3]が強調されている。

ここで言う，教科等の特質に応じた「見方・考え方」が強調された背景には，学習指導要領改訂を議論した中央教育審議会の設置に先だって行われた「育成すべき資質・能力を踏まえた教育目標・内容と評価の在り方に関する検討会（以下，「検討会」）」での議論があった。「検討会」の「論点整理」では，**表1のイの例が示すとおり，教科等ならではの「見方・考え方」が，「教科等の本質に関わる問い」に対応するもの**として構想されている。これは，「逆向き設計」論において提唱されている「本質的な問い」，ならびに「原理や一般化」についての「永続的理解」の考え方をふまえて提案されたものであった（詳細は後述）。

### 3　パフォーマンス評価

教科における学力を含めた「資質・能力」の育成を図るために，学習指導要領改訂にあたってもうひとつ強調されたのが，パフォーマンス評価の活用である。中央教育審議会答申においては，「資質・能力のバランスのとれた学習評価を行っていくためには，指導と評価の一体化を図る中で，論述やレポートの作成，発表，グループでの話合い，作品の制作等といった多様な活動に取り組ませるパフォーマンス評価などを取り入れ，ペーパーテストの結果にとどまらない，多面的・多角的な評価を行っていくことが必要である。さらには，総括的な評価のみならず，一人一人の学びの多様性に応じて，学習の過程における形成的な評価を行い，子供たちの資質・能力がどのように伸びているかを，例えば，日々の記録やポートフォリオなどを通じて，子供たち自身が把握できるようにしていくことも考えられる」[4]と述べられている。

「資質・能力」の3つの柱も，評価方法との対応で解釈するとわかりやすい。次ページの**表2**に示した評価方法のうち，①②の問題は「知識・技能」の習得を確かめるものであるのに対し，③に示した課題は「思考力・判断力・表現力」の発揮を捉えるものである。③のように，複数の知識やスキルを総合して使いこなすことを求めるような複雑な課題を，パフォーマンス課題と言う（詳細は後述）。さらに④の課題は，「総合的な学習の時間」における探究的な課題

**表2　問題と課題の例**

| | |
|---|---|
| ① | 次の文の空欄に適切な言葉を書きなさい。<br>サンフランシスコ近郊の（　　　　　　　）は，コンピュータ関連産業の中心地である。<br>（筆者作成） |
| ② | アメリカの工業の特色は，どのようなものでしょうか。地図帳の統計資料で工業製品の種類や輸出量を調べて，まとめてみましょう。<br>（出典：『新しい社会　地理』東京書籍，2016年，p. 104，および『社会科　中学生の地理』帝国書院，2016年，p. 118を参照して筆者作成） |
| ③ | あなたは，ある自動車会社の海外事業展開部のチームの一員です。あなたの会社では，電気自動車（EVあるいはPHEV）の生産，販売において，海外進出を計画しています。この度，あなたはどこの国に事業展開していくかを提案することになりました。産業の特徴，生産力や消費力，住みやすさ（自然環境，政治・経済，文化の状況，人口），日本との結びつきなどの視点から会社の利益はもちろんのこと，進出する相手国の持続的な発展，その国に進出するメリットとデメリットもふまえて提案書を作成しなさい。<br>（熊本大学教育学部附属中学校　小田修平先生の実践） |
| ④ | 地域の人々がより幸せに暮らせるための企画を考えます。地域の特色や課題についてフィールドワークで調査したうえで，グループで企画を考え，提案してください。<br>（出典：金沢大学人間社会学域学校教育学類附属高等学校の実践。山本吉次「SGHと探究学習の実践」E.FORUM教師力アップ研修「探究力をどう育成するか」2015年3月28日，http://ocw.kyoto-u.ac.jp/ja/opencourse/92/videos参照） |

である。これは，「どのように社会に・世界と関わり，よりよい人生を送るか」について，子どもたちがより直接的に取り組む課題だと言えよう。

実際の学習指導要領においては，「資質・能力」の3つの柱と評価方法との対応については必ずしも明確にされていない。むしろ，3つの柱で捉えられる「資質・能力」をカリキュラム（教育課程）全体で育成することが強調されている。しかしながら，「資質・能力」の育成を強調することによって教科内容の保障がおろそかになりかねないという批判をふまえれば，教科においては「知識・技能」の習得と「思考力・判断力・表現力」の育成を中心的な目標とする，「総合的な学習の時間」と特別活動においては子ども自身が設定した課題に即して探究的な学習や自治的・文化的な活動に取り組むというように，領域ごとの特質に応じた指導を行うことが重要であろう。また，「学びに向かう力，人間性等」については，カリキュラム全体で実現すべき教育目的や教育目標とするのが妥当だと考えられる。

以上をふまえて，本書では，**各教科において「深い学び」を実現するために，目標設定に際して各教科で育成をめざす「見方・考え方」を，「本質的な問い」に対応した「永続的理解」の形で明確化すること，ならびにパフォーマンス課題を用いることを提案したい。**

## 2　パフォーマンス課題と「逆向き設計」論

### 1　学力評価の方法

ここで，学力評価の方法について整理するとともに，パフォーマンス課題とはどのようなものかを確認しておこう。**図2**には，現在までに登場しているさまざまな学力評価の方法を分類している。ここには，評価方法を単純なものから複雑なものへと並べるとともに，左側に「筆記による評価」，右側に「実演による評価」を示すという形で整理している。

「筆記による評価」で最も単純なものが「選択回答式（客観テスト式）の問題」である。「筆記による評価」でやや複雑なものは，自由記述

図2 学力評価のさまざまな方法

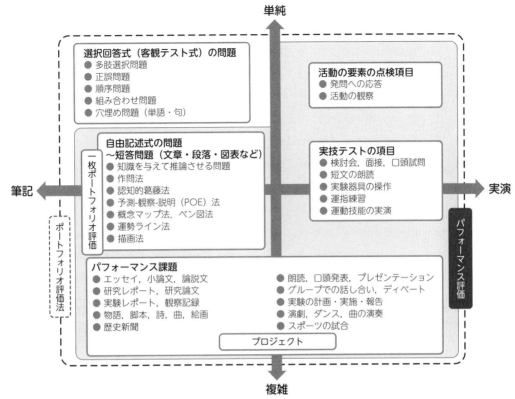

出典：西岡加名恵『教科と総合学習のカリキュラム設計』図書文化，2016年，p.83。

式の問題である。

さらに複雑になると，論説文やレポートなど，まとまった作品を求める課題となる。これを，パフォーマンス課題と言う。パフォーマンス課題とは，さまざまな知識やスキルを総合して使いこなすことを求めるような複雑な課題を指す。

パフォーマンス課題には，実演を求めるものもある。たとえば，プレゼンテーションや実験の実施を求める課題などである。パフォーマンス課題は多くの場合，**図3**の網掛けに示したように，単元で学んだ要素（パーツ）を総合して取り組んだり，同じ課題に繰り返し取り組んでレベルアップを図ったり，といった形で取り組む「まとめの課題」として単元のなかに位置づけられると考えられる。

「実演による評価」のうち，より単純なもの

図3 パフォーマンス課題の位置づけ

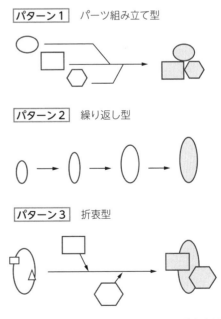

出典：西岡加名恵「『逆向き設計』とは何か」西岡加名恵編『「逆向き設計」で確かな学力を保障する』明治図書，2008年，p.12。

は実技テストである。理科を例にとると，一連の実験を計画・実施し，報告するのを求めるのはパフォーマンス課題，一定時間内に早く正確にガスバーナーを操作することを求めるのは実技テストと言えよう。さらに単純になると，発問への応答を確認したり，活動の諸要素をチェックリストに沿って点検したりといった評価方法が考えられる。

なお，パフォーマンス評価とは，知識やスキルを状況において使いこなすことを求めるような評価方法の総称である。「客観テスト」で測れる学力は限定的なものであるという批判を基盤として登場した用語であるため，図2では「客観テスト」以外の評価方法をすべて含むものとして示している。

また，ポートフォリオ評価法とは，ポートフォリオ作りを通して，子どもが自らの学習のあり方について自己評価することを促すとともに，教師も子どもの学習活動と自らの教育活動を評価するアプローチである。ポートフォリオとは，子どもの作品や自己評価の記録，教師の指導と評価の記録などをファイルや箱など系統的に蓄積していくものを意味している[5]。パフォーマンス課題に取り組むにあたっては，生み出された作品をポートフォリオに蓄積していけば，成長の足跡が教師と子ども，さらには保護者にも明瞭になるだろう。

## 2 「逆向き設計」論

次に，パフォーマンス課題をカリキュラムのどこに位置づけるかを考えるうえで有効な理論として，「逆向き設計」論を紹介したい。「逆向き設計」論とは，ウィギンズ（G. Wiggins）とマクタイ（J. McTighe）が，『理解をもたらすカリキュラム設計（*Understanding by Design*）』（ASCD，1998年／2005年；増補第2版の西岡加名恵訳，日本標準，2012年）という著書のなかで提唱しているカリキュラム設計論である[6]。

「逆向き設計」論では，単元設計（「ミクロな設計」）ならびに年間指導計画やカリキュラム全体の設計（「マクロな設計」）を行う際に，「求められている結果（目標）」「承認できる証拠（評価方法）」「学習経験と指導（授業の進め方）」を三位一体のものとして考えることが提唱されている（図4）。「逆向き」と呼ばれるのは，教育によって最終的（単元末・学年末・卒業時など）にもたらされる結果から遡って教育を設計することを主張していること，また通常，指導が終

**図4 「逆向き設計」の3つの段階**

出典：西岡加名恵「アクティブ・ラーニングの充実をどう図るか」西岡加名恵編著『「資質・能力」を育てるパフォーマンス評価』明治図書，2016年，p.14。G. ウィギンズ，J. マクタイ（西岡加名恵訳）『理解をもたらすカリキュラム設計』日本標準，2012年，p.22の図をもとに筆者作成。

わった後で考えられがちな評価方法を指導の前に構想することを提案していることからである。日本においても，2001年版指導要録で「目標に準拠した評価」が全面的に導入されて以来，指導の前に目標と評価規準を明確にし，それに照らして学習の実態を捉える評価を行い，評価結果を生かして指導の改善を図るという取り組みが進んでいる。しかしながら，「逆向き設計」論は，評価規準だけではなく評価方法を明確にしておくことを指摘している点で，さらに一歩，実践を前進させるものとなっている。

「逆向き設計」論では，教科における「知の構造」と評価方法の対応関係が整理されている（図5）。次に，「知の構造」の詳細を確認しつつ，パフォーマンス課題の作り方について説明しよう。

## 3 パフォーマンス課題の作り方

### 1 単元の中核に位置する重点目標に見当をつける

パフォーマンス課題を用いるにあたっては，まずパフォーマンス課題に適した単元を設定することが求められる。すべての単元で，パフォーマンス課題を用いる必要はないので，さまざまな知識やスキルを総合してレポートなどの作品を作ったりプレゼンテーションなどの実演に取り組ませたりするのに適した単元を選定することが重要となる。特に，学年を超えて繰り返し扱われるような重要な目標（概念やプロセス）に対応する単元を選ぶことが求められる。

なお，パフォーマンス課題に取り組むには，通常，少なくとも数時間かけて思考を練ったり，何度か練習して熟達したりすることが必要となるため，1～2時間程度の小単元はパフォーマンス課題には適さない。場合によっては，複数の小さな単元を組み合わせて，少し大きな単元を設定することが求められることとなる。

そのうえで，単元全体で達成させるべき重点目標は何かと考える。ここでは，理科の例で考えてみよう。図5の「知の構造」が示すように，最も低次には「事実的知識」と「個別的スキル」が存在している。理科でいえば，「硫化鉄にう

図5 「知の構造」と評価方法・評価基準の対応

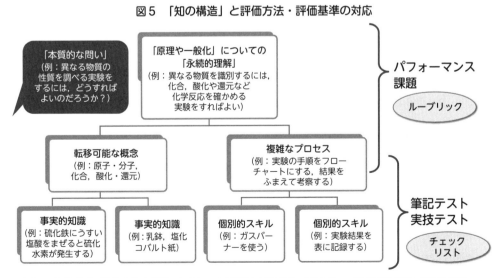

出典：西岡加名恵『教科と総合学習のカリキュラム設計』図書文化，2016年，p.82の図に加筆して筆者作成。

すい塩酸をまぜると硫化水素が発生する」といった個々の事象や、乳鉢・塩化コバルト紙などの固有名詞は「事実的知識」であろう。また、「ガスバーナーを使う」「実験結果を表に記録する」といった、比較的単純なスキルを「個別的スキル」と呼ぶ。

「事実的知識」や「個別的スキル」は、幅広く知っておく価値があるが、それだけでは現実的な状況のなかで使いこなせる力になるとは限らない。より重要な知識・スキルとして、「転移可能な概念」や「複雑なプロセス」がある。たとえば、原子・分子、化合、酸化・還元といった概念、「実験の手順をフローチャートにする」「結果をふまえて考察する」といったプロセスが考えられる。

さらに、それらの概念やプロセスを総合して理解しておくべき「原理や一般化」がある。たとえば、「異なる物質を識別するには、化合、酸化・還元などの化学反応を確かめる実験をすればよい」といった理解が考えられるだろう。パフォーマンス課題は、このような「原理や一般化」についての「永続的理解」という重点目標に対応させて考案することが有効である。

「理解」については、素朴なものから洗練されたものまで、さまざまな深さが想定されうる。したがって、「永続的理解」については、指導する子どもたちに期待される水準を想定しつつ文章化することとなる。その単元でめざす「永続的理解」を文章化すると、どのような概念と複雑なプロセスを総合したような理解をめざしているのかが明確になる。このことは、教育目標の設定にあたって重視すべきは内容かスキルかという二項対立を乗り越える方途を示す点で、大変意義深いと考えられる。

### 2 「本質的な問い」を明確にする

「原理や一般化」についての「永続的理解」は、教科の中核に位置する重点目標である。しかし、その内実を見極めるのは、容易ではない。そこで、「逆向き設計」論では、「本質的な問い」を明確にしておくことが有効だと提案されている。「本質的な問い」は、学問の中核に位置する問いであると同時に、生活との関連から学ぶ意義が見えてくるような問いでもある。通常、一問一答では答えられないような問いであり、論争的で探究を触発するような問いである。「本質的な問い」を問うことで、個々の知識やスキルが関連づけられ総合されて「永続的理解」へと至ることができる。具体的には、「〜とは何か？」と概念理解を尋ねたり、「〜するには、どうすればよいか？」と方法論を尋ねたりする問いが、「本質的な問い」となる場合が多いだろう。

「本質的な問い」は、カリキュラムにおいて入れ子状に存在している（図6の上半分）。「身の回りの事象や自然現象は、どのような仕組みになっているのだろうか？」「身の回りの事象や自然現象について、どのように探究すればよいのだろうか？」といった問いは包括的な「本質的な問い」だが、単元の指導にあたっては、単元の具体的な教材に即してより具体的な単元ごとの「本質的な問い」を設定することが求められる。たとえば、「固体の性質を調べる実験をするには、どうすればよいのだろうか？」「異なる物質の性質を調べる実験をするには、どうすればよいのだろうか？」といった問いが考えられるだろう。

「逆向き設計」論においては、単元設計（「ミクロな設計」）とより長期的な指導計画（「マクロな設計」）とを往復させながら、カリキュラム全体の改善を図るという発想が採られている。包括的な「本質的な問い」についての「永続的理解」や「思考力・判断力・表現力」は、一朝一夕に育てられるようなものではない。複

図6 長期的な見通し（イメージ）

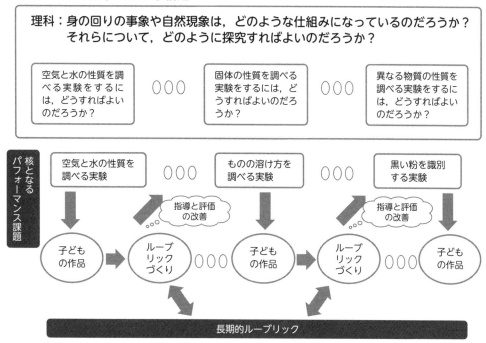

出典：本書第Ⅱ部第4章を参照して筆者作成。

数の単元を関連づけつつ，長期的に育成を図るような「マクロな設計」が重要と言えよう。

なお，「検討会」において教科等の「見方・考え方」は，「本質的な問い」に対応する「永続的理解」に該当するものとして位置づけられていた。しかしながら，学習指導要領においては，「見方・考え方を働かせながら，知識を相互に関連付けてより深く理解［する］」とあることから，「見方・考え方」はスキルに傾斜して定義され直されていることがうかがわれる。各教科の重要な概念についての理解を伴う「深い学び」を保障するためには，教科の目標設定にあたって，「検討会」の到達点に立ち戻り，「本質的な問い」に対応する「永続的理解」を明確にすることが求められていると言えよう。

**3** パフォーマンス課題のシナリオを作る

最後に，単元の「本質的な問い」を学習者自身が問わざるを得ないようなシナリオを設定して，パフォーマンス課題を考案する。「逆向き設計」論では，**表3**（18ページ）に示した6つの要素（GRASPSと略記される）を考えるとよいと提案されている（「なやンだナ，アアそうか」は，筆者が日本語に翻案したものである）。6つの要素を考えたうえで，それらを織り込みつつ課題文を整えることとなる。

たとえば，「異なる物質の性質を調べる実験をするには，どうすればよいのか？」を子どもたちが考えざるをえない状況として，**表3**では，理科室で見つかった黒い粉を識別するという状況が設定されている。

実際には，ひとつの「本質的な問い」に対して，さまざまな状況設定で課題のシナリオが作成されうる。そこで，目標に対応する妥当性のあるものか，課題の状況設定がリアルで，子どもたちにとって魅力的なものか，子どもにとっ

**表3　パフォーマンス課題のシナリオに織り込む6要素**

- な―何がパフォーマンスの目的（**G**oal）か？
  - ＜例＞理科室からでてきた黒い粉が何なのかを明らかにする。
- やン―（学習者が担う，またはシミュレーションする）役割（**R**ole）は何か？
  - ＜例＞理科室の実験助手
- だナ―誰が相手（**A**udience）か？
  - ＜例＞理科の担当教員
- アア
- そ―想定されている状況（**S**ituation）は？
  - ＜例＞理科室からラベルがはがれた「黒い粉」が入った瓶がいくつか出てきたため，何の粉が入っているのかを明らかにして，ラベルを貼り直さなくてはならない。
- う―生み出すべき作品（完成作品・実演：**P**roduct, **P**erformance）は何か？
  - ＜例＞実験の計画書，実験の実演，結果と考察の記録
- か―（評価の）観点（成功のスタンダードや規準：**S**tandards and criteria for success）は？
  - ＜例＞論理的かつ再現可能な形での実験計画が立てられているか。
    安全かつ正確に実験がなされているか。
    結果と考察は適切に記されているか。

出典：McTighe, J. & Wiggins, G., *Understanding by Design: Professional Development Workbook*, ASCD, 2004, p. 171 を参照し，井上典子先生の実践をふまえて筆者作成。

て適度な難度の課題になっているか，といった点を考慮しつつ，最適な課題を作る必要がある。

なお，パフォーマンス評価は，「真正の評価」論に基づいて提唱されるようになった。「真正の評価」論とは，現実世界において人が知識や能力を試される状況を模写したりシミュレーションしたりしつつ評価することを主張するものである[7]。「真正の評価」論では，「真正性」の高い（つまり，リアルな）評価方法を用いることによって，生きて働く学力を身につけさせるとともに，子どもたちに学習の意義を感じさせることがめざされている。表3に示した6要素を織り込むことは，パフォーマンス課題の「真正性」を高めるためのひとつの工夫と言えよう。

### 4　「期待されるパフォーマンス」

以上が，「逆向き設計」論をふまえたパフォーマンス課題の作り方である。本書の執筆者たちは，京都大学大学院教育学研究科教育実践コラボレーション・センター E.FORUM が主催する「全国スクールリーダー育成研修」において，パフォーマンス課題の作成や活用に関する教員研修を提供してきた。そうしたなかで，学校の先生方に数々の実践を開発いただいている。本書の第Ⅱ部の各章では，そのような実践例をふまえつつ整理された「本質的な問い」や「永続的理解」，パフォーマンス課題の例を紹介している。

しかしながら，開発のプロセスでは，いくつかの教科において，「永続的理解」を文章化するのは難しいという声もいただいた。たとえば，国語科において，「グループでうまく話し合うには，どうすればよいのか？」という「本質的な問い」に対しては，「グループでうまく話し合うためには，全員が発言できるように促し合うことが重要である」といった「永続的理解」が考えられる。しかしながら，先生方の実践においては，むしろ，「グループでの話し合いで全員が発言できるように促し合うことができる」というように，「期待されるパフォーマンス」として目標設定する方が自然だという指摘がなされたのである。そこで本書の国語科の章においては，「永続的理解」に代えて「期待されるパフォーマンス」を示すこととしたい。

# 4　ルーブリックの作り方

## 1　ルーブリックとは何か

このような課題を取り入れる際に、恐らく多くの先生方が不安に思われるのが、採点しにくいという点であろう。パフォーマンス課題で生み出された作品（完成作品や実演）については、さまざまな知識やスキルを総合するものであるため、○か×かで採点することができない。そこで、採点指針として、ルーブリックが用いられる。ルーブリックとは、成功の度合いを示す数レベル程度の尺度と、それぞれのレベルに対応するパフォーマンスの特徴を記した記述語から成る評価基準表である[8]。ルーブリックの具体例については、**資料4-2**（71ページ）、**資料12-2**（142ページ）などを参照されたい。

## 2　特定課題ルーブリックの作り方

特定課題ルーブリックについては、たとえば5段階のレベル別に該当する作品番号と記述語を書き込めるような表形式のテンプレートを用意したうえで、**表4**のような手順で作ることができる。**表4**の手順でルーブリックを作った場合、各レベルに対応する典型的な作品例（これを「アンカー作品」と言う）を整理することができる。ルーブリックには、アンカー作品を添付しておくと、各レベルで求められているパフォーマンスの特徴をより明確に示すことができる。

このような手順でルーブリック作りに取り組めば、評価基準が明確になり、教員間で共通理解することができる。子どもの理解の深まりやつまずきなどについても、明瞭に捉えることができる。そのような学習の実態をふまえつつ、指導の改善を図っていくことが重要である。

なお、ルーブリックの記述語には、基準とともに徴候が示される場合もある。徴候とは、基準を満たすパフォーマンスに見られる典型的な行動や形跡である。たとえば、「適切な実験計画を立て、実験を実施している」という基準に対応する徴候は、「実験において安全に配慮し

**表4　特定課題ルーブリックの作り方**

① パフォーマンス課題を実施し、学習者の作品を集める。
② パッと見た印象で、「5　すばらしい」「4　良い」「3　合格」「2　もう一歩」「1　かなりの改善が必要」という5つのレベルで採点する。複数名で採点する場合はお互いの採点がわからないように工夫する（たとえば、筆記による作品の場合は、評点を付箋紙に書き、作品の裏に貼り付ける。写真上）。
③ 全員が採点し終わったら、付箋紙を作品の表に貼り直し、レベル別に作品群に分ける。それぞれのレベルに対応する作品群について、どのような特徴が見られるのかを読み取り、話し合いながら記述語を作成する（写真下）。
④ 一通りの記述語ができたら、評価が分かれた作品について検討し、それらの作品についても的確に評価できるように記述語を練り直す。
⑤ 必要に応じて評価の観点を分けて、観点別ルーブリックにする。

出典：Wiggins, G., *Educative Assessment*, Jossey-Bass Publishers, 1998, p.177 をふまえて筆者作成。写真は、西岡加名恵・梅澤実・喜多雅一・宮本浩子・原田知光『ポートフォリオ評価法を用いたルーブリックの開発』（鳴門教育大学「教育研究支援プロジェクト経費」研究報告書）2003年、pp.11-12。

た声がけをしている」「手順をわかりやすくまとめなおしている」といったものであろう。徴候を示すことは，基準の内実を明瞭にするうえで有意義である。ただし，示された徴候が見られないからといって基準が満たされていないとは限らない点に注意が必要となる。

なお，観点別ルーブリックでいう観点は，「プレゼンテーションの内容」「表現の流暢さ」，あるいは「実験の計画」「データの記録」「結果と考察の記録」など，課題の特質に応じて設定することが重要である。指導要録の観点の設定の仕方とは異なる点に留意されたい。

### 3 長期的ルーブリック

「逆向き設計」論をふまえると，包括的な「本質的な問い」に対応させて，類似のパフォーマンス課題を繰り返し与えるカリキュラムを構想することができる（図6）。また，特定課題ルーブリックの記述語の抽象度を上げると，そのような類似の課題については同じルーブリックで評価できる。そのようなルーブリックを，長期的ルーブリックと言う。

たとえば，「身の回りの事象や自然現象は，どのような仕組みになっているのだろうか？」「身の回りの事象や自然現象について，どのように探究すればよいのだろうか？」という包括的な「本質的な問い」に対応する「永続的理解」は，「空気と水の性質」「ものの溶け方」「金属の識別」など，身の回りの事象や自然現象の仕組みを解明する実験を繰り返し実施するなかで深めていくことができる。そのように包括的な「永続的理解」の深まりを捉えるルーブリックとして，長期的ルーブリックを用いることも考えられるだろう。

## 5　学力評価計画の立て方

### 1 観点別学習状況の評価

最後に，学力評価計画の立て方について，提案しておこう。

学習指導要領の2017年改訂にあたっては，学力の3要素に対応させて，指導要録の観点別学習状況の評価について，3つの観点を用いることが提案されている。すなわち，「知識・技能」，「思考力・判断力・表現力等」，「主体的に学習に取り組む態度」の3観点である[9]。「資質・能力」の3つの柱において，3つめが「学びに向かう力，人間性等」となっていたのに対し，3つめの観点が「主体的に学習に取り組む態度」とされているのは，「『学びに向かう力・人間性等』に示された資質・能力［のうち］，感性や思いやり等については観点別学習状況の評価の対象外とする必要がある」[10]からである。

なお，「主体的に学習に取り組む態度」については，「学習前の診断的評価のみで判断したり，挙手の回数やノートの取り方などの形式的な活動で評価したりするものではない。子供たちが自ら学習の目標を持ち，進め方を見直しながら学習を進め，その過程を評価して新たな学習につなげるといった，学習に関する自己調整を行いながら，粘り強く知識・技能を獲得したり思考・判断・表現しようとしたりしているかどうかという，意思的な側面を捉えて評価することが求められる」[11]とも述べられている。

さらに，「学習指導要領改訂を受けて作成される，学習評価の工夫改善に関する参考資料」については，「詳細な基準ではなく，資質・能力を基に再整理された学習指導要領を手掛かりに，教員が評価規準を作成し見取っていくために必要な手順を示すものとなることが望ましい」とされるとともに，「そうした参考資料の

表5　学力評価計画の立て方(イメージ)

| 観点 | 評価方法 | 単元1 | 単元2 | ・・・ | 単元X | 単元Y |
|---|---|---|---|---|---|---|
| 主体的に学習に取り組む態度 | パフォーマンス課題 | | ○ | ・・・ | | ◎ |
| 思考力・判断力・表現力 | パフォーマンス課題 | | ○ | ・・・ | | ◎ |
| 知識・技能 | 筆記テスト／実技テスト | ◎ | ◎ | ・・・ | ◎ | ◎ |

※○が指導する観点，◎が成績づけに入れる観点を示す。　　　　　　　　　　　　　(筆者作成)

中で，各教科等における学びの過程と評価の場面との関係性も明確にできるよう工夫することや，複数の観点を一体的に見取ることも考えられることなどが示されることが求められる」と述べられている。「目標に準拠した評価」を実施するにあたって，これまで以上に各学校の教員が評価規準（基準）や評価方法を作成していくことが強調されていることがわかる。それとともに，「複数の観点を一体的に見取ること」を視野に入れた点にも注目しておきたい。

### 2　学力評価計画の立て方

以上をふまえて，特に成績づけのあり方を明示するような学力評価計画については，**表5**のように立てることを提案しておきたい。まず指導要録の各観点に対応させて，どのような評価方法を用いるのかを明確にする。先述の評価の観点に照らせば，観点「知識・技能」は筆記テストと実技テスト，観点「思考・判断・表現」と観点「主体的に学習に取り組む態度」についてはパフォーマンス課題で一体的に評価するというのが，一例として考えられる。

次に，どの評価方法をどの単元で用いるかを決める。評価基準については，ルーブリックかチェックリストの形で明確にする。特にパフォーマンス課題を用いる場合，繰り返し類似の課題を与えて一貫した長期的ルーブリックを用いて評価すれば，単元を超えて子どもの成長を捉え，到達したレベルをもとに成績をつける

方式も考えられるだろう。一方，筆記テストや実技テストを用いて観点「知識・技能」を評価するのであれば，評価項目を並べたチェックリストに照らしてテストを作成し，テストでの達成率で成績をつけることになるだろう。

なお，「目標に準拠した評価」を実施するにあたっては，ポートフォリオの活用も意義深い。学力評価計画で規定された評価方法を用いる際に残るような成果資料については，ポートフォリオに残すようにあらかじめ子どもたちに指示すれば，教師と子どもとの間で学力評価計画を明確に共通理解することができるだろう。

1) 中央教育審議会「幼稚園，小学校，中学校，高等学校及び特別支援学校の学習指導要領等の改善及び必要な方策等について（答申）」2016年12月21日（以下，「答申」）。
2) 「答申」。
3) 「小学校学習指導要領（平成29年告示）」2017年3月。
4) 「答申」。
5) 西岡加名恵『教科と総合に活かすポートフォリオ評価法』図書文化，2003年，p. 52。
6) 「逆向き設計」論の詳細については，西岡加名恵『教科と総合学習のカリキュラム設計』（図書文化，2016年）も参照されたい。
7) Wiggins, G., *Educative Assessment*, Jossey-Bass Publishers, 1998, p. 24.
8) 本稿では，評価規準について，具体的な到達点が明確になるようにしたものを，評価基準と呼んでいる。
9) 「答申」。なお，この「答申」の方針は，「児童生徒の学習評価の在り方について（これまでの議論の整理）」（2018年12月18日）でも基本的に踏襲されている。
10) 同上。
11) 同上。

# 【コラム】より深く理解するために
# パフォーマンス評価Q&A

## Q1. パフォーマンス課題を作る際，どこから考え始めればいいですか？

**A1.** ①「本質的な問い」，②「永続的理解」，③パフォーマンス課題のシナリオのどこから考え始めてもかまいません。

「逆向き設計」論に基づく単元設計の要点は，「本質的な問い」「永続的理解」と対応するパフォーマンス課題を用いることです。本文中では便宜上，①②③の順で説明していますが，完成した単元設計で3つが対応していればまったく問題ありません。

①②③のうち，考えやすいところから考えてみてください。そのうえで，3つの対応を確認しましょう。

## Q2. 指導前にルーブリックを作りたいのですが，どうしたらよいですか？

**A2.** これまで指導された子どもたちの実態をイメージして，作成しましょう。

ルーブリック作りの基本は，子どもたちのパフォーマンス（作品・実演）の事例をレベル別に分類し，そこから記述語を作ることです。それまでの指導経験から実態がイメージできる場合は，それをふまえて予備的なルーブリックを作っていただいてもかまいません。

ただし，その場合も，指導の後で，表4（19ページ）のような手順で，子どもたちの実際の事例をふまえた検証をすることがお勧めです。それにより，さらに妥当な評価基準を明確にすることができることでしょう。

## Q3. パフォーマンス課題を取り入れた際の指導のポイントは何ですか？

**A3.** 主なポイントは，初めに見通しを示すこと，課題に必要となる知識・スキル・理解や自己評価力を身につけさせることです。

パフォーマンス課題については，単元導入時など早めに提示し，学習の意義を伝えることが有効です。これまでは，基礎を身につけたうえで応用の課題をさせるイメージが採用されがちだったかと思いますが，応用（課題）を見通しつつ，基礎を身につけさせるという発想に転換するわけです。

次に，パフォーマンス課題に取り組む際に必要となるような基礎（知識・スキルや理解）を身につけさせる指導が必要です。単元で学んだ要素（パーツ）を習得させたうえで総合させたり，同じ課題に繰り返し取り組んでレベルアップを図ったりすることが求められます（13ページの図3）。

さらに，子どもたちに自己評価力を身につけさせる指導も重要です。具体的には，パフォーマンスの事例を比較する検討会を行う，お互いのパフォーマンスについて相互評価する機会を設ける，事例を示しつつルーブリックの記述語を説明する，といった指導が行われています。

# 第Ⅱ部

## 各教科で育てる「見方・考え方」とパフォーマンス課題

「深い学び」を実現するために，各教科で育てる「見方・考え方」とは，どのようなものか？
第Ⅱ部では，各教科の「見方・考え方」を，「本質的な問い」に対応した「永続的理解」の形で明確化している。

# 第1章　国語科

[小学校／中学校]

八田幸恵

## 1　2017年版学習指導要領「国語科」における主な変更点

### 1 比較対象

2017年版「学習指導要領解説国語編」の特徴を理解するために，比較対象として，2017年版学習指導要領の全教科に共通する改訂ポイント，および従来の「学習指導要領解説国語編」の特徴を確認しておきたい。

#### ① 全教科に共通する改訂のポイント

まず，2017年版学習指導要領の全教科に共通する改訂ポイントについてである。2017年版学習指導要領は，社会に開かれた教育課程の実現のためにも，内容ベースから資質・能力ベースのカリキュラムへの移行（「何ができるようになるか」の明確化）が，改訂ポイントのひとつになった。

改訂前の議論の過程においては，このポイントは，学習指導要領に2つの変更点をもたらす可能性があった。ひとつは，知識や技能の質を高め生きて働く資質・能力とするために，従来学習指導要領に記載されてきた教科固有の個別具体的な知識・技能に加えて，教科固有の概念的知識および教科固有の思考技能（「見方・考え方」）を明示するという点である。議論の結果，この点は，2017年版学習指導要領の多くの教科において実現された。

もうひとつは，論理的思考（「順序」「原因と結果」「中心と周辺」「意見と根拠」「比較」「分類」）やコミュニケーションスキルといった，通教科的で汎用的な技能を明示するという点である。しかし，教科内容を欠いた形式的な思考技能のトレーニングに陥る危険性が指摘され，議論の結果，この点は実現しなかった。

つまり，他の多くの教科では，内容ベースから資質・能力ベースのカリキュラムへの移行を，教科固有の「見方・考え方」を明示するという方法で実現しようとしているのである。

#### ② 従来の学習指導要領における指導事項の性格と教科書

次に，従来の「学習指導要領解説国語編」の特徴についてである（以下，「学習指導要領解説国語編」を学習指導要領と略記する。また，中学校を例に論を進めるが，小学校もほぼ同様である）。

従来の学習指導要領では，指導事項として，教えるべき知識・技能と，教えられた知識・技能を用いて児童生徒が「できること」（パフォーマンス）とが，未分化な形で記述されてきた。たとえば，2008年版学習指導要領の第1学年「読むこと」の指導事項のひとつに，「場面の展開や登場人物などの描写に注意して読み，内容の理解に役立てること」というものがある。しかし，「登場人物の描写に注意して読」むとはどういうことかという点についての記述はない。

そのため，これまで各社の教科書が，教科書に掲載するコラムや学習課題のなかで，知識・技能の内容を記述してきた。たとえば，2016年版光村図書中学校『国語1』には，「文学的な文章を読むために（物語・小説）」と「説明的な文章を読むために」という巻末資料が添付

されている。その事項を表1-1に示す。

表1-1 2016年版光村図書中学校『国語1』巻末資料の概要

| 文学的な文章の種類 | 説明的な文章の種類 |
|---|---|
| ・題名 | ・題名 |
| ・語り手 | ・段落 |
| ・構成 | ・構成 |
| ・場面 | ・中心的な部分，付加的な部分 |
| ・登場人物の設定 | ・意見と事実 |
| ・登場人物の心情 | ・表現の工夫 |
| ・音読，朗読 | ・要約と要旨 |

これらの事項は，具体的な知識・技能を伴って記述されている。たとえば「登場人物の設定」は，以下のように書かれている。

> 登場人物の設定
> 　登場人物は，場面の展開に沿って，作品に現れることが多い。通読の際に作品の登場人物を捉えておくとよい。
> ・名前（呼び方），年齢
> ・置かれている状況や立場
> ・外見や性格，言動などの特徴
> ・他の登場人物との関係

　教科書によっては，学習指導要領には記載されていない知識・技能（たとえば「語り手」など）を明示し，その内容について記述している場合もある。

　このように，各社の教科書によって，指導すべき知識・技能の内容を記述する努力が続けられてきた。しかしながら，2016年版の教科書においても，解説する知識・技能の重点や学年配置は，社によって相当に異なっていた。

　つまり国語科は，学習指導要領には知識・技能と子どものパフォーマンスが未分化な形で記述されており，知識・技能の内容は教科書で記述されていることが多い，ただし各社教科書の間に知識・技能の重点や学年配置に関する合意があるわけではないという状況が続いてきたといえる。

### 2 目標，内容領域編成，指導事項

　以上を念頭において，2017年版学習指導要領における変更点をみていく。

#### ① 目標

　まず，目標は表1-2のように変更があった。

表1-2　国語科における目標の変更

| 2008年版学習指導要領　目標 |
|---|
| 国語を適切に表現し正確に理解する能力を育成し，伝え合う力を高めるとともに，思考力や想像力を養い言語感覚を豊かにし，国語に対する関心を深め国語を尊重する態度を育てる。 |

| 2017年版学習指導要領　目標 |
|---|
| 言葉による見方・考え方を働かせ，言語活動を通して，国語で正確に理解し適切に表現する資質・能力を次のとおり育成することを目指す。<br>(1) 社会生活に必要な国語について，その特質を理解し適切に使うことができる。<br>(2) 社会生活における人との関わりの中で伝え合う力を高め，思考力や想像力を養う。<br>(3) 言葉がもつ価値を認識するとともに，言語感覚を豊かにし，我が国の言語文化に関わり，国語を尊重してその能力の向上を図る態度を養う。 |

　2017年版学習指導要領では，総則で述べられている資質・能力の3本柱に合わせて，目標が3つの資質・能力に整理された。ただし，その内容は「伝達」「思考」「創造」という言語の3機能を改めて確認するものであり，2008年版学習指導要領から大きな変更はない。

　注意したいのは，2017年版学習指導要領が，「言葉による見方・考え方を働か」せて3つの資質・能力を育成すると述べており，「見方・考え方」自体は育成すべき資質・能力に含めない書き方をしている点である。この書き方は，小・中学校の全教科に共通している。しかしながら，他教科と比べて国語科は，学習の対象はあくまで言葉であるため「言葉による見方・考え方」は資質・能力には含まないという点をことさらに強調している。

なお，学年の目標も，資質・能力の３本柱に従って整理されているが，実質的な変化はない。

### ② 内容領域編成

「各学年の目標及び内容」に示される内容領域については，表１-３に示すように，大きな変更があった。

**表１-３　国語科における内容領域の変更**

| 2008年版学習指導要領　内容　３領域１事項 |
|---|
| 「話すこと・聞くこと」 |
| 「書くこと」 |
| 「読むこと」 |
| 〔伝統的な言語文化と国語の特質に関する事項〕 |
| (1)「伝統的な言語文化に関する事項」 |
| 　　「言葉の特徴や決まりに関する事項」 |
| 　　「文字に関する事項」 |
| (2) 書写に関する事項 |

| 2017年版学習指導要領　内容　２領域 |
|---|
| 〔知識及び技能〕 |
| (1) 言葉の特徴や使い方に関する事項 |
| (2) 情報の扱い方に関する事項 |
| (3) 我が国の言語文化に関する事項（伝統的な言語文化，言葉の由来や変化，書写，読書） |
| 〔思考力・判断力・表現力等〕 |
| Ａ　話すこと・聞くこと |
| Ｂ　書くこと |
| Ｃ　読むこと |

2008年版学習指導要領では，内容は，「話すこと・聞くこと」「書くこと」「読むこと」および〔伝統的な言語文化と国語の特質に関する事項〕という，３領域１事項に分けられていた。

2017年版学習指導要領では，〔知識及び技能〕と〔思考力，判断力，表現力等〕という大きく２つの領域に変更された。他教科が従来通り内容観点による領域編成を継続させたのに対して，国語科は能力観点による領域編成になった。ただし，従来の「話すこと・聞くこと」「書くこと」「読むこと」という３つの内容領域が〔思考力，判断力，表現力等〕に引き継がれ，〔伝統的な言語文化と国語の特質に関する事項〕が〔知識及び技能〕に引き継がれており，実質的には内容観点による領域編成であるとみてもよい。そもそも，国語科における内容と能力の区別は未解決の問題である。

### ③〔知識及び技能〕の指導事項

〔知識及び技能〕と〔思考力，判断力，表現力等〕の指導事項に踏み込むと，さらに特徴が見えてくる。まず，〔知識及び技能〕から述べる。

表１-３からわかるように，2008年版学習指導要領における〔伝統的な言語文化と国語の特質に関する事項〕の(1)(2)は，2017年版学習指導要領の〔知識及び技能〕の(1)(3)に引き継がれている。〔知識及び技能〕の(2)「情報の扱い方に関する事項」は新設の指導事項であり，したがって新しい内容領域である〔知識及び技能〕の核心部分をなす。

「情報の扱い方に関する事項」は，さらに「情報と情報との関係」と「情報の整理」に分けられている。その指導事項は，表１-４の通りである。

表１-４からわかるように，「情報と情報との関係」については，「原因と結果」「意見と根拠」

**表１-４　「情報の扱い方に関する事項」**

| | 第１学年 | 第２学年 | 第３学年 |
|---|---|---|---|
| 情報と情報との関係 | 原因と結果，意見と根拠など情報と情報との関係について理解すること。 | 意見と根拠，具体と抽象など情報と情報との関係について理解すること。 | 具体と抽象など情報と情報との関係について理解を深めること。 |
| 情報の整理 | 比較や分類，関係付けなどの情報の整理の仕方，引用の仕方や出典の示し方について理解を深め，それらを使うこと。 | 情報と情報との関係の様々な表し方を理解し使うこと。 | 情報の信頼性の確かめ方を理解し使うこと。 |

「具体と抽象」といった，いわゆる通教科的で汎用的な思考技能が示されている。通教科的で汎用的な思考技能は，これまでの学習指導要領では，「話すこと・聞くこと」「書くこと」「読むこと」の指導事項のなかで記述されてきた。2017年版学習指導要領では，国語科の〔知識及び技能〕として取り立てて明示したということである。「情報の整理」については，それら通教科的で汎用的な思考技能を用いることに加えて，出典の示し方や引用の仕方といったメディア・リテラシーの一部が示されている。以上から，「情報の扱い方に関する事項」の新設は，汎用的で通教科的な思考技能の明示という意図だと受け止めればよいだろう。

　汎用的で通教科的な思考技能の明示という点以上に重要な点として，「○○とは」という書き出しで，ごく簡潔ではあるものの思考技能の知識的側面が記述されている点を指摘することができる。たとえば，「原因と結果」に言及して，「**原因**とは，ある物事や状態を引き起こすもとになるものを指し，**結果**とは，ある原因によってもたらされた事柄や状態を指す」と記述されている。このような知識・技能の内容の記述は，「情報の扱い方に関する事項」に限らず，すべての指導事項で行われている。

　④〔思考力・判断力・表現力等〕の指導事項
　次に，〔思考力，判断力，表現力等〕の内実をみていく。学習指導要領では，〔思考力，判断力，表現力等〕のA「話すこと・聞くこと」，B「書くこと」，C「読むこと」のすべてにおいて，学習過程をいっそう明確にしたと述べられている。また，すべての領域において「自分の考え」を形成する学習過程を重視したため，これまで「読むこと」領域においてのみ位置づけられていた「考えの形成」に関する指導事項を，すべての領域に位置づけたということである。なお，学習指導要領がいう学習過程とは，ある知識・技能を学習する過程というよりも，どちらかというと学習した知識・技能を用いて遂行される思考実践の過程を指しているため，以下では「パフォーマンス過程」と表記する。

表1-5　3領域における指導事項の変化

| 2008年版学習指導要領 | 2017年版学習指導要領 |
|---|---|
| 「話すこと・聞くこと」 | 「話すこと・聞くこと」 |
| ・話題設定や取材<br>・話すこと<br>・聞くこと<br>・話し合うこと | ・話題の設定，情報の収集，内容の検討<br>・構成の検討，考えの形成（話すこと）<br>・表現，共有（話すこと）<br>・構造と内容の把握，精査・解釈，考えの形成，共有（聞くこと）<br>・話し合いの進め方の検討，考えの形成，共有（話し合うこと） |
| 「書くこと」 | 「書くこと」 |
| ・課題設定や取材<br>・構成<br>・記述<br>・交流 | ・題材の設定，情報の収集，内容の検討<br>・構成の検討<br>・考えの形成，記述<br>・推敲<br>・共有 |
| 「読むこと」 | 「読むこと」 |
| ・音読<br>・効果的な読み方<br>・説明的な文章の解釈<br>・文学的な文章の解釈<br>・自分の考えの形成及び交流<br>・目的に応じた読書 | ・構造と内容の把握（説明的な文章）<br>・構造と内容の把握（文学的な文章）<br>・精査・解釈（説明的な文章）<br>・精査・解釈（文学的な文章）<br>・考えの形成<br>・共有 |

　確かに，**表1-5**に示すように，すべての領域に「考えの形成」が位置づけられている。そして，おそらく2008年版学習指導要領「読むこと」における「解釈」と「考えの形成」との間を埋めるために，2017年版学習指導要領では「解釈」が「構造と内容の把握」と「精査・解釈」に区分されている。この区分は，「話す

こと・聞くこと」でも採用されている。このように，各領域において，詳しく分節化された「パフォーマンス過程」に沿って指導事項が再配置されている。

加えて，「パフォーマンス過程」を支える知識・技能が，国語科固有・領域固有の形で記述されている。たとえば，「読むこと」の「精査・解釈」の指導事項を表1-6に示す。

表1-6　「精査・解釈」の指導事項

| 第1学年 | 第2学年 | 第3学年 |
|---|---|---|
| ウ　目的に応じて必要な情報に着目して要約したり，場面と場面，場面と描写などを結び付けたりして，内容を解釈すること。 | イ　目的に応じて複数の情報を整理しながら適切な情報を得たり，登場人物の言動の意味などについて考えたりして，内容を解釈すること。<br>ウ　文章と図表などを結び付け，その関係を踏まえて内容を解釈すること。 | イ　文章を批判的に読みながら，文章に表れているものの見方や考え方について考えること。 |
| エ　文章の構成や展開，表現の効果について，根拠を明確にして考えること。 | エ　観点を明確にして文章を比較するなどし，文章の構成や論理の展開，表現の効果について考えること。 | ウ　文章の構成や論理の展開，表現の仕方について評価すること。 |

第3学年に，「文章を批判的に読」むや，「文章の構成や論理の展開，表現の仕方について評価する」という，いわゆる批判的思考がある。それに言及して，「**文章を批判的に読むとは**，文章に書かれていることをそのまま受け入れるのではなく，文章を対象化して，吟味したり検討したりしながら読むことである。説明的な文章では，例えば，文章中で述べられている主張と根拠との関係が適切か，根拠は確かなものであるかどうかなど，述べられている内容の信頼性や客観性を吟味しながら読むことが求められる。その上で，**文章に表れているものの見方や考え方について**，自分の知識や経験などと照らし合わせて，納得や共感ができるか否かなどを考えることが重要である。〔以下略〕」と記述されている。つまり，批判的思考という通教科的で汎用的な思考とも意味づけられる思考を，国語科固有で「読むこと」領域固有の知識・技能の形で記述しているのである。

なお，思考技能の強調は直ちに人格形成の軽視を意味するわけではない。たとえば批判的思考技能は，独断や偏見に満ちた自他のものの見方・考え方を問い直す技能であり，習得の仕方によっては人格形成に寄与する。

### 3　まとめ

ここまでの検討を通して2017年版学習指導要領国語科編の特徴が明らかになった。まとめると以下のようになる。

- 教科の目標と学年の目標：従来から実質的な変化はない。また，「言葉による見方・考え方」は目標に含めないという点が強調されている。
- 内容領域：〔知識及び技能〕〔思考力，判断力，表現力等〕という能力観点による編成になっている。
- 指導事項の性格：知識・技能とそれらを用いて行われる児童生徒のパフォーマンスとが分化し始めており，知識・技能の内容が記述されるようになっている。したがって，知識・技能の学年配置が提案されている。
- 〔知識及び技能〕の指導事項：通教科的で汎用的な思考技能が明示され，その知識的側面が簡潔に記述されている。
- 〔思考力，判断力，表現力等〕の指導事項：「話すこと・聞くこと」「読むこと」「書くこと」におけるパフォーマンスが，より明確に分節化された形で記述されている。ま

た，そうしたパフォーマンスを支える知識・技能が，国語科固有・領域固有の形で，人格形成に寄与しうる高次のレベルのものまで簡潔に記述されている。

## 2 国語科における「本質的な問い」と「期待されるパフォーマンス」

### 1 問題状況

前節でまとめた特徴をもつ2017年版学習指導要領は，そこに示された知識・技能の内容や学年配置は適切かという検討（カリキュラム評価）を可能にする。そういう意味で，2017年版学習指導要領は大きな前進である。

学習指導要領に示された知識・技能の内容や学年配置の適切性は，さまざまな視点から検討されうるが，それらを学んだ結果である子どもの学力状況に照らして検討することは必須である。

しかしながら，ここまでの記述からわかるように，国語科においては，ある知識・技能を指導・学習する場面と，学習した知識・技能を用いて思考実践を行う場面の区別が曖昧であった。したがって，指導と学習の過程における形成的評価と総括的評価の区別が曖昧であった。

現在，総括的評価の改革がめざされ，評価方法としてパフォーマンス評価が提案されている。そして，パフォーマンス課題づくりの発想法のひとつとして，「知の構造」図に基づく「逆向き設計」論が提唱されている（第Ⅰ部参照）。国語科で「逆向き設計」論を実行すると，「本質的な問い」として「どうしたら効果的に○○することができるのか？」といった問いを立て，「永続的理解」において，○○に関わる知識・技能を網羅・列挙するという傾向が生じる。たとえば，「本質的な問い」として「どうしたら効果的に話すことができるのか？」といった問いを立て，「永続的理解」において「話題を明確にする，取材で得た材料を整理する，はじめ・なか・終わりで構成する，根拠をもって意見を述べる，相手意識をもつ，視覚資料を用いる，アイコンタクトを取る……等々」という記述を行うといったことである。また，そのような「永続的理解」を引き出すパフォーマンス課題として，知識・技能を網羅的に等しく使用させるような課題を開発するという傾向が生じる。知識・技能の網羅という事態は，パフォーマンス評価の理念に沿っていない。

そこで，よりよく国語科の評価改革を行うために，「逆向き設計」論を国語科の文脈に合わせてアレンジし，パフォーマンス課題づくりのための国語科固有の発想法を考案するという方針をとる。そして，「このような課題でこうした思考実践ができる」という事例の形で，**国語科の「永続的理解」を「期待されるパフォーマンス」として記述する**という方針をとる（32～35ページの**表1-7，1-8**参照）。

### 2 日米における読みの指導論に学ぶ

パフォーマンス課題づくりのための国語科固有の発想法を考案するためには，1980年代の日本および1990年代以降の米国における読みの指導論が参考になる[1]。

1980年代の日本は，読みの系統指導論が盛んであった。田近洵一が認識能力を軸とする国語科学力モデルを提唱し，西郷竹彦が通教科的で汎用的な思考技能（認識方法）を系統化し，井上尚美が批判的思考技能を体系化した。

西郷案や井上案に対して肯定的な意見とともにさまざまな疑問が出され，議論が巻き起こった。かなり大胆な整理になってしまうが，重要

な疑問には少なくとも以下の4つがあった。

- 系統性とはどういう意味か？　どのような根拠に基づいて学年配置を決定するのか？
- 英語やロシア語でも通用するような内容であり，日本語指導の系統化・体系化とは呼べないのではないか？
- 「わかる」（学習）と「使える」（実践）は別ではないか？　学習したからといって実践できるわけではない，あるいは逆に言語化して学習したことはないが実践できるという状態をいかに理解するのか？
- 個々の作品や文章には個性的な主題がある。主題や教材の系統性は考えられるのか？　あるいは，個々の個性的な主題に迫ろうとする主体的な読みの価値についていかに考えるのか？

これら4つの疑問のうち前者2つは今後の課題とし，後者2つに関わって，1990年代以降の米国における読みの指導論の一端を紹介する。

米国では，1980年代半ばに認知革命が起こった。認知革命以前は，「読みとは，筆者が書いたテキストが読者の頭の中にプリントされる過程である」という，現在では「行動主義の読み観」と呼ばれる読み観が支配的であった。したがって読みの学習過程は，読みの技能を学習する段階，およびそれらを適用し筆者の意図した意味を正確に理解するという読みを実践する段階の2段階が想定されていた。また，たとえば「解釈しなさい」よりも「評価しなさい」という課題の方が難しいというように，課題のレベルが読みのあり方や深さを決めると考えられていた。

認知革命を経て，「読みとは，読者が自身に固有の文脈のなかで，テキストの筆者や他者と対話しながら，自身の知識・経験とテキストとをつなぎ合わせて新しい意味を創造する過程である」という，現在では「構成主義の読み観」と呼ばれる読み観が成立した。図1-1は，中道的・穏当な立場に立って，「構成主義の読み観」を表現したものである。読者（認知的能力，モチベーション，語彙やテキストの主題に対する知識，経験），テキスト（言葉遣い，主題，物語や論の進め方），活動（目的，課題，成果），文脈（地域社会や家庭の状況，学級の状況）が相互作用して読みのあり方や深さが決まるということが表現されている。

図1-1　読みの理解について考える際のヒューリスティックス

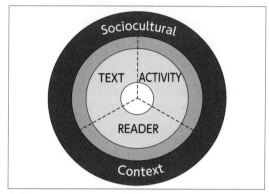

出典：Snow, C. E., & Sweet, A. P. (2003). Reading for Comprehension. In A. P. Sweet, and C. E. Snow (Eds.), *Rethinking Reading Comprehension*. New York: The Guilford Press, p. 12 より抜粋。

図1-1は，構成主義的な読みの実践についての見方であって，構成主義的な読みを実践するための指導・学習についての見方ではない。構成主義の読みを実践するためには，さまざまな指導・学習の類型や段階を想定することができる。ただし，年間や学期の要所においては，構成主義的な読みを実践してみる機会，すなわちモチベーションをもって自身の知識や経験を総動員し，同時に高い認知能力を発揮しながらテキストの主題内容に迫るような読み（その結果，自身が生きる文脈を見つめ直すことに至る場合もある）を実践する機会を確保する必要がある。そのような機会を通して，既習の知識・技能をどれほど使いこなせるかを確認し，またもはや意識しなくてよい程度に使いこなしている知識・技能を言語化して学習し直すのである。

そうした機会をもたらす挑戦的な課題こそ，パフォーマンス課題と呼ぶべき課題である。また，その一部は，総括的評価の評価課題として採用することができる（総括的評価で得た情報をいかに評定に反映させるかについては，別途検討が必要である）。

## 3　国語科におけるパフォーマンス課題づくりの発想法

　以上をふまえて，最後に，国語科のパフォーマンス課題づくりの発想法を提案する。それはすなわち，国語科の課題が児童生徒にとってどれほど挑戦的であるかは，以下の3点が相互に関連して決まるという仮説である。「知の構造図」は主に②を問うていると考えられる。

①話す・聞く・話し合う話題，書く話題，読む文章の主題の，子どもにとっての身近さ・明快さ・切実さ（子どもが話題・主題に対してどれほどのモチベーションを示し，どれほどの知識と経験を動員するか）
②パフォーマンス過程の長さや複雑さ（パフォーマンスの過程で，どれほどの量と質の語彙，言語的な知識，認知的な能力が求められるのか）
③話す・聞く・書く・読む対象である相手の範囲や立場性・複数性の程度（どの程度文脈が異なる異質な他者と対話するのか）

　課題の字面・外形や新規性があるか否かにかかわらず，3点が高いレベルとなる課題は，パフォーマンス課題とみなしうる。たとえば，「少年の日の思い出」（ヘルマン・ヘッセ）を教材とした「この作品は，『客』の少年時代の回想で話が終わっている。この回想は『私』によって語られているわけだが，この話を現在の『客』（＝回想の中の僕）が聞いたとしたら，自分自身の少年時代について，どのようなことに気づくだろうか。話し合おう」[2]という課題は，教師の主体的な教材解釈や目の前の子どもの実態によるものの，①～③のすべてを高いレベルで満たす可能性があり，パフォーマンス課題とみなしうる（「読むこと」）。

　もちろん，新規性のある課題の開発も促される。たとえば，「校区内でのコンビニ出店計画についてグループで調査を計画・実施し，結果をふまえて報告書を練り上げ，それを実際の経営コンサルタントを相手にプレゼンテーションし，質疑応答を行う」[3]という課題は，国語科の課題として新規性がある（「話すこと・聞くこと」）。

　さらには，単元や学期というレベルではなく，1年～数年間といったスパンでの総括的評価の課題として，①～③を満たす課題に取り組んできた経験を再総合するような課題を開発することも可能である。たとえば，「文学とは何か，文学は人生においてどのような意味をもつか，めいめいの考えをまとめる」という課題（「読むこと」）や，「中学3年間の国語科の授業を振り返って，言葉という視点から自身でテーマを設定し，テーマのもとにエッセイを書く」という課題（「書くこと」あるいは領域総合）は，そのような課題である[4]。

1) 詳しくは，八田幸恵「連続12回連載　学校と教室における読みのカリキュラム・デザイン—これからの時代に求められる国語科の目標と評価のあり方—」『教育科学・国語科教育』明治図書，2017年を参照されたい。
2) 『伝え合う言葉 中学国語1』教育出版，2016年。
3) 渡邉久暢「国語科」京都大学大学院教育学研究科E.FORUM『「スタンダード作り」基礎資料集』2010年。
4) 詳細は，八田，上掲論文を参照。

表1-7　国語科における「本質的な問い」と「期待されるパフォーマンス」、およびパフォーマンス課題の例（小学校）

| | 領域 | 話すこと・聞くこと | 書くこと | 読むこと |
|---|---|---|---|---|
| | 領域の「本質的な問い」 | 話す・聞くとはどういうことか？　よりよく話す・聞くためにはどうすればいいのか？ | 書くことはどういうことか？よりよく書くためにはどうすればいいのか？ | 読むとはどういうことか？よりよく読むためにはどうすればいいのか？ |
| 小学校低学年 | 「本質的な問い」 | 楽しく・充実した話し合いをするためには、どうすればいいのか？ | 自分がわかったことを人に効果的に伝えるにはどうしたらいいのか？ | 登場人物の気持ちの変化を理解するためには、どうすればいいのか？ |
| | 「期待されるパフォーマンス」例 | 話したり聞いたりする具体的な対象を間に置き、それをめぐって質問を受けて答えを返すことを繰り返している。 | 動物の体の特徴とその理由（動物の性質や体の便利な点）、特徴やその理由に関する自分の感想を言葉で書き表し、特徴と理由をつないで順序立てて話している。 | 場面ごとのがまくんとかえるくんの気持ちを読み取り、その変化がユーモラスに描かれていることを味わって読んでいる。 |
| | 課題例 | 自分の好きな本を進んで選び、1年生に知らせましょう。質問に対して感じたことを返しながら（紋切り型で一問一答の「質問-答え」ではなく、「質問-答え-感想」となるように）、自分の考えを話しましょう[1]。 | 動物の体のひみつを見つけておうちの人に知らせてあげましょう。お話カードには、動物の体の特徴を絵と言葉で表し、理由と自分の感想も書きます。話す順番を決めて、お話カードを見せながら説明しましょう[2]。 | 「お手紙」は、5つの場面でできています。絵を見ながら自分でお話を再現し、それぞれの場面のがまくんとかえるくんの気持ちを考えましょう[3]。 |
| 小学校中学年 | 「本質的な問い」 | 後の活動が滞らないよう話を聞くためにはどうしたらいいのか？ | 自分や他者に固有の経験を伝えるには、どうすればいいのか？ | 登場人物の人物像を理解するためには、どうすればいいのか？ |
| | 「期待されるパフォーマンス」例 | 後に自分で利用できるようにメモを取り、不足している情報を自ら補い、グループで情報を統合・解釈して自分なりの考えをまとめ、聞いたことを実行している。 | 選んだ人物が経験した出来事を具体的に書き、その人物の立場に立って出来事を捉え、気持ちや考えを想像している。 | 複数の作品内容を関連づけ、筆者や語り手の人間に対する見方・考え方を捉えている。 |
| | 課題例 | これから校外学習の活動についての話をします。服装や持ち物を自分たちで考えるために、メモを取りながら聞きましょう。取ったメモをもとにグループで服装や持ち物について話し合い、決定しましょう。グループの話し合いで決まった服装・持ち物を用意して、実際に郊外学習に行く姿になり、互いに比べてみましょう[4]。 | 運動会のリレーの場面を描いた絵を見て、それぞれの人物は出来事をどのように捉えているのか、文章に書いてみよう[5]。 | 『ごんぎつね』と『手ぶくろを買いに』を読み、『手ぶくろを買いに』の母さんぎつねの「ほんとうに人間はいいものかしら」というつぶやきに対する自分なりの考えを書こう[6]。 |

| | 領域 | 話すこと・聞くこと | 書くこと | 読むこと |
|---|---|---|---|---|
| 小学校高学年 | 「本質的な問い」 | 創発的な話し合いをするためには，どうすればいいのか？ | 自分が伝えたいことを表現するためには，どうすればいいのか？ | 読むことでものの見方・考え方を広げるためには，どうすればいいのか？ |
| | 「期待されるパフォーマンス」例 | 根拠を明確に自分の意見を主張し，根拠を捉えて相手の意見に応答・質問することで，共通点や相違点を明確にして，自分の考えを深めている。 | 自分の思いにこだわった言葉をつかって俳句に表したり，構成に注意しながら随筆文を書いている。文章全体において効果的な俳句の位置を考え創作活動を行っている。 | それぞれの作品の重要性を分析しながら複数の作品内容を関連づけ，筆者のものの見方・考え方の観点を導いている。型にはまらず，物事を明らかにしようとしている。 |
| | 課題例 | 「舞鶴公園にゴミ箱は必要か」という話題について討論し，相手の考えを受け止めながら自分の考えを深めよう[7]。 | あなたたちは，6年間の学校生活を振り返り，松尾芭蕉の「奥の細道」を参考にしながら，小学校を旅立つ今の思いや考えを随筆文と俳句で書き残します。今までの国語の勉強を思い出しながら，俳句や随筆文を創作しましょう[8]。 | あなたは，編集者です。星野道夫の写真やことばからあなたが受け止めたメッセージをもとに，マイ・アンソロジーを編みなさい。編集作業では，あなたが受け止めたメッセージを意味づけ，いくつかのプロットに再構成します。全体をまとめるタイトルもつけて一冊の本にまとめます[9]。 |

1) 坂本喜代子「単元『一年生のガイドブックになろう』(2年)」日本国語教育学会監修『豊かな言語活動が拓く国語単元学習の創造Ⅲ小学校低学年編』東洋館出版，2010年をもとに，評価課題に適した形に再構成した。
2) 住田恵津子「実践事例1 第1学年『きいてきいて どうぶつのからだのひみつ』」香川大学教育学部附属高松小学校『活用する力を育むパフォーマンス評価―パフォーマンス課題とルーブリックを生かした単元モデル』明治図書，2010年，pp. 28-30。
3) 筆者作成。
4) 熊谷崇久「オリエンテーリングの準備は大丈夫？―情報を解釈しながら論理的に聞き，意見をまとめる」『論理的思考を鍛える国語科授業方略 小学校編』渓水社，2012年，pp. 85-97をもとに，評価課題に適した形に再構成した。
5) 『新しい国語 四下』東京書籍，2016年，pp. 32-37をもとに，評価課題に適した形に再構成した。
6) 筆者作成。
7) 池田尚登「単元『舞鶴公園にゴミ箱は必要か』について討論会をしよう(5年)」日本国語教育学会監修『豊かな言語活動が拓く国語単元学習の創造Ⅴ小学校高学年編』東洋館出版，2010年をもとに，評価課題に適した形に再構成した。
8) 田崎伸一郎「実践事例3 第6学年『自分自身の伝記を作ろう―6年間の俳句と随筆で表現しよう』」香川大学教育学部附属高松小学校『活用する力を育むパフォーマンス評価―パフォーマンス課題とルーブリックを生かした単元モデル』明治図書，2010年，pp. 34-37を再構成した。
9) 宮本浩子「小学校国語」京都大学大学院教育学研究科 E.FORUM『「スタンダード作り」基礎資料集』2010年，pp. 9-16。

表1-8 国語科における「本質的な問い」と「期待されるパフォーマンス」,およびパフォーマンス課題の例(中学校)

| 領域 | | 話すこと・聞くこと | 書くこと | 読むこと |
|---|---|---|---|---|
| 領域の「本質的な問い」 | | 話す・聞くとはどういうことか? よりよく話す・聞くためにはどうすればいいのか? | 書くことはどういうことか? よりよく書くためにはどうすればいいのか? | 読むとはどういうことか? よりよく読むためにはどうすればいいのか? |
| 中学校第1学年 | 「本質的な問い」 | 目的に沿って効果的に話すためには,どうすればいいのか? | 自分が本当に伝えたいことを発見するには,どうすればいいのか? | 筆者や語り手のものの見方・考え方を相対化するためには,どうすればいいのか? |
| | 「期待されるパフォーマンス」例 | 「論理で迫るように話す」ことと「感情に訴えるように話す」ことを意識し,実際に生じる違いを分析しながら,話題・相手・場面に応じた話し方を実践している。 | 反復や比喩などさまざまな表現の工夫を取り入れて,自分にしかできない小さな発見を生き生きと伝える詩を仕上げている。 | 「私」による「客」の人物像や行動の描き方を捉え,「私」は現在の「客」(=回想の中の僕)の罪についてどう考えているのかについて,自分なりの考えを形成している。 |
| | 課題例 | 相手を説得するときに,「論理で迫るように話す」のと,「感情に訴えるように話す」のとでは,どのような違いがあるのでしょうか。討論ゲームを楽しみながら考えましょう[1]。 | 最近の体験や身近に見かけるものを題材に,自由な発想で,四行くらいの詩を作ってみよう。反復や比喩など,既習のさまざまな表現の工夫も取り入れて,自分だけの小さな発見を生き生きと伝える詩を仕上げよう[2]。 | この作品は,「客」の少年時代の回想で話が終わっている。この回想は「私」によって語られているわけだが,この話を現在の「客」(=回想の中の僕)が聞いたとしたら,自分自身の少年時代について,どのようなことに気づくだろうか。話し合おう[3]。 |
| 中学校第2学年 | 「本質的な問い」 | 話を聞く相手が充実した話をするためには,どのように聞けばいいのか? | 自分が本当に伝えたいことを受け取ってもらうためには,どうすればいいのか? | 筆者や語り手のものの見方・考え方,および自分自身のものの見方・考え方を相対化するためには,どうすればいいのか? |
| | 「期待されるパフォーマンス」例 | 共感的に受け止め関連する質問をすることで,インタビューを受けている人が伝えようとしていることを引き出し,協力してストーリーを創り出している。 | 表現技法や条件をもとに言葉を組み替えるなどして推敲し,その過程を明確に表現している。 | 物語の主題を捉えてそれを明確にし,他者の捉えた主題との違いを把握することで,自身の主題の捉え方の特徴を理解している。 |
| | 課題例 | 地域の人に「仕事人生」を語ってもらうインタビューを行い,そのインタビューをもとに「人生物語」を書く[4]。 | 体育祭の思い出について,自分の心情をあらわす短歌を作りましょう。まず,体育祭の思い出をまとめた短作文から言葉を選び,短歌の形式で表現します。次に,表現技法を駆使して推敲して短歌を完成するとともに,推敲の効果を説明する短文を書いてください[5]。 | 「『走れ!メロス』とは……を描いた物語である。」という形のまとめの一文を含む文章を,二百字以内で書こう。書いたものを互いに紹介し,次のような点で比べてみよう。<br>・誰が中心になっているか<br>・主題をどのように捉えているか[6]。 |

| 領域 | | 話すこと・聞くこと | 書くこと | 読むこと |
|---|---|---|---|---|
| 中学校第3学年 | 「本質的な問い」 | 多様な人の知識や経験を整理して自分の考えを形成するには，どうすればいいのか？ | 説得力のある主張をするためには，どうすればいいのか？ | 筆者や語り手の表現の意図を理解するためには，どうすればいいのか？ |
| | 「期待されるパフォーマンス」例 | さまざまな世代の人々の知識や経験を歴史的に理解して整理し，今後の自身の言語生活のあり方について考えている。 | 根拠をもって主張を組み立て，反論の先取りをしたり，類似例や実例をみつけたりして，自分の主張を補強している。 | 読み手の知識を想定し，それに対する文章の効果を，情緒的側面，批判的な側面など多様な側面から説明している。 |
| | 課題例 | さまざまな世代の人にインタビューを行ったり自分の普段の言語生活を記録したりして情報を収集し，秋田弁の将来について話し合い，レポートや作文にまとめる[7]。 | 部活動を引退して高校入試に向けて本格的に受験勉強に取り組み始めた3年生から，後輩たちにアドバイスを送る[8]。 | 文章はどんな読者が読むかによって説得力や効果が違います。「破壊―東京駅も原爆ドームになれた」という文章は，次のアとイのような読者を想定した場合，両者に対してどのように説得力や効果が異なると思われますか。違いを予想し説明してください。<br>ア　原爆ドームが世界遺産に登録されていることを知らない人たち。<br>イ　原爆ドームの永久保存を訴えてきた人たち[9]。 |

1) 『現代の国語1』三省堂書店，2016年，pp. 136-141 をもとに，評価課題に適した形に再構成した。
2) 東京書籍『新編 新しい国語』2016年，pp. 30-31 をもとに，評価課題に適した形に文言に修正を加えた。
3) 『伝え合う言葉 中学国語1』教育出版，2016年。
4) 佐藤智子「単元『インタビューから生まれる「人生物語」―地域の方との相互交流』」日本国語教育学会監修『豊かな言語活動が拓く国語単元学習の創造Ⅵ中学校編』東洋館出版，2010年。
5) 萩尾徹子「国語科」京都大学大学院教育学研究科 E.FORUM『「スタンダード作り」基礎資料集』2010年，pp. 18-21。
6) 『中学校国語1』学校図書，2016年，pp. 118-133。
7) 田畑博子「単元『秋田弁　わたしたちのことば―「自分のことばと出会う」単元学習の試み』」日本国語教育学会監修『豊かな言語活動が拓く国語単元学習の創造Ⅵ中学校編』東洋館出版，2010年をもとに，評価課題に適した形に再構成した。
8) 岩上賀子「僕の思い，君に届け！―根拠を明らかにした主張文で，後輩にアドバイスする」井上尚美・大内善一・中村敦雄・山室和也編『論理的思考を鍛える国語科授業方略　中学校編』渓水社，2012年，pp. 48-60をもとに，評価課題に適した形に再構成した。
9) 広島大学国語学力研究グループ『高校国語科　高次読解力評価のためのハンドブック』文部科学省科学研究費補助金平成24年度～26年度基盤研究（B）「中等国語科における生産的な読み手育成のための読解力・授業力診断システムの開発」（課題番号24330246），p. 7。文言に修正を加えた。

[小学校／中学校]

# 第2章 社会科

鋒山泰弘・次橋秀樹

## 1　2017年版学習指導要領「社会科」における主な変更点

### 1 変更の概要

　小学校学習指導要領を例に挙げれば，第2章第2節「社会科」の記述は，2008年版の9ページから2017年版では18ページと倍増している。

　この記述量の増加については，「何を学ぶか」という内容面での追加や変更――伝統や文化，防災・安全教育などの充実が図られているものの――が大きな影響を及ぼしているわけではない。要因の一つは，「何ができるようになるか」について具体的に示されたこと，もう一つは，「どのように学ぶか」ということについて，「見方・考え方」まで踏み込んで具体的に示されたことである。

### 2 「何ができるようになるか」

　従来の学習指導要領に対しては，教師が「何を教えるか」という観点を中心に組み立てられているという批判もあった。今回の改訂では，社会科においても，児童・生徒が「何ができるようになるか」という観点について，(1)「知識及び技能」の習得，(2)「思考力，判断力，表現力等」の育成，(3)「学びに向かう力，人間性等」の涵養，という育成すべき資質・能力（3つの柱）として示され，それぞれがより明確化，構造化された。たとえば，小学校学習指導要領「社会科」の冒頭にある（全体の）「目標」の項目だけでも，表2-1のように「資質・能力」

表2-1　小学校学習指導要領「社会科」における目標の比較

| 2008年版学習指導要領 | 2017年版学習指導要領 |
| --- | --- |
| 社会生活についての理解を図り，我が国の国土と歴史に対する理解と愛情を育て，国際社会に生きる平和で民主的な国家・社会の形成者として必要な公民的資質の基礎を養う。 | 社会的な見方・考え方を働かせ，課題を追究したり解決したりする活動を通して，グローバル化する国際社会に主体的に生きる平和で民主的な国家及び社会の形成者に必要な公民としての資質・能力の基礎を次のとおり育成することを目指す。<br>(1) 地域や我が国の国土の地理的環境，現代社会の仕組みや働き，地域や我が国の歴史や伝統と文化を通して社会生活について理解するとともに，様々な資料や調査活動を通して情報を適切に調べまとめる技能を身に付けるようにする。<br>(2) 社会的事象の特色や相互の関連，意味を多角的に考えたり，社会に見られる課題を把握して，その解決に向けて社会への関わり方を選択・判断したりする力，考えたことや選択・判断したことを適切に表現する力を養う。<br>(3) 社会的事象について，よりよい社会を考え主体的に問題解決しようとする態度を養うとともに，多角的な思考や理解を通して，地域社会に対する誇りと愛情，地域社会の一員としての自覚，我が国の国土と歴史に対する愛情，我が国の将来を担う国民としての自覚，世界の国々の人々と共に生きていくことの大切さについての自覚などを養う。 |

が示されつつ大きく改められ、記述内容が増えている。

### 3 「どのように学ぶか」

「どのように学ぶか」については、いわゆる「アクティブ・ラーニング」の推奨がこれまで注目されてきた。しかし、2017年版学習指導要領では「主体的・対話的で深い学び」という言葉が代わりに用いられている。

この「深い学び」を実現するための「鍵」として求められるのが、「社会的な見方・考え方」である。教科の特性に応じた「見方・考え方」を用いて、考察、構想や説明、議論等の学習活動が組み込まれた課題を追究したり解決したりする活動が不可欠とされている。社会科における「見方・考え方」について、中央教育審議会答申（以下、中教審答申）では「社会科、地理歴史科、公民科としての本質的な学びを促し、深い学びを実現するための思考力、判断力の育成はもとより、生きて働く知識の習得に不可欠であること、主体的に学習に取り組む態度や学習を通して涵養される自覚や愛情等にも作用することなどを踏まえると、資質・能力全体に関わるものであると考えられる」[1]としている。

具体的に見れば、社会科における2017年版学習指導要領の内容部分については、次のような共通の「形式」を取るように変更されている。[2]

(1) Aについて、学習の問題を追究・解決する活動を通して、次の事項を身に付けることができるよう指導する。
　ア　次のような知識及び技能を身に付けること。
　　(ｱ)　Bを理解すること。
　　(ｲ)　Cなどで調べたりして、Dなどにまとめること。
　イ　次のような思考力、判断力、表現力等を身に付けること。
　　(ｱ)　a, b, cなどに着目して、Eを捉え、Fを考え、表現すること。

これを育成すべき「資質・能力」にそってさらに簡略化すれば、以下のようにもまとめることができよう。

(1) 学習単元
　ア　知識・技能
　　(ｱ)　理解すべき知識
　　(ｲ)　身に付けるべき技能
　イ　思考力・判断力・表現力
　　(ｱ)　見方・考え方の提示

この「形式」は2018年版高等学校学習指導要領の「地理歴史」と「公民」においても同様である。ここで提示される「見方・考え方」は、概念理解が重要であることを改めて示しつつ、それを具体化したものである。

たとえば、次ページの表2-2で、小学校社会から高等学校の新設必修科目である「公共」へとつながる「社会的な見方・考え方」の例として示される視点と「問い」を追ってみよう。学校段階が進むにつれ、より視点は拡大して広がりつつも、小学校では「つながり」だったものが高等学校では「協働関係の共時性と通時性」のようなより高次の概念理解へと進んでいることがわかる。また、「持続可能性」のように各学校段階で繰り返し登場する視点もある。

### 4 「何を学ぶか」

「何ができるようになるか」、「どのように学ぶか」という大きな変化の一方で、「何を学ぶか」についても、変化がなかったわけではない。

中教審答申では、2008年版学習指導要領で充実された伝統・文化等に関するさまざまな理解を引き続き深めつつ、現代的な諸課題をふまえて、以下のように教育内容の見直しと充実を図ることが重要であるとされていた［引用中①

表2-2 「社会的な見方・考え方」を働かせたイメージの例

| | 考えられる視点例 | 視点を生かした，考察や構想に向かう「問い」の例 |
|---|---|---|
| 小学校 社会 | ○位置や空間的な広がりの視点<br>地理的位置，分布，地形，環境，気候，範囲，地域，構成，自然条件，社会的条件，土地利用 など<br>○時期や時間の経過の視点<br>時代，起源，由来，背景，変化，発展，継承，維持，向上，計画，持続可能性 など<br>○事象や人々の相互関係の視点<br>工夫，努力，願い，業績，働き，つながり，関わり，仕組み，協力，連携，対策・事業，役割，影響，多様性と共生（共に生きる）など | [考察]・どのような工夫や努力があるのだろう<br>・どのようなつながりがあるのだろう<br>・なぜ○○と○○の協力が必要なのだろう<br>（※一部）<br>[構想]・どのように続けていくことがよいのだろう<br>・共に生きていく上で何が大切なのだろう |
| 中学校 公民的分野 | ○現代社会を捉える視点<br>対立と合意，効率と公正，個人の尊重，自由，平等，選択，配分，法的安定性，多様性 など<br>○社会に見られる課題の解決を構想する視点<br>対立と合意，効率と公正，民主主義，自由・権利と責任・義務，財源の確保と配分，利便性と安全性，国際協調，持続可能性 など | [考察]・なぜ市場経済という仕組みがあるのか，どのような機能があるのか<br>・民主的な社会生活を営むために，なぜ法に基づく政治が大切なのか<br>[構想]・よりよい決定の仕方とはどのようなものか<br>・社会保障とその財源の確保の問題をどのように解決していったらよいか<br>・世界平和と人類の福祉の増大のためにどのようなことができるか |
| 高等学校 公共 | ○人間と社会の在り方を捉える視点<br>幸福，正義，公正，個人の尊厳，自由，平等，寛容，委任，希少性，機会費用，利便性と安全性，多様性と共通性 など<br>○公共的な空間に見られる課題の解決を構想する視点<br>幸福，正義，公正，協働関係の共時性と通時性，比較衡量，相互承認，適正な手続き，民主主義，自由・権利と責任・義務，平等，財源の確保と配分，平和，持続可能性 など | [考察]・社会を成立させる背景にあるものは何か<br>・社会に参画し，他者と協働する倫理的主体として個人が判断するための手掛かりとなる考え方は何か<br>[構想]・よりよい集団，社会の在り方とはどのようなものか<br>・公共的な場づくりや安全を目指した地域の活性化のために，私たちはどのように関わり，持続可能な社会づくりの主体となればよいか |

出典：中央教育審議会「幼稚園，小学校，中学校，高等学校及び特別支援学校の学習指導要領等の改善及び必要な方策等について（答申）」2016年12月21日，別添資料3-5より抜粋した内容に，一部説明を加えた。

〜⑥の番号と太字は引用者による］。

「①**グローバル化**，②**持続可能な社会の形成**，③**産業構造の変化**，④**防災・安全への対応**，⑤**海洋や国土の理解**，⑥**主権者の育成**等の現代的な諸課題に対応して必要な内容を見直す。具体的には，高等学校における必履修科目［世界史必修の見直し］への接続の観点も踏まえ，小学校では，世界の国々との関わり，政治の働き，地域社会，生活や産業の変化，自然災害等，中学校では，地球規模の課題，防災・安全，世界の歴史，起業，政治等に関する指導を充実する」。[3]

2017年版学習指導要領でも，これに応じる形で内容に変化が見られる。いくつか例を挙げれば，小学校第5学年の内容（4）「我が国の産業と情報との関わり」に関連して，情報や産業

技術を活用して発展している「販売」「運輸」「観光」「医療」「福祉」などいずれかの第三次産業を取り上げることが新たに明記された。これは上記③産業構造の変化に関連する動きである。また、中学校では、歴史的分野の内容の取扱いの最後に、「民族や宗教をめぐる対立や地球環境問題への対応などを取り扱い、これまでの学習と関わらせて考察、構想させるようにすること」の一文が付け加えられている。これは、①グローバル化、②持続可能な社会の形成に関連する動きと見ることができる。

## 2 社会科における「本質的な問い」と「永続的理解」

### 1 社会科における「本質的な問い」

社会科の「本質的な問い」は、「～とは何か？」と概念理解を尋ねたり、「～するには、どうすればよいか？」と構想を尋ねたりする問いが多い。45～47ページの表2-4～2-6で挙げている例のほか、表2-2において「視点を生かした、考察や構想に向かう『問い』の例」として提案されているものも「本質的な問い」に対応するといえよう。

社会科全体を貫く包括的な「本質的な問い」は、「社会的事象にはどのような特徴が見られるのか？」、「社会的事象の特徴はなぜ生じているのか？」、「社会的事象から生じる課題や問題をどうしたらよいか、どの構想や解決策がより望ましいか？」と表現できる。

地理的分野の「本質的な問い」として表現すれば、「諸地域の特色と問題は何か？」、「なぜその特色と問題がその地域に見られるのか？」、「その地域の問題を解決・改善するためにどのようなことが考えられるか？」などが考えられる。

歴史的分野の問いとして表現すれば、「各時代の特徴は何か？」、「歴史において何が、なぜ、変化したのだろうか？」、「歴史の見方・考え方はなぜ違うのだろうか？」、「歴史の見方・考え方はなぜ変わるのだろうか？」などが考えられる。

公民的分野の問いとして表現すれば、「みんなが安心して暮らせるために、どんな仕組みがあるだろうか？」、「現代社会における問題・対立の解決・合意形成の特徴は何か？」、「よりよい解決・合意形成のためには何が必要か？」、「現代社会における財の生産、分配、消費の特徴は何か？」、「よりよい財の生産、分配、消費には何が必要か？」などが考えられる。

これらの社会科全体、分野ごとの「本質的な問い」は、各単元において具体的な教材に即して設けられた「本質的な問い」を探究することにより、繰り返し問い直される。このことにより深い理解がもたらされることが期待される、というのが「逆向き設計論」の基本的な構造である。

具体的にみてみよう。たとえば、45～47ページの「地理的環境と人々の生活／地理的分野」におけるそれぞれの「本質的な問い」は次のとおりである。まず、小学校中学年では、「身近な地域では、どのようにして特産品と呼ばれるような農作物や工業製品が生み出されるのだろうか？」である。次に、高学年では「私たちは日本の食料生産の問題をどのように解決することができるのだろうか？」と続く。さらに、中学校では「南アメリカ州の産業の変化と開発は、世界にどのような影響を与えるのだろうか？」となる。教材はそれぞれ異なるが、学年段階に応じて広がっていく社会を対象としつつ、すべて地域の特色と要因、問題と解決について考え

る点では地理的分野として一貫している。
　これを考える際に求められる視点が「永続的理解」にあたり，2017年版学習指導要領における「見方・考え方」にも対応している。個別の知識の再生にとどまらず，「見方・考え方」を使わざるを得ない問いが「本質的な問い」であるともいえる。

### 2　社会科における「永続的理解」

　「永続的理解」の「永続的」とは，大人になって個別事象の知識やスキルの詳細を忘れ去ったとしても，なお残っているべきであるような重要な理解であることを意味する。「永続的理解」の「理解」は，単に「〜がわかる」「〜ができる」という目標ではない。それでは，「何がどのようにわかれば，わかったと言えるのか」，「何をどのようにすれば，できたと言えるのか」という点で十分ではないからである。そこで，「〜とは…である」，「〜するには…するとよい」といった形で，理解の内容を具体的に文章化することが求められる。

　たとえば，小学校中学年の地理では「人々は地域の自然環境や歴史的背景に応じた伝統的な産業を興している」と表現できる。地理的分野の学習においては，小学校高学年（日本の食料生産）においても，中学校の地理（南アメリカ州の産業）においてもこの「永続的理解」が繰り返し求められることで補強され，深められていく。

　さらに，学年段階・教材に応じて，さまざまな利害関係をもった立場の人々が登場することで相互関係において考えるべき課題があること，地域の立場を超えたグローバル化の観点や，時間的な視点を拡大した持続可能性までに及ぶ新たな「永続的理解」が付け加えられていくのである。

## 3　社会科におけるパフォーマンス課題の実践例

### 1　「昔の道具と人びとのくらし」4)
（小学校第3学年，花岡由美子先生）

　「絵年表をつくって，道具やくらしのうつりかわりをまとめよう。道具のうつりかわりについて自分の考えを発信しよう」というパフォーマンス課題を組み込んだ10時間の単元である。

　本実践を2017年版学習指導要領の第3学年「2　内容（4）」に照らして考えれば，イ（ア）「生活で使う道具などが改良されて変わってきたこと」を「見方・考え方」を用いて，ア（ア）「市や人々の生活の様子の移り変わりについて理解すること」や，ア（イ）「聞き取り調査」や「年表へのまとめ」を行い，情報を集めたり，資料を見比べたり，時間の区分に沿って調べたことを年表にまとめる技能を身につけることがめざされている，となるだろう。

　パフォーマンス課題の「本質的な問い」は，「昔の道具は，どのように使われていたのだろう？また，道具が変わってきたことによる人びとのくらしの変化は，どのようなもので，先人はどのような願いをもって努力や工夫をしてきたのだろう？」であり，めざされる「永続的理解」は「道具のうつりかわりや生活の変化や向上には，先人の知恵や工夫，努力や願いが受け継がれている」とされている。

　単元の展開としては，まず，校内にある七輪・火消し壺・羽釜に触れたり，タブレットを用いて身近な生活で使われていた昔の道具を見つけたりして，使い方や目的を調べる（3時間）。次に，地域の高齢者をゲストティーチャーに招き，学校の七輪を使って餅を焼き，聞き取り調査も行う（2時間）。そして，昔の道具が現代ではど

のようなものに変わっているかを調べ，道具の変化と祖父母・両親の子ども時代とのくらしの変化について考える（3時間）。最後に，パフォーマンス課題に向かう（2時間）という構成である。このほか，社会科見学で「大阪くらしの今昔館」へ行くことも組み込んでいる。

パフォーマンス課題である絵年表作成に至るまで，昔の道具について身近に感じる機会を花岡先生は多く設けている。いくつもの具体的な事物に触れたり話を聞く機会を通して，児童の興味・関心を引きながら，先人たちが知恵や工夫により，道具を生み出し，工夫し，くらしを改善してきたことを児童たちは繰り返し学んでいる。

また，七輪を学ぶ際に，「時間や手間がかかるが，使うことのよさもある」ということも伝えている点にも注目したい。これは本実践における「本質的な問い」からは外れているものの，文明の利器が必ずしもすべての面で優れているとは限らないという多面的なものの見方や別の「永続的理解」を促す機会ともなっている。

このように，本実践で体験を通して学んだことは，後に学ぶ自然災害やエネルギーの領域（たとえば災害時にはガスが利用できない・昔はモノを家庭で直接燃やしてエネルギーを得ていた……など）の深い理解につながるという要素も併せもっている。

一般的に言って，小学校3年生にパフォーマンス課題は難しいのではないか，という思いがあるかもしれない。まず強調しておきたいことは，パフォーマンス課題は単に知識を問うものではなく，目標への到達を一律に求めるものでもない点で学年や学力を問わず多様な子どものアクセスを可能にするものだということである。本実践においても，普段の授業では学習態度に課題がある子どもも，生き生きと取り組んでいたことが実践された先生から報告されている。

とはいえ，確かに本実践でも，子どものパフォーマンスとしての作品事例を見ると，絵年表の下に添えられる「道具のうつりかわりについての自分の考え」において，理解に幅があることが見て取れる。しかし，次ページの**表2-3**のレベルCの記述のように十分なパフォーマンスが見られなかったケースがあったとしても，それは表現力の問題かもしれないし，問いを捉える力や要約力がまだ身についていないだけだったかもしれない。昔の道具についてしか触れることのできなかった児童も，「うつりかわり」という課題の重要なポイント以上に昔の道具への「感動」のほうが大きく，それを素直に表現しただけかもしれない。

とくに低・中学年のうちは，理解と表現を一つのパフォーマンスで見るのは難しい場合があるだろう。こういった状況では，ルーブリックの記述に各作品がどう対応しているかを読み取ることも難しくなる。そこで，昔の道具の特徴・今の道具の特徴をそれぞれ欄を設けて書かせて気づきを促すなど，課題をある程度誘導的に細分化する方法もある。それでは複雑なパフォーマンスを問うはずのパフォーマンス課題にならないのではないか，という指摘もあるかもしれないが，パフォーマンス課題については，「慣れ」ていくことも大切である。学年を経ていくなかでしだいにパフォーマンスの質を高めていくこともできよう。たとえば，46ページに挙げた小学校第6学年「歴史と人々の生活」領域のパフォーマンス課題は，本実践の「永続的理解」をその先の学年で発展的に引き継ぐものとして想定して作成した。

道具や技術の開発・改良と生活の向上・変化の関係は，今後の歴史領域の学習において重要な「見方・考え方」となる。児童たちはいずれ具体的事物として手に取ってみることが難しい

表 2-3　ルーブリックと記述例

| レベル | 記述語 | 子どもの記述例 |
|---|---|---|
| A | 道具の変化と人びとのくらしの変化を関連づけて考え，道具や人びとのくらしの進化や向上の背景には，先人の知恵や工夫，願いがあることを表現できている。 | ○昔の人のくふうがわかった。昔の人がどのような生活をしていたかわかった。昔の人はちえをしぼっていたことがわかった。昔のどう具は，いまでもかわっていないところがある。昔の人が考えて作った物は，今の物とにている。<br>○昔の道具は時間がかかるし，手間もかかるけれど，昔の人をわたしはそんけいします。なぜなら，おなかがよほどすいていたら，がまんもできない人もなかには1人や2人もいると思うけど，それをのりこえておいしいものができると思います。昔の道具をつくった人のきもちが，道具をつかえばわかると思いました。 |
| B | 道具の変化と人びとのくらしの変化を関連づけて考え，適切に表現できている。 | ○昔は，手間と時間がかかるくらしだが，しゅうりはたいへんではなかった。でも，原料が高くて，かえないときもあった。しかし，今の道具は，どう線などの原料が入っていて，買いかえないと使えないこともある。 |
| C | 昔の道具と人びとのくらしについて，先人の知恵や工夫を考えて表現しようとしている。 | ○昔の道具は，いろんなやりかたでむずかしそう。昔の人は，そんな，むずかしそうな道具を毎日つかっていることをしって，わたしはびっくりしました。<br>○むかしの人は，少しでもくらしを楽にしたいという気持ちでつくったのではないかと思います。むかしの人は，よくこんなべんりなものをつくったので，わたしはすごいと思いました。 |

出典：京都大学大学院教育学研究科 E. FORUM『「スタンダード作り」基礎資料集（第2集）』2017年，pp. 58-59 の表に一部加筆した。

道具を絵や文字から想像したり，身近に体験者のいない生活を想像したりすることも求められるようになる。その際に，体験を中心に学んだ本実践の「永続的理解」がベースになることが期待できる。同じ歴史領域のなかで，異なるパフォーマンス課題によって繰り返し「永続的理解」を促し，「見方・考え方」を更新していくことを考えれば，本実践のように中学年からパフォーマンス課題を用いる意義は大きい。

最後に，このような「永続的理解」の到達点の一例として，次の問いも提示しておきたい[5]。

> 1. 過去 2000 年の歴史のなかで，どの発明が歴史に最も重大な影響をあたえたと考えるか。またそれはなぜか。
> 2. 技術は未来を形作るうえで，個人の行動よりも重大な役割を果たす，というマルクスの主張にあなたは賛成か，反対か。

これは，大学入学（あるいは大学の教養課程）レベルの高次な理解を求める問いであるが，その第一歩は本実践にあるともいえるのである。

### 2 「中国・四国地方　―都市と農村の変化と人々の暮らし―」[6]

（中学校第2学年地理，奥村好美先生・宮田佳緒里先生）

中学校の地理的分野の学習では，「社会的事象の地理的な見方・考え方を働かせ，課題を追究したり解決したりする活動」が求められている。「中国・四国地方」の学習で，「人口や都市・村落」の課題を追究するために，パフォーマンス課題を通常の単元計画のなかに組み込んだ実践例を紹介する。「広島・高知県を住みやすくするためのアイデアを考えよう！」という提案型のパフォーマンス課題であり，次のようなものである。

> あなたは（広島市の市長または高知県の知事）に頼まれて，もっと（広島市または高知県）を住みやすくするにはどうすればよいか，アイデアを出すことになりました。広島市の市長は過密問題，高知県の県知事は過疎問題で困っています。
> 学んだことを生かして，あなたの考えをレポートにまとめましょう。
> ①〇〇県の自然や産業などの特徴
> ②地域の問題により，どんな困ったことが起きているか。
> ③問題を解決するための具体的アイデア，そのアイデアによってどんなよいことが期待できるか。

　このようなパフォーマンス課題は，本格的に取り組むと，生徒が調べる社会的事象に関する諸資料を収集し，複数の資料を解釈，考察して，提案・構想を考えるまでの時間がかかり，年間指導計画の時間に組み込むことは容易ではない（夏休みなどレポート課題として取り組ませている実践例はある）。そこで単元の指導計画の限られた時間と，検定教科書と資料集を主に活用するという条件の下で，どこまで提案型のパフォーマンス課題の学習が深められるのかに取り組んだ実践例である。

　比較的短い時間で取り組むためには，パフォーマンス課題のテーマの絞り込みが必要となる。ここでは「地方の問題」として，広島市の人口の過密問題と高知県の人口の過疎問題に限定して，どちらかを生徒が選ぶように指示している。どちらの主題も単元の学習のなかで，①瀬戸内の都市の代表として広島市の人口過密問題と，その問題解決に向けた取り組みとしての南道路建設の事例の学習，②高知県の過疎問題と，その問題解決に向けた取り組みとして農業の促成栽培の事例の学習を各1時間行ったことがもとになっている。パフォーマンス課題に取り組むために1時間（未完成の場合は，宿題とされた）使い，さらに生徒同士の作品の交流（相互評価）と振り返り（自己評価）の実施に1時間使われている。

　この課題に対応して作成されたルーブリックは次のようなものである。「地理的な事象に関する思考力・判断力・表現力」として，5段階の評価基準が作られた。「3」の基準は，「広島市・高知県の地域の特徴を表している。そして，広島市の過密問題や高知県の過疎問題により，どのような困ったことが生じているのかについて記すことができている。そのうえで，建設的な問題解決のあり方を示している」である。これより上の「4」の評価基準では，「筋道が通った建設的な問題解決のあり方」が考えられており，「その過程で」「問題がなぜ生じているのかについて，その地域の特徴と関連づけて考えられていたり，地域の特徴をふまえた問題解決のあり方を考えたりするなどの関連づけが見られる」となっている。これより上の「5」の基準では，「筋道が通った建設的な問題解決のあり方を複数考えており，他地域の取り組みを生かしたアイデアや独自のアイデアも含まれている」とされた。「資料活用の技能」についても5段階の評価基準が作成され，「3」の基準は，「基本的な資料を用いて，説明している」である。「4」の基準は，「レポート内容に適した資料を複数選び，説得力のある論述を行うことができている」である。

　生徒には，このようなルーブリックの表現内容そのままを授業の最初に提示するのではなくて，①具体的であること，②資料など根拠があること，③地域の特徴，問題，解決策がつながりをもっていること，以上を意識して取り組むことを強調することで，目標・評価の観点を共有することがめざされた。

　実際の生徒の作品例で評価が高かった内容をみると，たとえば広島市の人口過密問題から交

通問題を取り上げた生徒は，渋滞，通勤ラッシュの問題が発生する原因を，広島市の産業の発展と交通の便に関する教科書や資料集の記述からまとめ，バイパス建設による効果に関する新聞記事と都心の高層マンション建設に関する広告を資料として使い，対策としては電車の本数増加や道路整備，個人が朝早く起きて通勤するなど複数の解決案を考えている。

高知県の過疎問題を取り上げた生徒は，四万十町の学校数，病院・診療所数のデータをもとに，過疎問題の現状をまとめたうえで，高知県の気候条件が野菜の促成栽培に適しており，盛んであるという教科書の記述を根拠にして，農業や「田舎暮らし」をアピールした移住者募集を解決策として提案している。

このように生徒が過密や過疎の問題の原因を考えて，解決策を考えるための根拠とする資料は，時間をかけて収集するものではなく，主に教科書や資料集など授業でふれた情報をどこまで資料として使いこなせるか，どの資料を根拠として選び，位置づけることができるのかを判断することを生徒に求めるものになっている。限られた時間でのパフォーマンス課題への取り組みとして検討する資料の範囲のある程度の限定ということも現実的な方法として必要であろう。

また限られた単元の指導計画の時間のなかで，このような提案型のパフォーマンス課題に取り組ませる場合は，生徒に独自のアイデアを生かした新たな対策の提案を求めることは難しいだろう。授業で扱った教材や資料に基づいて，主張や提案の根拠となる社会的事象の事例やデータを選び，複数の事例やデータを論理的に結びつけて述べられているかが中心的な目標となる。

この実践例の課題としては，地理的なものの「見方・考え方」に関わる内容として，位置や空間的な広がりや関係を表現する技能目標の習得の位置づけが挙げられる。地理的分野のパフォーマンス課題で，社会的事象の課題と対策を表現する際には，地図を活用したり作成したりして，分布，距離（空間的，時間的）に関する情報の考察と表現を必ず入れることなどの指示が必要であろう。

もう一つの課題は，その後の単元の学習での発展やつながりを考えることが挙げられる。中国・四国地方の学習において，人口の過密・過疎の原因と，そこから生まれる課題や問題，それへの対策を学習し，自分で考察したことで獲得した「見方・考え方」を，たとえば関東地方での人口過密問題，東北地方での過疎問題の原因と対策の理解・考察・構想につなげることである。人口の過密・過疎という問題の原因と対策が各地方では，どの点で共通し，どの点が違うのか，生徒が比較しながら提案を考える機会が与えられれば，さらに考察・構想として深まりのあるものになっていく。

1) 中央教育審議会「幼稚園，小学校，中学校，高等学校及び特別支援学校の学習指導要領等の改善及び必要な方策等について（答申）」，2016 年 12 月 21 日，p. 133。
2) 澤井陽介「告示された新学習指導要領（平成 29 年 3 月）の特徴と読み方②」『社会科教育』，2017 年 4 月号，No. 696，p. 98。
3) 同答申【概要】，p. 19。
4) 京都大学大学院教育学研究科 E.FORUM『「スタンダード作り」基礎資料集（第 2 集）』2017 年，pp. 57-60。以下，『基礎資料集（第 2 集）』と示す。
5) Richard van de Lagemaat, *Theory of Knowledge for the IB Diploma, second edition*, Cambridge University Press, 2013. における Activity 15.18 ⑦「歴史の理論－経済決定論」より。
6) 『基礎資料集（第 2 集）』，pp. 69-72。

［文責］次橋秀樹　1，2（2），3（1）
　　　　鋒山泰弘　2（1），3（2）

表2-4 社会科における「本質的な問い」と「永続的理解」，およびパフォーマンス課題の例（小学校中学年）

| 領域 | 地理的環境と人々の生活[1] | 歴史と人々の生活[2] | 現代社会の仕組みや働きと人々の生活[3] |
|---|---|---|---|
| 領域の「本質的な問い」 | ・諸地域の特色と問題は何だろうか？<br>・なぜその特色と問題がその地域に見られるのだろうか？<br>・その地域の問題は，どのようにすれば解決・改善することができるのだろうか？ | ・各時代にはどんな特色があるだろうか？<br>・歴史において何が，なぜ変化したのだろうか？<br>・時間の経過とともに，町や人々の生活はどのように変わってきたのだろうか？<br>・よりよい社会を形成するために，歴史から何を学ぶことができるのだろうか？ | ・みんなが安心して暮らせるために，どんな仕組みがあるだろうか？<br>・地域の人々はどのようにつながっているのだろうか？ |
| 単元 | 県内の特色ある地域の様子（4年生） | わたしたちの市（3年生） | 地域の安全を守る働き（3年生） |
| 単元ごとの「本質的な問い」 | 身近な地域では，どのようにして特産品と呼ばれるような農作物や工業製品が生み出されるのだろうか？ | 身近な地域（市）では，交通や土地利用がどのように変化してきたのだろうか？ | 身近な地域では，どのように安全が守られているのだろうか？ |
| 「永続的理解」 | ・人々は地域の自然環境や歴史的背景に応じた産業を興している。<br>・自治体や地域住民，産業に携わる人たちが協力して，地域の産業の維持や発展のために努力している。 | ・自分たちの市では，昔から今に至る時間の経過に伴って，駅や道路などの交通網が整備され，公共施設などが建設されてきた。<br>・自分たちの市の土地利用方法は，時代とともに山林を農地化したり住宅化したりするなど，変化してきた。 | ・安全を守るために，警察官や消防官は緊急時の対応とともに，未然防止のための活動を行っている。<br>・警察署や消防署などの関係機関は，地域の安全を守るために，相互に連携して緊急時に対処する体制をとっている。 |
| 課題例 | 自分の住む都道府県のよさを再認識してもらうため，都道府県内各地域の特産品がわかる絵地図を作り，住人に向けて発表しよう。絵地図には，特産品が生まれた理由に関わる地形や川，鉄道・道路などの地理情報も記入すること。（農業班・工業班・観光業班など産業別に分かれて探究する） | X年ぶりにこの市に帰ってきて暮らそうかどうか考えている人に，いまの市のようすを地図を使って説明しようと思います。まず，昔の地図・航空写真や，大人の話をもとにして，自分たちが住む市の「いま○○がある場所は，むかし□□だった」というカードをなるべくたくさん完成させよう。次に，このカードをクラスや班で持ちより，1つの白地図に貼り付けたら，みんなでそれぞれのカードに書かれた変化で，住む人たちの暮らしがよくなったか，悪くなったかを考えて，カードに色づけしよう。 | ①警察官や消防官が1秒でも早く現場に出動するためにしている工夫は何だろうか？<br>②警察官や消防官が出動を減らすためにしている工夫は何だろうか？<br>①と②のそれぞれについて，本やインターネットを使って調べたり，警察署や消防署に直接行って聞いたりして，地元地域の人たちに向けた新聞にまとめよう。 |

1) 榎津優規「伝えよう！ 佐賀県の魅力」京都大学大学院教育学研究科 E.FORUM『「スタンダード作り」基礎資料集（第2集）』2017年，pp. 61-64 も参照した。
2) 「永続的理解」については，『小学校学習指導要領解説 社会編』2017年，p. 45 より一部抜粋し，加筆した。
3) 「永続的理解」については，『小学校学習指導要領解説 社会編』2017年，pp. 41-43 も参照した。

表2-5 社会科における「本質的な問い」と「永続的理解」、およびパフォーマンス課題の例（小学校高学年）

| 領域 | 地理的環境と人々の生活[1] | 歴史と人々の生活[2] | 現代社会の仕組みや働きと人々の生活[3] |
|---|---|---|---|
| 領域の「本質的な問い」 | ・私たちは生活に必要なお金や食料をどのようにして手に入れているのだろうか？<br>・諸地域の特色と問題は何だろうか？<br>・なぜその特色と問題がその地域に見られるのだろうか？<br>・その地域の問題は、どのようにすれば解決・改善することができるのだろうか？ | ・各時代にはどんな特色があるだろうか？<br>・歴史において何が、なぜ変化したのだろうか？<br>・時間の経過とともに、町や人々の生活はどのように変わってきたのだろうか？<br>・よりよい社会を形成するために、歴史から何を学ぶことができるだろうか？ | ・みんなが安心して暮らせるために、どんな仕組みがあるだろうか？<br>・日本と外国はどのように関わり合っているのだろうか？<br>・地球規模で発生している課題に、どのように対応しているのだろうか？<br>・日本は国際的な課題に対してどのように貢献することができるのだろうか？ |
| 単元 | これからの食料生産とわたしたち（5年生） | 歴史学習のまとめ（6年生） | グローバル化する世界と日本の役割（6年生） |
| 単元ごとの「本質的な問い」 | 私たちは日本の食料生産の問題をどのように解決することができるのだろうか？ | 道具の開発は、社会をどのように変えてきたのだろうか？ | 国際機関の存在意義とは何だろうか？ |
| 「永続的理解」 | ・食料は、国内だけでなく海外からも輸入して調達している。<br>・食料生産に関わる人々は、生産性や品質を高めるよう努力したり輸送方法や販売方法を工夫したりして、良質な食料を消費地に届けるなどして食料生産を支えている。 | ・道具の開発によって、人間は生活を向上・変化させてきた。<br>・時に武器のような道具の開発によって、人間はさらに大きな脅威を自ら生み出すこともしてきた。<br>・歴史的な事象や人物の行動に、道具の開発・改良が影響を与えている場合もある。 | ・地球規模で発生している課題の解決のために、国という枠組みを越えて国際的な機関は活動している。<br>・国際機関を通すなどして、日本はお金だけでなく、教育・医学・農業などさまざまな知識・技術によって国際貢献することができる。 |
| 課題例 | 10年後の食料生産について、私たちにできることを考え、新聞記事にしよう。なお、記事を書く際は指定の書式（見出し・記事・論拠となる資料・反対意見の予想など）に従うこと。 | 博物館員であるあなたは、「歴史を変えた道具」を2つ取り上げて展示し、見に来た人への解説書を書くことになりました。それぞれの道具がどんな点において新しく、どのような歴史事象に影響を与えたと考えるかをそれぞれ説明するポスターを作成しなさい。 | 今度の学習発表会の来場者にユニセフへの募金を呼びかけることにしました。そこでユニセフの活動から2つ取り上げ、それがどんな活動かを具体的に紹介したうえで、国家を超えた組織のよい点について説明するポスターを作成しましょう。 |

1)「課題例」については、『社会科教育』2017年5月号、pp.30-33を参照した。「永続的理解」については、『小学校学習指導要領解説 社会編』2017年、pp.77-78より一部抜粋した。
2) 筆者作成。
3) 筆者作成。

表2-6 社会科における「本質的な問い」と「永続的理解」，およびパフォーマンス課題の例（中学校）

| 領域 | 地理的分野[1] | 歴史的分野[2] | 公民分野[3] |
|---|---|---|---|
| 領域の「本質的な問い」 | ・諸地域の特色と問題は何だろうか？<br>・なぜその特色と問題がその地域に見られるのだろうか？<br>・その地域の問題は，どのようにすれば解決・改善することができるのだろうか？ | ・人間は，どのように文明を築き，発展させてきたのだろうか？<br>・歴史において何が，なぜ，変化したのだろうか？<br>・よりよい社会を形成するために，歴史から何を学ぶことができるのだろうか？ | ・現代社会における課題・対立の解決・合意形成の特徴は何か？よりよい解決・合意形成のためには何が必要か？<br>・社会における財の生産，分配，消費の特徴は何か？<br>・よりよい財の生産，分配，消費には何が必要か？ |
| 単元 | 南アメリカ州 | 歴史的分野のまとめ | 納税者として経済を考えよう |
| 単元ごとの「本質的な問い」 | ・南アメリカ州ですすむ開発について，立場によってどのように意見が異なっているだろうか？<br>・南アメリカ州の産業の変化と開発は，世界にどのような影響を与えるだろうか？ | ・古代文明は，どのような特徴をもっているだろうか？<br>・古代文明は，どのように現代とつながっているのだろうか？ | ・税と社会保障制度はなぜ作られたのか？<br>・税と社会保障制度はどのようにあるべきか？ |
| 「永続的理解」 | ・国や地域の経済発展，住民の暮らしの向上のために開発を進める立場もある一方で，グローバルな視点に立てば，持続可能な社会のために，環境保全の立場がある。<br>・南アメリカ州の産業変化や開発には，日本も影響を与えている。 | ・古代文明が生まれた土地や，それぞれで生み出されたものには共通点がある。<br>・世界の古代文明や宗教は，現代につながる点を多くもっている。<br>・古代文明から現代に至るまで，時代と地域を超えて人間には文明を継承・発展させてきた歴史がある。 | ・私たちが人生のなかで直面するかもしれないさまざまな生活上の困難には，個人のお金や努力だけで対応することが難しいものがある。この困難への対応を社会全体で共有するために作り出されたのが，税や社会保障による所得再分配である。<br>・税や社会保障制度には「公平性」と「効率性」が求められるが，その具体化については国民の間での議論と民主的な決定が必要である。 |
| 課題例 | アマゾンの熱帯雨林開発の是非について，先住民・農家・ブラジルの政治家・日本の熱帯雨林研究者の立場それぞれの資料を読み，あなた自身が開発に賛成か反対か，どの立場をとるのか根拠を示しつつ論じなさい。 | 歴史学習をはじめたばかりの中学1年生に対して，「歴史のつながり」を説明したい。そこで，古代文明が現代につながっていると考えられる点をひとつ取り上げ，それが現代とはどのような点で似ていて，どのような点で異なっているか（発展しているか）を比べることができるプレゼンテーション資料を作成しなさい。 | 日本の社会保障制度は，国民の受益と負担がアンバランスな状態です。高齢化が進むなか，将来の医療・年金・介護・子育て支援に十分な予算を配分したいのですが，少子化が進むなかでは，税収増加は容易ではなく，借金も膨らんでしまいます。社会保障に必要なお金を増やすには税金（所得税・消費税・法人税）や保険料を上げる必要があります。社会保障の国際比較のデータ等を検討して，これからの日本の社会保障制度の受益と負担のあり方について地元選出の国会議員に提案してください。 |

1) 大庭玄一郎「様々な立場から経済発展と環境保護の対立を考えよう！」小原友行『アクティブ・ラーニングを位置付けた　中学校社会科の授業プラン』明治図書，2016年，pp.22-25 および西田剛志「世界の諸地域『南アメリカ州』」京都大学大学院教育学研究科 E.FORUM『スタンダード作り』基礎資料集（第2集）』2017年，pp.65-68 を参照した。
2) Jo Thomas, Keely Rogers, *History for the IB MYP 4 & 5: By Concept (MYP By Concept)*, Hodder Education, 2015. を参照した。
3) 坂田秀一「社会保障における国民の受益と負担のバランスとは」『社会科教育』2018年3月号所収による。（一部表現は変えている）

# 第3章　算数・数学科

[小学校／中学校]

石井英真

## 1　2017年版学習指導要領「算数・数学科」における主な変更点

### 1　算数・数学科の目標

中学校数学科の目標の記述について，2008年版学習指導要領と比べてみると，2017年版学習指導要領の特徴が見えてくる。

2017年版では，数学的活動のプロセスにおいて働く「見方・考え方」（事象を数量や図形及びそれらの関係などに着目して捉え，根拠を基に筋道を立てて考え，統合的・発展的に考える）を明らかにしたうえで，表3-1の2017年版目標の(2)(3)のように，実生活・実社会との関わりと算数・数学を統合的・発展的に構成していくことの両面を意識しながら，数学的な思考のプロセスがより明確化されている。また，問題発見・解決の過程の振り返り，いわば自己調整的な態度も重視されている。

図3-1に示したように，2016年12月の中央教育審議会答申では，算数・数学の問題発見・解決の過程（「事象を数理的に捉え，数学の問題を見いだし，問題を自立的，協働的に解決し，解決過程を振り返って概念を形成したり体系化したりする過程」）について，「日常生活や社会の事象を数理的に捉え，数学的に表現・処理し，問題を解決し，解決過程を振り返り得られた結果の意味を考察する，という問題解決の過程」と，「数学の事象について統合的・発展的に捉えて新たな問題を設定し，数学的に処理し，問題を解決し，解決過程を振り返って概念を形成したり体系化したりする，という問題解決の過程」，いわば「数学を使う活動」と「数学を創る活動」の2つの過程が相互に関わり合って展開する過程としてモデル化している。2017年版学習指導要領に示されている「数学的な見方・考え方」や算数・数学科における「資質・能力」の3つの柱が，この学習過程モデルをベースに考えら

表3-1　中学校学習指導要領「数学科」における目標の比較

| 2008年版学習指導要領 | 2017年版学習指導要領 |
| --- | --- |
| 数学的活動を通して，数量や図形などに関する基礎的な概念や原理・法則についての理解を深め，数学的な表現や処理の仕方を習得し，事象を数理的に考察し表現する能力を高めるとともに，数学的活動の楽しさや数学のよさを実感し，それらを活用して考えたり判断したりしようとする態度を育てる。 | 数学的な見方・考え方を働かせ，数学的活動を通して，数学的に考える資質・能力を次のとおり育成することを目指す。<br>(1) 数量や図形などについての基礎的な概念や原理・法則などを理解するとともに，事象を数学化したり，数学的に解釈したり，数学的に表現・処理したりする技能を身に付けるようにする。<br>(2) 数学を活用して事象を論理的に考察する力，数量や図形などの性質を見いだし統合的・発展的に考察する力，数学的な表現を用いて事象を簡潔・明瞭・的確に表現する力を養う。<br>(3) 数学的活動の楽しさや数学のよさを実感して粘り強く考え，数学を生活や学習に生かそうとする態度，問題解決の過程を振り返って評価・改善しようとする態度を養う。 |

図3-1 算数・数学の学習活動のモデル

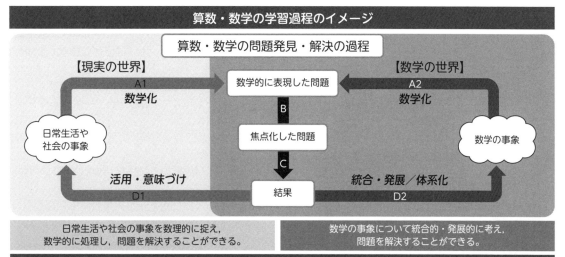

出典：中央教育審議会「幼稚園，小学校，中学校，高等学校及び特別支援学校の学習指導要領等の改善及び必要な方策等について（答申）」2016年12月21日，別添資料4-3。

れていることがわかるだろう。

### 2 算数・数学科の内容と領域の組み換え

実社会・実生活と数学とのつながりは，教科内容構成のレベルでも強調されている。特に，2017年版学習指導要領では，社会生活などのさまざまな場面において，必要なデータを収集して分析し，その傾向をふまえて課題を解決したり意思決定をしたりすることが求められているとされ，統計的な内容をはじめ，「データの活用」（2008年版学習指導要領における「資料の活用」）に関わる内容が拡充されている。

また，それとも関係して，小学校算数科においては，従来の「A 数と計算」「B 量と測定」「C 図形」「D 数量関係」という4領域が再構成され，「A 数と計算」「B 図形」「C 測定（第1学年〜第3学年）」「C 変化と関係（第4学年〜第6学年）」「D データの活用」という4領域に改められている。すなわち，第4学年以降は，これまで「量と測定」に含まれていた，図形の求積に関わる内容が「図形」領域に移され，量（内包量を含む）の数値化に関わる内容が「変化と関係」の領域に統合される形となっているのである。こうして，中学校数学科との間で領域構成が一貫させられるとともに，かつての数量関係の領域が拡充されたとみることもできよう。

## 2 算数・数学科における「本質的な問い」と「永続的理解」

### 1 包括的な「本質的な問い」の抽出

表3-5（58〜63ページ）では，単元，さらには学年を越えて繰り返し問われる包括的な「本質的な問い」を領域ごとに示した。そして，小学校では低・中・高の学年段階ごとに，中学校では学年ごとに，指導内容に即して問いを具体化し，対応する「永続的理解」とパフォーマンス課題を例示した。さらに，領域横断的に追

表3-2 2008年版小学校学習指導要領「算数科」第4学年の「数量関係」の領域の内容構成

(1) 伴って変わる二つの数量の関係を表したり調べたりすることができるようにする。
　ア 変化の様子を折れ線グラフを用いて表したり，変化の特徴を読み取ったりすること。

[中略]

(4) 目的に応じて資料を集めて分類整理し，表やグラフを用いて分かりやすく表したり，特徴を調べたりすることができるようにする。
　ア 資料を二つの観点から分類整理して特徴を調べること。
　イ 折れ線グラフの読み方やかき方について知ること。

(下線筆者)

表3-3 2017年版小学校学習指導要領「算数科」第4学年の「データの活用」の領域の内容構成

(1) データの収集とその分析に関わる数学的活動を通して，次の事項を身に付けることができるよう指導する。
　ア 次のような知識及び技能を身に付けること。
　　(ア) データを二つの観点から分類整理する方法を知ること。
　　(イ) 折れ線グラフの特徴とその用い方を理解すること。
　イ 次のような思考力，判断力，表現力等を身に付けること。
　　(ア) 目的に応じてデータを集めて分類整理し，データの特徴や傾向に着目し，問題を解決するために適切なグラフを選択して判断し，その結論について考察すること。

(下線筆者)

求され，算数・数学的活動において日々意識されるべき方法論に関する問いも提示した。

「本質的な問い」の抽出にあたっては，領域の柱となる概括的で一般的な目標に注目した。2008年版学習指導要領において，領域ごとにまとめられた算数・数学科の目標・内容を検討してみると，**表3-2**の下線部のように，学年を越えて繰り返し挙げられる，各領域の柱となる目標，**表3-4**に示した片桐重男の分類でいう，「数学の内容に関係した数学的な考え方」に相当するものの存在に気づく。多くの場合，単元や授業の目標として意識されているのは，「折れ線グラフの読み方やかき方について知ること」といった，下位項目（個別の知識・技能）であろう。だが，「折れ線グラフ」や「棒グラフ」といった個別の内容を積み上げていくだけでは，目的や場面に応じて使用するグラフを選ぶ経験などが欠落しがちとなり，領域の柱となる概括的で一般的な目標（「目的に応じて資料を集めて分類整理し，表やグラフを用いて分かりやすく表したり，特徴を調べたりすることができるようにする」）の達成に至るとは限らない。現実

表3-4 片桐重男による「数学的な考え方」の目標分類

| Ⅰ　数学的な態度 |
|---|
| 1 自ら進んで自己の問題や目的・内容を明確に把握しようとする　2 筋道の立った行動をしようとする　3 内容を簡潔明確に表現しようとする　4 よりよいものを求めようとする |

| Ⅱ　数学の方法に関係した数学的な考え方 |
|---|
| 1 帰納的な考え方　2 類推的な考え方　3 演繹的な考え方　4 統合的な考え方　5 発展的な考え方　6 抽象化の考え方　7 単純化の考え方　8 一般化の考え方　9 特殊化の考え方　10 記号化の考え方 |

| Ⅲ　数学の内容に関係した数学的な考え方 |
|---|
| 1 単位の考え　2 表現の考え　3 操作の考え　4 アルゴリズムの考え　5 概括的把握の考え　6 基本的性質の考え　7 関数的な考え　8 式についての考え |

出典：片桐重男『数学的な考え方の具体化』明治図書，1988年の内容をもとに筆者が図表化。

世界の文脈に対応して複数の知識・技能を総合する力を発揮する機会が独自に保障されねばならないのであって，パフォーマンス評価が求められるひとつの理由もそこにある。

これに対して，2017年版学習指導要領では，

表3-3のように，内容に即した思考力・判断力・表現力として，領域の柱となる目標内容が示される形となっている。このような形で明示されることで，単元や授業の目標として意識されることが促されるだろう。その一方で，単元や授業ごとに内容に即した思考過程として明確化されることで，領域の柱となる目標を単元や授業の内容を概括し領域を貫いて追求していく長期的見通しとして捉えることが困難になっている部分もある。

　表3-5では，各領域について，個別の項目を概括する目標を抽出し，それに即して包括的な「本質的な問い」をまとめるとともに，「本質的な問い」の入れ子構造を示すことで，領域縦断的な指導の見通しを示している。

### 2　各領域における問いのスパイラル

　「数と計算」（「数と式」）領域については，数の意味の理解，および，数や文字を使った加減乗除の計算能力が柱となる。小学校段階で，整数から小数・分数へと数は拡張され，加減法から乗除法へと，計算のバリエーションも広がる。中学校段階では，負の数へと無理数へと数は拡張されるとともに，方程式や因数分解など，数だけでなく文字を使った計算も求められるようになる。「なぜその数は必要なのか」という包括的な問いは，「なぜ小数は必要なのか」「なぜ平方根は必要なのか」といった具合に，各単元において繰り返し問われるわけである。なお，「数と計算（式）」の領域は，他領域の基礎として位置づけられるので，他領域のパフォーマンス課題も，「数と計算（式）」の内容の活用の場と見ることができる。

　「図形」領域については，図形の種類やそれを規定する条件の理解が柱となる。四角形や三角形といった具合に形が分類され，小学校中学年で平行や垂直といった位置関係を学ぶことで，四角形はさらに平行四辺形や台形などへと分類される。中学校段階では，図形の性質や合同・相似関係に関する証明や定理の活用が求められる。

　小学校の「測定」と「変化と関係」，および中学校の「関数」は，量と数量関係の抽象化という軸で統合的に捉えることができよう。「測定」領域については，身の回りの量を測定したり計算したりして数値化することが柱となる。長さや重さや時間など，計器で測って求める量から始まり，小学校中・高学年になると，速さなどの内包量を計算で求めたりすることが要求される。小学校の「変化と関係」と中学校の「関数」については，自然や社会の伴って変わる2つの数量の関係を代数的・視覚的に捉え，未知の数量を予測することが柱となる。小学校段階では比例，反比例が，中学校段階では一次関数，二次関数が，さらに高校段階では三次関数，指数関数，三角関数，微分・積分などが扱われるが，自然や社会に埋め込まれた数量関係を読み解く「眼鏡」として理解されねばならない。たとえば，数式レベルで形式的に理解するのは難しい指数関数も，細菌の繁殖や金利といった日常生活に身近な変化を捉える道具となりうる。

　最後に「データの活用」領域については，目的に応じてデータを収集・表現・分析すること，および，それによって不確実な事象や集団の傾向を捉えることが柱となる。小学校段階では，折れ線グラフ，円グラフ，帯グラフなど資料を分類整理する方法が指導される。中学校段階になると，代表値を用いて資料の傾向を捉えたり，確率を用いて不確実な事象の傾向を捉えたり，標本調査を用いて母集団の傾向を捉えたりと，より統計的に精緻な分析が求められるようになる。

### 3　算数・数学科の方法論に関する問い

　各領域の包括的な「本質的な問い」を軸に，パフォーマンス課題は設計される。それゆえ，パフォーマンス課題で学習者が生み出す作品は，包括的な「本質的な問い」についての理解の深まりの表現である。と同時に，数学的な思考のプロセスの巧みさに作品の質が規定されている点も見逃してはならない。現実世界の問題に直面したとき，学習者は，それを数学の問題としてシンプルに抽象化・定式化し（数学的モデル化），学んだ知識・技能を駆使して筋道立てて解決する。そして，一連のプロセスを，図や数式を用いてわかりやすく説明することが求められる。

　学習指導要領でも，これまで内容領域に加えて数学的活動（方法領域）が例示されてきた。そこで，**表3-5**では，内容領域ごとの包括的な「本質的な問い」に加えて，先述の数学的思考のプロセスに即して方法論に関する問いも明確化した。

　方法論に関する問いとして，どのようなものを設定するかについては，その人の数学観が影響する。数学者の数学を重視する場合は，事象から一般化して得られた結論をさらに数学的に発展的に捉えたり，定理を証明したりすることなど，数学を創る活動がより重視される。他方，生活者の数学を重視する場合は，数学的モデル化や問題解決など，数学を使う活動がより重視される。

　従来の算数・数学科における問題解決型の授業では，教師が獲得させたい知識を発見的に学ばせる過程において，数学的な考え方や態度が育つことも期待されている。片桐の「数学的な考え方」では，算数・数学の知識の発見・創造や内容理解そのものを目的とし，その過程を豊かにするための思考や態度が示されている（**表3-4**）。

　このように，従来の「数学的な考え方」は，数学を創る活動に強調点があり，数学を使う活動はあまり想定されていなかった。これに対して，**表3-5**の方法論に関する問いでは，両面を考慮しながらその内容を考えている。すなわち，「どのようにして現実世界の事象や問題の本質を数学的に抽象化し，条件を解析すればよいか？」という文言は，数学を使う活動を意識している。一方，「どうすれば解析の結果を発展させることができるのか？」という文言は，数学を創る活動を意識している。

　先述のように，2017年版学習指導要領で示されている「数学的な見方・考え方」は，「事象を数量や図形及びそれらの関係などに着目して捉え，根拠を基に筋道を立てて考え，統合的・発展的に考える」とされており，領域を構成するキーワード（数量,図形,関係など）を眼鏡（見方）に，先述の算数・数学の問題発見・解決の過程のモデルで示されたようなプロセス（考え方）を働かせて思考する姿が想定されている。そこでは，**表3-5**の方法論に関する問いと同様に，数学を使う活動と創る活動の両方が意識されていることがわかる。ただ，2017年版学習指導要領では，問題解決の過程の振り返りといったメタ認知的で自己調整的な思考や態度も強調されているが，**表3-5**の方法論に関する問いでは，算数・数学に固有で本質的なプロセスに限定する観点から，また，算数・数学教育の心理主義的傾向を是正する観点から，自己調整的な思考は含めていない。

　小学校の低・中学年のうちは，包括的な「本質的な問い」を軸に知識・技能を総合する課題への挑戦を定期的に繰り返すだけでも十分かもしれない。だが，小学校高学年から中学校・高校へと進むなかで，問いと答えの間は長くなる。それに伴い，方法論に関する問いをふまえて，思考プロセス自体を意識的に育てていく工夫も

求められる。

　方法論に関する問いについて、問いや「永続的理解」の深まりを学年段階ごとに示すことも考えられる。だが、現時点では研究の蓄積が十分ではなく、また、思考プロセスを規定することが実践を縛ることの危険性も鑑みて、今回は問いのみ示している。実践事例を持ち寄りつつ、領域や単元を越えて使える一般的ルーブリックを開発していく必要があるだろう。

　なお、**表3-5**では、小学校低学年の「数と計算」の課題例で問題づくりの課題を採用したのを除き、個別の内容の意味理解を問う課題よりも、1単元、あるいは複数の単元で学んだ知識・技能を総合する課題であることを重視した。だが、「数と計算（式）」領域については、計算能力と並んで、数概念の理解が重要な柱である。また、小学校段階では、「測定」の領域で量感を豊かにすることが求められる。

　日々の授業において理解を伴った知識の豊かな習得（意味理解）を大事にするとともに、単元末や学期の節目において、それに解消されない知識・技能を総合する思考を保障することが必要なのである。

## 3　算数・数学科におけるパフォーマンス課題の実践例

### 1　目標設定から課題の構成へ——小学校第5学年の単元「単位量当たりの量」

　パフォーマンス課題は、「本質的な問い」と「永続的理解」（教科内容）から課題の構成へと至った側面が強いもの（上からの道筋）と、日常生活の事象を数学の眼鏡で分析することで、課題として切り取った側面が強いもの（下からの道筋）の2つに分けることができる。まず取り上げるのは、前者の例である（**資料3-1〜3-3**）。

**資料3-1　小学校第5学年の単元「単位量当たりの量」**

> 「本質的な問い」
> 平均の考えを使って、およその長さを求めることができるのだろうか？
>
> 「永続的理解」
> 平均値は、同条件で行われた実験において、データ数を増やすことで真の値に近づいていき、およその長さを求めることができる。
>
> パフォーマンス課題
> 広島大学附属小学校には、サークルベンチがあります。このベンチのおよその長さを求めようと思います。ただし、ベンチの長さは、4段目のベンチの中央を求めることにします。次の問いに答えましょう。
> 問1　「歩はば」を使ってサークルベンチのおよその長さを求める計画を立てます。どのような計画にすればよいか考えてみましょう。
> 問2　問1で考えた計画を実際に行い、サークルベンチのおよその長さを求めましょう。長さを求めるまでのとちゅうの方法やデータについて記録しておき、レポートにまとめましょう。

**資料3-2　児童の作品例**

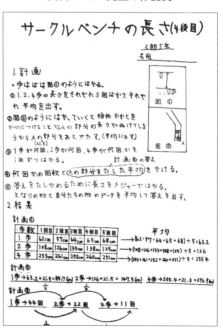

**資料3-3　単元「単位量当たりの量」のルーブリック**

| 観　点 | 数量や図形についての知識・技能 | 数学的な思考力 | 協働的に算数を創る態度 |
|---|---|---|---|
| 評価基準 | ・歩幅を求めるために実験により測定値を求め，測定値から平均値を求めることができる。<br>・歩数を求めるために実験により測定値を求め，測定値から平均値を求めることができる。 | ・平均の意味や使い方を理解し，日常の問題解決場面において活用することができる。<br>　A　歩幅の長さを求めるときに1歩ではなく，複数歩を歩いた場合について考えること<br>　B　1回ではなく複数回実験すること | ・友達の考えを受容し，自分の計画について平均の考え方を使って述べようとしている。<br>・友達の考えをふまえて，自分の計画を振り返ろうとしている。<br>　A　歩幅の求め方<br>　B　サークルベンチの長さの求め方 |
| 十分満足できると判断される状況 | ・実験により，歩幅と歩数の測定値を求めることができる。はずれ値が出た場合，その値の扱いを考えている。<br>・測定値から計算により平均値を求めることができる。有効数字を考えて，答えを求めている。 | ・平均の考えを使って歩幅を求めればよいことに気づくことができる。<br>・適切な資料を集めるために測定距離・実験回数などを工夫し，AとBの両方の場合について計画することができる。端数が出る場合について，処理の方法を考えることができる。 | ・話し合い活動では，友達の考えを受容しながら，AとBの両方について平均の考え方を活用するよさに触れながら，積極的に意見を述べている。<br>・友達の考えをふまえて，自分の計画を振り返り，自分の考えを修正・改善してよりよいものにしようとしている。 |
| おおむね満足できると判断される状況 | ・実験により，歩幅と歩数の測定値を求めることができる。<br>・測定値から計算により平均値を求めることができる。 | ・平均の考えを使って歩幅を求めればよいことに気づくことができる。<br>・資料を集めるために測定距離・実験回数をBのみについて計画することができる。端数が出る場合があることに気がついている。 | ・話し合い活動では，友達の考えを受容しながら聞き，AまたはBのどちらかについて，平均の考え方を使って述べている。<br>・友達の考えをふまえて，自分の計画を振り返ろうとしている。 |
| 努力を要すると判断される状況 | ・実験により，測定値を求めることができない。<br>・測定値から計算により平均値を求めることができない。 | ・資料の集め方を考えることができず，課題解決につながらない。 | ・友達の考えを受容せず，自分の考えだけで振り返りをしている。 |

　**資料3-1**に示した，広島大学附属小学校の小村孝広先生作成の小学校第5学年の単元「単位量当たりの量」の課題[1]は，平均の意味や使い方を理解し，日常の問題解決場面において活用することのみならず，自分の立てた計画について平均の考え方を使って述べ，クラスメートの考えも受け入れながら，よりよい方法を考え出そうとすることを期待している。作成したレポートをもとに班で交流した後に，振り返りとしてプリントへの記述を行ったもの（**資料3-2**）を**資料3-3**のようなルーブリックで評価する。

この課題は，図形，測定，データの活用などにまたがる領域横断的な知識や活動を総合する課題となっている。「本質的な問い」と「永続的理解」から出発する側面が強い課題であり，課題を通して何を育て評価したいかは明確である一方で，なぜサークルベンチの長さを求めるのか，求めたものがどう生かされるのかといった，思考する必然性を生み出す状況設定においては工夫の余地があるだろう。

### ❷ 素材の発見から課題の構成へ──中学校第2学年の単元「一次関数」

右の**資料3-4**に示した，愛媛大学教育学部附属中学校の山本泰久先生作成の，中学校第2学年の単元「一次関数」[2]は，日常生活のなかに潜む問題（昨今のスマートフォンの料金プランは複雑化していて，提示された数値だけでは，個々の生活スタイルに合っているかどうかは判断し難い）を数学化した教材をもとにしたパフォーマンス課題を開発し実践することで，子どもたちが，自ら見いだした課題を解決するために，知識やスキルを応用・総合して活用しながら追究することを期待している。また，情報を鵜呑みにせずに，自他の考えを批判的に吟味する態度を身につけることもめざされている（次ページの**資料3-5**）。

日常生活の事象を数学の眼鏡で分析することで，課題として切り取ってきた側面が強く，生徒たちにとって学ぶ意味を感じやすい状況設定になっている。その一方で，生活文脈を課題化すると，問題解決の過程が複雑になりすぎたりして，数学的に意味ある内容やプロセスが問えなくなる可能性がある。状況のリアリティを損なわない程度に数学的に単純化することが肝要である。

**資料3-4　中学校第2学年の単元「一次関数」**

「本質的な問い」
事象から取り出した2つの数量の関係を一次関数とみなし，未知の数量を予測するにはどうすればよいか？

「永続的理解」
事象のなかには，一次関数とみなすことで，変化や対応の様子について調べたり，予測したりできるものがある。2つの数量の関係を，一次関数を用いて捉え，目的に応じて表，式，グラフに表現したり処理したりすることが大切である。

パフォーマンス課題
あなたはモバイル事業会社のスマートフォン販売部で働いています。お客様のニーズに合わせて，最適なプランを提案するのが仕事です。ただ，最近は「料金プランの内容が複雑なため選ぶのが大変だ」という相談を受けることが多くなりました。お客様にわかりやすく情報を提供し，納得してもらえるプランを提案し，説明しましょう。

1) 以下，事例の内容は，京都大学大学院教育学研究科 E.FORUM『「スタンダード作り」基礎資料集（第2集）』2017年，pp. 99-102を参照。
2) 同上書，pp. 103-106を参照。

## 資料3-5 課題の状況設定と生徒の作品例

【スマートフォン料金プラン一覧表】

| プラン | 通話使用料<br>（基本料＋通話料） | データ使用料（基本料＋通信料） ||
|---|---|---|---|
| | | 基本料 | 通信料 |
| Aプラン<br>話し放題＋ネットし放題<br>ギガ | 基本料 2,700 円<br>どれだけ通話しても無料 | 定額 6,000 円 | どれだけつかっても無料！<br>（※20GBをこえると速度制限あり） |
| Bプラン<br>ネットし放題フラット | 基本料 1,900 円<br>＋<br>通話料 40 円／分 | 定額 5,700 円 | どれだけつかっても無料！<br>（※7GBをこえると速度制限あり） |
| Cプラン<br>ネットし放題ライト | 基本料 1,900 円<br>＋<br>通話料 40 円／分 | 基本料 2,000 円 | 使用したデータ量により通信料は次のようになります。<br>① 5MB（5000KB）までは通信料無料<br>② 5MBを超えると1MBあたり0.42円<br>③ 15MB使用した場合，その月のデータ使用料の合計は，6,200円定額になります。<br>（※7GBをこえると速度制限あり） |

※B（バイト）とはデータ量の単位。1バイトは256文字。1MB＝1000KB（キロバイト），1GB（ギガバイト）＝1000MB（メガバイト）

【1か月のスマホ活用状況】

| | 賢人さん（社会人） | 美玲さん（高校生） | 鋼太郎さん（隠居） |
|---|---|---|---|
| 現在のスマホ活用状況 | 仕事に，趣味に，スマホを活用！<br>　営業担当なので，外出先ではほとんどスマホで通話しています。<br>　朝にネットでニュースを読んだり，外出先でメールをチェックしたり，次の取引先までの道順を調べたりと，データ通信は必須。<br>　また，帰宅後はスマホで漫画や雑誌を楽しむなど，1日中スマホを活用しています！ | SNSにアニメ，趣味に活用！<br>　スマホは，母と連絡をとったり，友達とおしゃべりしたりするのに絶対必須，でも実際は無料通話アプリを使うので，通話料は思ったほどかかりません！<br>　学校から帰宅してからの時間や休日には，SNSで友達とやりとりしたり，見逃したアニメをチェックしたりします。 | スマホ初心者，写真を孫たちに！<br>　現在は仕事を退職し，自由気ままな隠居生活。趣味は妻と旅行へ行き，写真を撮ること。そこで，これまで使っていたガラケーからスマホに乗り換え，撮った写真を孫たちにメールで送りたいと奮闘中。<br>　通話は自分からかけることはほとんどなく，もっぱら受信用。ただし外で具合が悪くなったら…と考えると手放せません。 |
| 通話 | 30～50分 | 10～30分 | 5～10分 |
| データ | 235MB×30日＝7050MB<br>およそ7.1GB | 173MB×30日＝5190MB<br>およそ5.2GB | 10～12MB |

◆生徒の作品例

【理由】通話使用料だけなら
　あまり通話をしない人なら，使った分だけ払うBプランかCプランがお得です。20分以下の使用量であればAプランより安いです。
　データ使用料ならCプランは15MB以上使うとAプランよりBプランよりは高くなってしまうので，5.2GB使うのであれば7GBまで速度制限がなく，5700円から変わらないBプランが1番お得だと思います。

（通話使用料）

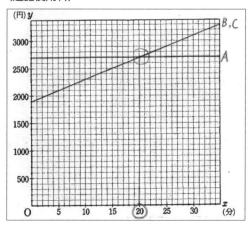

［58～59ページ　表3-5］
1) 2012年度に京都府京都市立高倉小学校の小林広明先生が作成した課題に，筆者が加筆した。
2) 西岡加名恵編『資質・能力を育てるパフォーマンス評価』（明治図書，2016年）の事例に，若干の修正を行った。
3) 松下佳代『パフォーマンス評価』（日本標準，2007年）で紹介されている目黒区立菅刈小学校の事例に，若干の修正を行った。
4) 田中耕治編『パフォーマンス評価』ぎょうせい，2011年，pp.70-71に，筆者が若干の修正を行った。
5) 広島県三次市立川西小学校・校内授業研究会（2012年6月15日）の学習指導案。課題文の表現に筆者が若干の修正を行った。
6) 『小学 算数2年上』教育出版，2011年，p.4をもとに筆者作成。
7) 京都大学大学院教育学研究科E.FORUM『「スタンダード作り」基礎資料集』2010年，p.86に，筆者が若干の修正を行った。
8) 2011年に京都府京都市立高倉小学校の小林広明先生が作成した課題に，筆者が加筆した。
［60～61ページ　表3-5（つづき①）］
9) 『平成22年度 三次市立川西小学校 研究紀要』2011年，p.3。課題文の表現に筆者が若干の修正を行った。
10) 広島県三次市立川西小学校・校内授業研究会（2012年6月29日）の学習指導案。課題文の表現に筆者が若干の修正を行った。
11) 『中学校数学1』学校図書，2012年，p.53に筆者が若干の修正を加えた。
12) 西岡加名恵・田中耕治編『「活用する力」を育てる授業と評価』学事出版，2009年，p.49に筆者が若干の修正を加えた。
13) 『みんなと学ぶ 小学校算数6年下』学校図書，2011年，p.51をもとに筆者作成。
14) 『みんなと学ぶ 小学校算数6年下』学校図書，2011年，p.75をもとに筆者作成。
15) 『中学校数学1』学校図書，2012年，p.218に筆者が若干の修正を加えた。
16) 『新しい数学1』東京書籍，2012年，p.146に筆者が若干の修正を加えた。
［62～63ページ　表3-5（つづき②）］
17) 京都大学大学院教育学研究科E.FORUM『「スタンダード作り」基礎資料集』2010年，p.103に筆者が若干の修正を加えた。
18) 石井英真『「教科する」学習を目指す中学校教育のデザイン――パフォーマンス評価を通して授業とカリキュラムを問い直す――』（科学研究費補助金　中間報告書），2011年3月，p.49に筆者が若干の修正を加えた。
19) 同上書，p.70に筆者が若干の修正を加えた。
20) 前掲『「スタンダード作り」基礎資料集』p.103に筆者が若干の修正を加えた。
21) 『中学校数学2』学校図書，2012年，p.179に筆者が若干の修正を加えた。
22) 『新しい数学3』東京書籍，2012年，p.105に筆者が若干の修正を加えた。
23) 前掲『「スタンダード作り」基礎資料集』，p.109に筆者が若干の修正を加えた。

表3-5 算数・数学科における「本質的な問い」と「永続的理解」，およびパフォーマンス課題の例

**数学的活動（方法論に関する問い）**
- どのようにして現実世界の事象や問題の本質を数学的に抽象化し，条件を解析すればよいか？（モデル化）
- 筋道を立てて考え，数学的によりよく問題を解決したり，数学的根拠にもとづいて判断したり，説明・論証したりするにはどうすればよいか？（推論と証明）
- どうすれば解析の結果を発展させることができるのか？（問いを立てる）
- 数学的表現を使ってわかりやすく説明するにはどのようにすればよいか？（数学的表現）

| 領域 | | 数と計算（式） | 図形 | |
|---|---|---|---|---|
| 領域の「本質的な問い」 | | ・なぜその数は必要なのか？<br>・なぜ文字式を使うのか。どうすればうまく計算できるか？ | ・図形にはどのような形や位置関係があるのか？<br>・図形の性質を規定するものは何か？ | |
| 小学校低学年 | 「本質的な問い」 | ・整数とは何か？<br>・どうすればうまく計算できるか？ | ・身の回りにはどんな形があるのか？<br>・図形はどんなものから構成されているのか？ | |
| | 「永続的理解」 | 整数は1から順に大きくなり，どんな数でも0～9の数と書く位置によって表すことができる。計算は工夫したり，きまりを利用したりすることで，速く，簡単に，正確に計算できる。 | 生活のなかで見かける「さんかく」や「しかく」といった形は，「三角形」「四角形」と呼ばれる。図形は，辺，面，頂点から構成されている。 | |
| | 課題例 | 「けいさんかみしばい」（7－4などの与えられた数式で答えが出る問題を，自分の好きな場面をもとに作成し，その解答を絵や図で説明する）をつくって，班のおともだちと問題の解きあいっこをしよう[1]。（1年生・小林広明先生） | 形クイズ（三角形や四角形を絵のなかからさがし，その形が三角形や四角形である，あるいは，そうでない理由を答える）をつくり，友達と問題を出し合って楽しみましょう[2]。（2年生・片山侑美先生，井上宜子先生） | |
| 小学校中学年 | 「本質的な問い」 | ・小数，分数とは何か？<br>・整数の四則の混合計算はどのように計算すればよいか？ | ・図形を構成する直線の交わり方には，どのようなものがあるのか？<br>・図形にはどのような種類があるのか。正方形，長方形の面積をどのようにして求めればよいか？ | |
| | 「永続的理解」 | 小数は1よりも小さいはしたの数を十進法で表したものであり，分数ははしたの数を横線の下に除数を，横線の上に被除数を記して表したものである。整数の四則の混合計算では，計算の順序に気をつけながら，筋道立てて考えていくことが重要である。 | 図形を構成する直線の交わり方には，平行，垂直といった交わり方がある。図形には平面図形と立体図形があり，図形を構成する要素や位置関係により分類される。長方形の面積は（縦）×（横）で求められ，それは，単位量のいくつ分かを計算するものである。 | |
| | 課題例 | 4年生は運動会で，3人1組になって，赤白たいこうで3人4きゃくをやることにしました。4年生の人数は全部で42人です。足にむすぶひもは，いま20本あります。ひもは20本で足りるでしょうか。足りない場合は，あと何本必要かも求めてください[3]。（4年生） | 11月のスマイル高倉のお楽しみコーナーとして，「おもしろ科学実験＆工作」のコーナーをお母さんたちが企画していて，それを理科室でするか，理科室前の廊下でするか迷っています。いっぱい人が入ってほしいから，広い方でしたいそうです。どちらが広いかを求めて，お母さんたちに提案しましょう[4]。（4年生・上杉里美先生） | |

| 測定・変化と関係（量や数量関係の抽象化） | データの活用 |
|---|---|
| ・身の回りにあるさまざまな量は，どのように表し，測定・計算すればよいか？<br>・自然や社会にある，伴って変わる2つの数量の関係を代数的，視覚的に捉え，未知の数量を予測するにはどうすればよいか？ | ・目的に応じてデータを集めたり，表現したり，分析したりするにはどのような方法があるのか？<br>・不確実な事象や集団の傾向を捉えるにはどうすればよいか？ |
| 身の回りにあるさまざまな量はどのように測定すればよいのか？ | ・式とは何か？<br>・数量を正確にわかりやすく表現するにはどうすればよいか？ |
| 身の周りにあるさまざまな量を数値化するには，単位が必要である。測定し数値化された量については，四則演算ができる。 | 式は「算数のことば」であり，具体場面と対応させながら，表現することが大切である。数量を正確にわかりやすく表現するには，ものの個数を絵や図，あるいはグラフや表などを用いて整理すると特徴や関係が読み取りやすい。 |
| ありの「アーントくん」が，小学校めざしてたびに出ましたが，ずいぶんあるいたので，おなかがぺこぺこでたおれそうです。そんなとき，アーントくんはおいしそうなあめを見つけました。でも，あめのまえには水たまりがあります。あめまでは，㋐のコースと㋑のコース，どちらがどれだけ近いでしょうか。アーントくんに説明してあげましょう[5]。(2年生・石橋かおる先生) | 2年1組では，グラフをつかって，クラスをしょうかいするポスターをつくることになりました。あなたがしらべたいこと（例：生まれた月しらべ，すきな給食しらべなど）をグラフにして，クラスのみんなに発表しましょう[6]。(2年生) |
| 伴って変わる2つの数量の関係（規則性）を，どのようにして見つければよいか？ | 目的に応じてデータを集めたり，表現したりするにはどうすればよいか？ |
| いくつかのデータの組み合わせにより，これらに共通に見られる性質・法則を見いだす。次に考察の対象としている全体に対して成り立つであろうと推測していくとよい。 | さまざまな分類整理する方法（グラフや表など）の特徴を理解し，自分が伝えたいことが最も伝わりやすい方法を選んだり，2つ以上の方法を組み合わせたりするとよい。 |
| 右のように〔親指から小指へ，小指から親指への繰り返しで〕指の数を数えていくと，「あれ，指の数が9本になってしまう」と先生が見せてくれました。しかし，よく考えてみると小指を1回数えていないだけです。これはすぐにわかりました。このまま指の数を数えていくと100番目はどの指になるのでしょう。200番目はどの指になるのでしょう[7]。(4年生・高尾明博先生) | 高倉小学校のさまざまな事柄について調べて，それをグラフに表して，学習発表会で発信しよう[8]。(4年生・小林広明先生) |

表3-5 算数・数学科における「本質的な問い」と「永続的理解」，およびパフォーマンス課題の例（つづき①）

| 領域 | | 数と計算（式） | 図形 |
|---|---|---|---|
| 領域の「本質的な問い」 | | ・なぜその数は必要なのか？<br>・なぜ文字式を使うのか？<br>・どうすればうまく計算できるか？ | ・図形にはどのような形や位置関係があるのか？<br>・図形の性質を規定するものは何か？ |
| 小学校高学年 | 「本質的な問い」 | 小数・分数はどうしたら計算できるか？ | ・図形どうしの関係にはどのようなものがあるのか？<br>・さまざまな図形の面積や体積をどのように求めればよいのか？ |
| | 「永続的理解」 | 小数・分数も整数と同じように四則計算ができる。 | 図形どうしの関係には，合同，相似，対称といった関係がある。複雑な形であっても，既習の公式が使える形に戻すと，求積は可能である。 |
| | 課題例 | 6年生7人が先生方の車に分乗してキャンプ場に向かいます。1台の車には児童が4人まで乗ることができます。校長先生の車は，60ℓのガソリンで850km走れます。林先生の車は，40ℓのガソリンで600km走れます。田中先生の車は，30ℓのガソリンで500km走れます。できるだけ経費を節約したいと思います。どの車を選べばよいでしょうか。その根拠となった計算も示しつつ，説明してください。なお，キャンプ場までは片道6km，ガソリンは1ℓ130円です[9]。（6年生・玉井泉先生） | たて5m，横8m，高さ7mの2階建ての小屋のかどに，ひろし君が可愛がっているペットのゴールデンレトリバーの犬ポケモンが長さ9mのロープでつながれています。ポケモンが自由に動ける範囲の面積は何㎡ですか[10]。<br>（6年生・福永誠之先生） |
| 中学校第1学年 | 「本質的な問い」 | ・負の数を用いるよさは何か？<br>・なぜ文字式を使うのか？<br>・方程式を使うと何ができるのか？ | ・線対称，点対称の見方のよさは何か？<br>・空間を規定するものは何か？ |
| | 「永続的理解」 | 現実の世界においては，正反対の方向や性質をもつ量を一つの言い方にまとめる必要から負の数が生まれる。事象の関係を一般的に簡潔に表す必要から文字が使われる。方程式を使えば，解を見いだすことを形式的・自動的に行うことができる。 | 平面図形を形と大きさを変えずに動かす必要性から線対称や点対称の考えが生まれる。空間はそれを構成する点，線，面の位置関係により規定され，それらの関係に着目し，図形の運動として捉えたり，平面上に見取り図や投影図を用いて表現したりすることで把握できる。 |
| | 課題例 | （東京の時刻を基準としたときの各都市の時差が示されたうえで）ニューヨークで12月15日19時開始のバスケットボールの試合があります。東京でこの試合のライブ中継を見るためには，何月何日の何時にテレビをつければよいでしょうか。答えとその根拠を説明してください[11]。 | あなたは建築設計士で，マンション購入者からの次のような依頼をうけました。「私が購入したマンションの床と天井が平行ではないように思うんです。確かに床と天井が平行であるか調査してください」。あなたは確かに平行であることを必要最低限の調査費用で購入者に明瞭な理由を示し，報告書を作成しなければなりません。報告書には，簡潔・明瞭な説明と図，および必要経費を記載する必要があります。なお，課題解決に使用できるものは，正確な角を測ることができる分度器1つ，伸縮自在の高性能メジャー（10mまで測定可能）1つのみで，分度器，メジャーとも1回の測定につき，使用料金は1万円です[12]。（神原一之先生） |

| 測定・変化と関係（量や数量関係の抽象化）／関数 | データの活用 |
|---|---|
| ・身の回りにあるさまざまな量は，どのように表し，測定・計算すればよいか？<br>・自然や社会にある，伴って変わる2つの数量の関係を代数的，視覚的に捉え，未知の数量を予測するにはどうすればよいか？ | ・目的に応じてデータを集めたり，表現したり，分析したりするにはどのような方法があるのか？<br>・不確実な事象や集団の傾向を捉えるにはどうすればよいか？ |
| ・量は測定器で測れるものだけなのか？<br>・比例，反比例とは何か？<br>・数量の関係を簡潔に表現するにはどうすればよいか？ | ・データを統計的に考察したり表現したりするにはどうすればよいか？<br>・起こりうる場合を順序よく整理して調べるにはどうすればよいか？ |
| 量には，速さや密度のように，異種の2つの量の割合として計算で数値化するものがある。比例とは2つの数量の一方がm倍になれば，それと対応する他方の数量はm倍になるということであり，2つの数量の対応している値の商に着目すると，それがどこも一定になっている。反比例とは2つの数量の一方がm倍になれば，それと対応する他方の数量は1/m倍になるということであり，2つの数量の対応している値の積に着目すると，それがどこも一定になっている。文字を使うと数量関係を簡潔に表すことができる。 | 資料の平均や度数分布に注目することによって，集団の特徴や資料の傾向を把握することができる。思いつくままに列挙するのではなく，規則に従って正しく並べたり，図や表に整理して見やすくしたりして，落ちや重複のないように調べていくことが有効である。 |
| 地球の温暖化によって，私たちの生活には大きな影響が出るという予想があります。それによれば，そのなかの1つに，南極などの氷がとけることによって，海面が上昇し，住んでいるところが海になることもあると言われています。現在海面より50cm高いところは，何年後に完全に水につかってしまうでしょうか。海面が上昇する速さについての，次の3つの予想をもとに調べ，レポートにまとめてみましょう[13]。(6年生) | （日本の1960年から10年ごとの年齢別人口の割合を示したグラフなどが与えられたうえで，）これらのグラフを参考にして，自分たちが大人になって働いている，今から20年後の人口ピラミッドを予想してみよう。予想した人口ピラミッドを描いて，そこからわかることをもとに未来の社会の姿を予想し，算数新聞にまとめよう[14]。(6年生) |
| ・比例，反比例でどのような数量関係を捉えられるのか？<br>・座標の数学界における功績は何か？ | 全体の傾向を読み取るにはどうすればよいか？ |
| 比例，反比例は，いずれも2つの対応する変数間の関数関係であり，比例とは，対応する変数の商（比）が一定なものであり，反比例とは，対応する変数の積が一定なものである。座標によって2つの変数間の対応についての変化の分析ができ，代数と図形が融合され，機械的な代数処理と直観的な図形処理が結びつけられる。 | 全体の傾向を読み取るには，目的に応じて収集したデータを，表の形では度数分布表，グラフの形ではヒストグラムまたは折れ線グラフ，数値の形では代表値（平均，メジアン，モードなど）としてまとめ，結果から資料全体の傾向を読み取るとよい。 |
| この表は，2004年10月23日の新潟県中越地震における，観測地点7か所の初期微動継続時間と震源までの距離をまとめたものです。この表をもとに，初期微動継続時間と震源までの距離の間にどんな関係があるのかを調べてみましょう。県内の長岡では，初期微動継続時間が2.15秒間でした。震源までの距離はおよそ何kmと考えられるでしょうか。答えとその根拠を説明してください[15]。 | ある日の新聞に，「今年の2月は暖冬だった」という記事がありました。寒い日も多かったと思うあなたは，記事の内容を確かめるために，自分の住んでいる町の，今年と13年前の2月の毎日の最低気温について調べてみました。調べたデータをもとに，今年は13年前よりも暖かくなっているかどうかを考え，クラスメートに自分の考えを説明しましょう[16]。 |

表3-5 算数・数学科における「本質的な問い」と「永続的理解」，およびパフォーマンス課題の例（つづき②）

| 領域 | | 数と計算（式） | 図　形 | |
|---|---|---|---|---|
| 領域の「本質的な問い」 | | ・なぜその数は必要なのか？<br>・なぜ文字式を使うのか。どうすればうまく計算できるか？ | ・図形にはどのような形や位置関係があるのか？<br>・図形の性質を規定するものは何か？ | |
| 中学校第2学年 | 「本質的な問い」 | 連立方程式はどんな場面で必要なのか？ | ・合同という見方のよさは何か？<br>・証明するとはどういうことか？ | |
| | 「永続的理解」 | 問題に2つ以上の変数が存在し，変数の関係式が変数の数だけ立式できるとき連立方程式をつくり問題を解決することができる。 | 角の大きさ，線分の長さなどの関係性について調べる際に，図形に内在する合同な三角形に着目するのが有効な方法である。証明とは，ある共通に認めた前提をもとに，命題の真偽を明らかにしていくことである。 | |
| | 課題例 | あなたは自宅の近くのJバーガーへ行き，家族の分を持ち帰りで買うことにしました。バーガー類は全品300円，サイドメニューは全品200円です。入会金（300円）を払って会員になると，単品を10％引きで買うことができます。家族の要望（全員がバーガーもサイドメニューも食べられるように，3400円以内でたくさん，持ち帰るには合わせて15個までなど）に応えつつ，得をするにはどのように買えばよいだろうか。あなたの考えとその根拠を説明してください[17]。（八尋純次先生） | 教科書などから問題を選んで，その条件をいろいろと変えて問題をつくってみましょう。また，その問題の結論がいえるかどうかを調べ，数学新聞にまとめてみましょう。 | |
| 中学校第3学年 | 「本質的な問い」 | ・無理数とは何か？<br>・二次方程式を解くにはどうすればよいか？ | ・相似という見方のよさは何か？<br>・三平方の定理とは何か？ | |
| | 「永続的理解」 | 無理数は有理数とは異なる既約分数で表せない新しい数であり，無理数と有理数を合わせると実数になり，数直線が連続になる。二次方程式を変形し，一次方程式に帰着させることによって解くことができる。 | 2つの図形が相似であるとは，その2つの図形の対応する2点間の線分の比，対応する角の大きさがすべて等しいことであり，現実の世界において形が同じで大きさが異なる関係を概念化する必要から相似が生じる。三平方の定理は，直角三角形の3辺の間で，直角をはさむそれぞれの2辺の長さの平方の和が，直角に対する辺（斜辺）の長さの平方と等しいということが成立するということである。 | |
| | 課題例 | あなたはインテリアデザイナーです。教会の神父から，教会の壁にステンドグラスを作ってほしいという依頼を受けました。その教会の壁は，面積が60㎡の正方形です。神父は「面積が3㎡の直角二等辺三角形の形をしたステンドグラスを，すきまをできるだけ少なくしてしきつめたい」とあなたに伝えました。必要なステンドグラスの枚数は何枚か，またそれはなぜかについて，根拠となった計算と設計図を示しつつ，説明してください[18]。（神原一之先生） | 太郎君は，弟の次郎君と一緒に防波堤で投げ釣りに行きました。2人で釣りを始めてしばらくすると，太郎君の竿にあたりが来ました。「大物だ！」次郎君はそう叫ぶと，持ってきたカメラで，太郎君の勇姿を写真に収めました。しかし，おもりは海底に引っかかり，糸が切れ，おもりは海底に沈んだままとなってしまいました。あなたは，太郎君の友人として，おもりが沈んでいる場所を示す必要があります。次郎君が撮った写真をもとに，岸から何mの場所におもりが沈んでいるか調べなさい[19]。（神原一之先生） | |

| | 関　数 | データの活用 |
|---|---|---|
| | ・身の回りにあるさまざまな量は，どのように表し，測定・計算すればよいか？<br>・自然や社会にある，伴って変わる2つの数量の関係を代数的，視覚的に捉え，未知の数量を予測するにはどうすればよいか？ | ・目的に応じてデータを集めたり，表現したり，分析したりするにはどのような方法があるのか？<br>・不確実な事象や集団の傾向を捉えるにはどうすればよいか？ |
| | ・一次関数でどのような数量関係が捉えられるのか？<br>・座標平面上における直線を決定づけるものは何か？ | 確率という見方でどのような事象を捉えられるのか？ |
| | 一次関数は，単調増加，もしくは単調減少の連続関数で，グラフは常に直線になる。直線は2点で決定されるが，関数的に見たとき直線を決定するのは変化の割合（変化率）と初期値（y切片）である。 | 確率とは，偶然の影響を受けるいろいろな事柄について，起こりうるすべての場合について同様に確からしい時に，起こりやすさを，客観的に測る尺度であり，起こりやすさを数値で表したものである。 |
| | 次の資料は，福岡市における各年ごとのスギ，ヒノキの花粉の量と前年7月の全天日射量を示したグラフです。毎年，花粉に悩まされている人が多くなってきています。花粉の量は，前年の全天日射量が影響していると言われています。それが正しいとした場合，この資料から今年の花粉の量を予測し，予測の根拠を説明しなさい[20]。（八尋純次先生） | ある年の年末ジャンボ宝くじの当せん金と，1千万本当たりの当せん本数は，次の表のようになっています。この宝くじの当せん金の期待値を求めて，レポートにまとめましょう[21]。 |
| | 二次関数でどのような数量関係が捉えられるのか？ | 標本調査を行うことで何がいえるのか？ |
| | 2乗に比例する関数は，原点を境に減少から増加へ，または増加から減少へと変わり，変化の割合が一定ではなく，グラフは放物線となる。 | 標本のもつ傾向から，母集団のもつ傾向について判断できる。ただし，標本を抽出する際には，標本が母集団の傾向をよく表すように，公平で偏りのない方法で標本を抽出することが重要である。 |
| | 友達と自転車で遊びに行ったときに，前を走っていた友達が急に止まったので，あなたは「危ない！」と思いブレーキをかけましたが，前の友達にぶつかってしまいました。自転車で集団で走行するとき，安全に走行するためには，自転車の間隔を何mくらいあければよいでしょうか。明らかになったことをクラスメートに説明しましょう[22]。 | 夏目漱石の『我が輩は猫である』には，今まであまり見られない漢字がよく使われています。また，小説に使われている漢字の数は今と昔とではかなり違うようです。そこで，2冊の小説を選び，それぞれで使われている漢字の数を調べたいと思います。2冊の小説を選ぶ視点とそれぞれの小説に使われている漢字の数を比較した結果を説明しなさい[23]。（吉永政博先生） |

# 第4章 理 科

[小学校／中学校]

大貫 守

## 1　2017年版学習指導要領「理科」における主な変更点

### 1 理科における全体目標の方向性

2017年に改訂された学習指導要領は，汎用的な「資質・能力」を育むという方針で編成されている（第Ⅰ部参照）。理科においても，この資質や能力を重視する方針が貫かれている。まず，2017年版学習指導要領と2008年版学習指導要領の理科の目標を比較することから，2017年版の目標の特徴を確認してみよう。

表4-1は，2008年版学習指導要領と2017年版学習指導要領の理科の全体目標を併記したものである。下線部(A)と(B)から，従来の科学的な「見方・考え方」から理科の「見方・考え方」へと名称が変更され，これまで最終的な到達点とされていた見方や考え方が，2017年版学習指導要領では下線部(C)のように「資質・能力」を養うために働かせる方法や手段として位置づけられていることが読み取れる。

また2017年版学習指導要領では，理科で養う「資質・能力」として，次の3点が示されている（図4-1も参照）。①自然の事物・現象についての理解を図り，観察・実験などに関する基本的な技能を身につけるようにする，②観察・

**表4-1　小学校学習指導要領「理科」における目標の比較**

| 2008年版学習指導要領 | 2017年版学習指導要領 |
|---|---|
| 自然に親しみ，見通しをもって観察，実験などを行い，問題解決の能力と自然を愛する心情を育てるとともに，自然の事物・現象についての実感を伴った理解を図り，(A) 科学的な見方や考え方を養う。 | 自然に親しみ，(B) 理科の見方・考え方を働かせ，見通しをもって観察，実験を行うことなどを通して，自然の事物・現象についての問題を科学的に解決するために必要な (C) 資質・能力を……育成することを目指す。 |

（下線部は筆者）

**図4-1　小学校学習指導要領「理科」の目標と「資質・能力」**

[第6学年] 物質・エネルギー
①燃焼の仕組み，水溶液の性質，てこの規則性及び電気の性質や働きについての理解を図り，観察，実験などに関する基本的な技能を身に付けるようにする。
　⇒ [知識・技能（資質・能力の柱①）]
②燃焼の仕組み，水溶液の性質，てこの規則性及び電気の性質や働きについて追究する中で，主にそれらの仕組みや性質，規則性及び働きについて，より妥当な考えをつくりだす力を養う。
　⇒ [思考力・判断力・表現力等（資質・能力の柱②）]
③燃焼の仕組み，水溶液の性質，てこの規則性及び電気の性質や働きについて追究する中で，主体的に問題解決しようとする態度を養う。
　⇒ [学びに向かう力・人間性等（資質・能力の柱③）]

[問題解決の力]
問題解決の各場面において，子どもが意識すべき思考力
【第6学年で重視される力の例】
自然事象の変化や働きについてその要因や規則性，関係を多面的に分析し考察し，より妥当な考えをつくりだす力

（下線部は筆者）

実験などを行い，問題解決の力を養う，③自然を愛する心情や主体的に問題を解決しようとする態度を養う。これらの内容は，第Ⅰ部で掲げられた資質・能力の3つの柱にそれぞれ対応している。すなわち，①が「知識・技能」を，②が「思考力・判断力・表現力」を，③が「学びに向かう力，人間性等」を具体化したものといえる。

### 2 理科の「見方・考え方」とは何か

2017年版学習指導要領で登場した理科の「見方・考え方」は，従来の科学的な「見方・考え方」とどのように異なるのだろうか。

2008年版学習指導要領では，科学的な「見方・考え方」は，「問題解決の活動によって児童が身に付ける方法や手続きと……［それによって］得られた結果及び概念」の総体とされている。これは，子どもがさまざまな事象に，既有の知識や探究の方法を総合的に活用することを可能にするものであり，学習の成果として形成される。しかし2008年版学習指導要領では，この科学的な「見方・考え方」が具体化されず，各々が何を指すのかが，明確にされていなかった。

一方で，理科の「見方・考え方」は「資質・能力を育成する過程で児童が働かせる『物事を捉える視点や考え方』」と規定されている。これは，2008年版学習指導要領の「見方・考え方」とは異なり，主として科学を学ぶ過程に関与するものとして位置づけられ，自然の事物・現象を科学的に捉えたり，問題解決において思考したりする枠組みとして見方と考え方が各々，具体的に設定されている。

理科の見方は，2008年版学習指導要領の内容区分を引き継ぎ，エネルギー・物質・生命・地球という区分ごとに，小学校から高等学校まで一貫して設定されている。たとえば，エネルギーの領域では，自然の事物・現象を<u>量的・関係的な視点で捉える</u>ことが掲げられている。中学校段階では，電気に関する現象について，電流・電圧・抵抗（量）の関係を意識し，オームの法則を用いて関係を捉えることが企図されている。

一方で，2008年版学習指導要領で問題解決の能力とされていたものの多くが，理科の考え方の枠組みとして記されている。具体的には，「比較する」こと（小学校第3学年）や「関連づける」こと（小学校第4学年），「条件を制御する」こと（小学校第5学年）や「多面的に考える」こと（小学校第6学年）など，重点的に取り扱う必要のある考え方の枠組みを提起している。

この理科の「見方・考え方」を整理したものが次ページの**図4-2**である。ここでは，エネルギー・物質・生命・地球の内容区分ごとに，見方と考え方，具体的な学習活動の例をまとめている。たとえば，エネルギーでは，電磁石の磁力について，磁力の大きさをクリップの数などを用いて可視化し，<u>量的・関係的な視点</u>から電流やコイルの巻き数を意識して分析し，<u>条件統制をした実験</u>により検証するという活動が挙げられている。

この見方や考え方は，現象や事象の観察等への切り口を与え，資質・能力を養うための手段であって，目標となる資質・能力を構成する思考力や態度とは区別されている。そのため，これらは学習指導要領上では，直接評価の対象となることは企図されていない。またこれらは，まず見方があり，次に考え方があるというものではない。両者は物事を科学的に捉え，考えるための別個の枠組みであり，その間に順序性は存在しないことも確認しておく必要がある。

### 3 資質・能力を育む学習過程のイメージ

2017年版学習指導要領では，資質・能力を育む学習過程のモデル（**表4-2**，67ページ）を

図4-2 理科の「見方・考え方」とそれに基づく学習活動の具体例

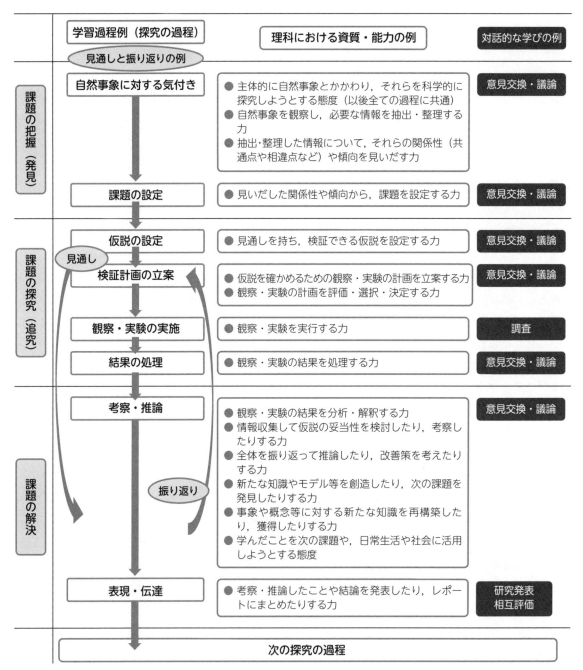

出典：中央教育審議会「幼稚園，小学校，中学校，高等学校及び特別支援学校の学習指導要領等の改善及び必要な方策等について（答申）」2016年12月21日，別添資料5-4。

表4-2 2017年版学習指導要領における理科の学習過程のイメージ

|  | エネルギー | 物質 | 生命 | 地球 |
|---|---|---|---|---|
| 見方 | 量的・関係的な視点で捉える。 | 質的・実体的な視点で捉える。 | 多様性と共通性の視点で捉える。 | 時間的・空間的な視点で捉える。 |
| 考え方 | 自然の事物・現象に影響を与えると考えられる要因を予想し，どの要因が影響を与えるかを調べる際に，これらの条件を制御する。（条件統制） | | | |
| 具体的に想定される学習活動（小学校5年生の場合） | 電磁石につくクリップの数を増やすために，電磁石の磁力に影響を与える条件を調べる。 | 食塩が水に溶ける際の規則性を明らかにするために条件統制した実験をする。また質量に着目して，溶解してもものは消失しないことを実体的に把握する。 | インゲン豆の発芽に必要な条件を調べる。また，他の生物と生命のつながりや成長の仕方を比較することで生物間の共通性と多様性に気づく。 | 土地のつくりやその変化を時間的・空間的に捉え，それに影響を与える条件を調べる。 |

（筆者作成）

提示している。これは，理科の指導改善に向け，課題の把握―探究―解決の様相を意識し，そのなかで適切な資質・能力を育てることを意図している。これに対応して，問題を見いだす力（第3学年）や解決方法を発想する力（第5学年）のように各学年で重点化する問題解決の力を明確にしている（図4-1も参照）。

この学習過程では，既習の知識や技能を活用することで日常生活や社会の問題を解決することが企図されている。この問題解決の過程は，定式化された一方向的な段階を踏んでいくものではなく，現実の探究さながらに状況等に応じて多方向に進行するものとして描かれている。特に，このようなプロセスでは，問題解決の見通しと振り返りが重視されている。

この背景には学習科学の研究の進展や国内外の学力調査の影響がみられる。たとえば，学習科学の研究は，本物の科学者のように探究したり，見通しや振り返りなどメタ認知を働かせたりすることが学習内容の深い理解や「資質・能力」の育成に重要であることを示唆してきた。

他方，TIMSS（国際数学・理科教育動向調査）やPISA（OECD生徒の学習到達度調査）は，日本の子どもたちが良好な成績を維持している反面，理科を学ぶ意欲や科学の意義に関する認識が他国に比べて低いことを指摘しており，日常生活と科学を関連づける必要があると言及している。また全国学力・学習状況調査では，実験の計画の立案に課題がみられることから，子どもが仮説を設定し，検証する実験を，見通しをもって計画できるよう指導することが望ましいとされている。

これらの学習指導要領の変更点をふまえ，日常生活や社会の問題に対して，理科的な「見方・考え方」を働かせ，科学者のように探究を行うことで「資質・能力」を育成する一つの方策として，パフォーマンス課題を中核とした授業設計が挙げられる。そこで，理科におけるパフォーマンス課題について次に考えてみよう。

## 2　理科における「本質的な問い」と「永続的理解」

　パフォーマンス課題を考える際には，「本質的な問い」と「永続的理解」を明文化することが有効である。理科では，エネルギーや粒子など科学的な概念を学ぶ側面と，先の問題解決の過程において示される探究の方法を学ぶ側面がある。

　理科の包括的な「本質的な問い」も，この2つの側面から考えられる。まず，科学的な概念に関する問い（概念理解を扱うもの）としては「身の回りの事象や自然現象はどのように説明することができるだろうか？」という問いが挙げられる。他方で，科学的な探究に関する問い（方法論を扱うもの）としては，「身の回りの事象や自然現象はどのように探究することができるだろうか？」という問いが構想される。

　これらの問いは，科学者の活動や学問の中心に存在し，単元や領域を超えて繰り返し問われるものである。たとえば，科学者は目の前の対象について，既有の概念に立脚してさまざまな角度から探究を行い，証拠と矛盾しない包括的で納得のいく説明を構成する。その際に，科学者はどのような仕組みなのかを問う側面と，その学問領域の規範等に立脚してどのように探究するのか，それが適切な方法論かということを結びつけながら問う側面の2つの側面から生じる問いに繰り返し答える必要がある。

　この包括的な「本質的な問い」に即して，領域や単元の「本質的な問い」を記述する。このような「本質的な問い」の関係を入れ子構造で示したものが図4-3である。ここでは理科の包括的な「本質的な問い」に対応して，物質の領域の「本質的な問い」と，ものの溶け方と物質の変化の単元の「本質的な問い」を例示している。

**図4-3　「本質的な問い」の入れ子構造**

[内容に関する包括的な「本質的な問い」]
身の回りの事象や自然現象はどのように説明することができるだろうか？

[方法に関する包括的な「本質的な問い」]
身の回りの事象や自然現象はどのように探究することができるだろうか？

[物質の領域]
・物質の変化はどのように説明することができるだろうか？
・物質はどのように分類することができるだろうか？
・物質の変化はどのように探究することができるだろうか？
・物質に共通の性質と固有の性質はどのように探究することができるだろうか？

[小学校5年生――ものの溶け方]
・ものが水に溶ける変化はどのように説明することができるだろうか？
・ものはどのように分類することができるだろうか？
・ものが水に溶ける変化をどのように調べることができるだろうか？
・ものに共通の性質と固有の性質はどのように探究することができるだろうか？

[中学校1年生――物質の変化]
・身の回りの物質の変化はどのように説明することができるだろうか？
・身の回りの物質はどのように分類することができるだろうか？
・身の回りの物質の変化はどのように調べることができるだろうか？
・身の回りの物質の性質はどのように調べることができるだろうか？

（筆者作成）

表4-3 単元「ものの溶け方」における「永続的理解」の例

> ものが水に溶けるとは，溶けたものが水の中で拡散し，均一に広がり，透明な水溶液になることをさす。これは，ものを溶かしたときに生じる変化について質的で観察可能な現象からモデルを構築し，検証する実験を適切に計画し，行うことで確かめられる。ものが水に溶けても水と物とを合わせた重さは変わらない。水の温度や量などを条件統制した実験を行うことで，ものが水に溶ける量には限界があり，ものが水に溶ける量は水の温度や量，溶けるものによって異なることを明らかにすることができる。また，条件統制された実験を行うことで，水に溶けるものと溶けないものを明らかにし，それによって物質を分類することができる。

　物質の領域では，物質を分類して，分析することが繰り返し問われる一つのテーマとなる。たとえば，中学校第1学年の物質の変化の単元では，身の回りの物質を燃やし，二酸化炭素の発生の有無などから有機物と無機物とを区別したり，無機物のなかでも電気伝導性などの点から金属と非金属とに分けたりすることで身の回りの物質を分類したりする。小学校第5学年のものの溶け方でも，物質の溶解性の違いを利用して，食塩とにがりやでんぷんの混合物を分離するように，物質を特性によって分離する。このように物質に共通の性質と固有の性質を明らかにし，それをもとに物質を分類し，分析したり，生活に活用したりすることが，学年を超えて領域内で繰り返し問われていく。それにより，単元を超えて物質に関する理解を深めていくのである。

　この「本質的な問い」に応えるかたちで，「永続的理解」を明文化することができる。理科では，概念理解と方法論に関する「本質的な問い」に対して学習終了時に子どもが抱く答えを「永続的理解」として明文化する。表4-3は，ものの溶け方の単元の「永続的理解」である。ここでは，概念理解の側面として，ものが溶けるとはどのようなことか，溶けたものはどのように存在しているのか，溶け方にはどんな規則性があるのかということについて記述する。一方で，方法論の側面では，先の学習過程のモデルで挙げられていた検証実験の立案と，仮説を形成するために必要となるモデル化の考え方を導入している。

　この「本質的な問い」や「永続的理解」の明文化は，科学的な概念や探究の方法論の理解を深めるだけでなく，自分自身の科学観や科学を学ぶ意義について問い直すことにつながる。たとえば，図4-3の物質の領域で挙げられた問いの一つは，物質の性質を明らかにすることを通して物質を分類・活用することに主眼が置かれている。この問いの根底には，人間が鉄鉱石を還元して鉄を取り出し，日常生活に活用してきたように，人類はこれまで物質の性質を明らかにし，それを活用して必要な物質を取り出し，生活に役立つ形で利用してきたという化学の捉え方がある。このように，学問の中核に位置する問いを考えることは，その学問で何が問われ，どのような価値をもつのか，どのようにその学問の内容や方法を捉えているのかということを自覚し，再考する契機となる。それは，学習指導要領の内容を問い直し，豊かな学びの実相を明文化することにも寄与するだろう。

　このような「本質的な問い」や「永続的理解」に対応してパフォーマンス課題が設定される。表4-4，4-5（74〜77ページ）は領域や単元ごとの「本質的な問い」とパフォーマンス課題を例示したものである。では実際の授業でどのように実践されるのか，次に具体的な実践をみてみよう。

## 3 理科におけるパフォーマンス課題の実践例

### 1 「すがたをかえる水」の実践例

（小学校第4学年）

この単元は，水の三態変化を学ぶ単元である。この単元について，長野健吉先生（京都教育大学附属桃山小学校）は，**資料4-1**の形で「本質的な問い」や「永続的理解」，パフォーマンス課題を設定している。「永続的理解」の中核にある三態変化は，ほぼすべての物質に生じるものであり，水を含む多くの物質は共通に温度によって固体や液体，気体の状態に変化する。水以外の物質の状態変化は，中学校第1学年の物質の変化で扱われる内容だが，水の変化を際立たせ，それを一般化する，つまり，概念理解のレベルへと高めていくためには，他の物質との比較を行うことが不可欠である。そこで，長野先生は水以外の他の物質の変化も含めやや一般化する形で「永続的理解」を明文化した。

この「永続的理解」に対応して，長野先生が設定した課題が「お酒を使った料理を子どもが食べても大丈夫な理由を説明しよう」というものである。これは，この教室の子どもたちが，1年間を通して「総合的な学習の時間」のなかで地域の魅力を調べ，発信することに取り組んできたことに端を発している。この学校の位置する京都市伏見区は日本に古くから残る酒蔵の街として知られている。子どもたちは探究のなかで，地域の特産物として酒まんじゅうなど酒を使った菓子や料理が多いことに気づき，CMで発信するなど，酒を使った食べ物に興味をもっていた。そこで，長野先生は実際の子ども

**資料4-1　「すがたをかえる水」の「本質的な問い」と「永続的理解」，およびパフォーマンス課題の例**

| 【概念理解に関する「本質的な問い」】<br>・温度によるものの変化は，どのように説明できるだろうか？<br>・ものはどのように分類することができるだろうか？ | 【方法論に関する「本質的な問い」】<br>・温度によるものの変化は，どのように探究していくことができるだろうか？<br>・ものに共通の性質と固有の性質は，どのように探究することができるだろうか？ |
| --- | --- |
| 【理科の見方】<br>質的・実体的な視点で現象を捉える | 【理科の考え方】<br>関連づけて考える |

【永続的理解】
ものには固体・液体・気体の3つの状態がある。水が温度により水蒸気や氷へと変化し，水が氷になる時には体積が増えるように，温度によって状態や体積が変化する。水の状態変化は，実際に水を加熱したり，冷却したりした際の質的な変化を観察したり，温度変化をグラフにしたりすることで，ものの温度の変化と状態変化を関連づけて考えられる。水以外のものを温めたり，冷やしたりするなかで，ものが気体や固体に変化する際には，それぞれ固有の温度があることを明らかにでき，この性質を用いることで，その温度によってものを分類できる。

【パフォーマンス課題】
あなたは総合的な学習の時間で，伏見のお酒の魅力を中心にして桃山地区のよさを伝えるCMを作っています。調べていくなかで，とても魅力的なものとしてお酒を使ったお菓子やお酒を隠し味にした料理のことを見つけました。お酒を使ったお菓子であっても，子どもが食べることができると書いてあったことに安心しましたが，どうして食べてよいのか説明できないとCMに使うのはよくないと思いました。そこで，どうしてお酒が入っていても子どもが食べてよいのかということについて，これまでの学習で学んだことを使って説明しようと思います。酒まんじゅう，お酒で仕上げた煮込み料理を例に，これまでの学習を根拠にして説明するスライドを作り，根拠がしっかりとした説明を構成しましょう。(長野健吉先生と筆者で作成)

資料4-2　パフォーマンス課題に対応したルーブリック

| レベル | 記述語 |
|---|---|
| 3 | 「ものはそれぞれの異なる温度で気体になる」という科学的な原理を根拠の軸として，納得のいく科学的な説明を構成している。 |
| 2 | 「エタノールと水が異なる温度で気体になる」などの実験結果を根拠の軸として，筋の通った科学的な説明を構成している。 |
| 1 | 不適切な根拠に基づいている，もしくは根拠に基づかない形で説明を構成している。 |

(筆者作成)

資料4-3　児童の作成したピラミッドチャート

(長野健吉先生提供)

の姿から「永続的理解」への到達を問う課題として，このようなパフォーマンス課題を設定したのである。

この課題に取り組むために，長野先生は水とアルコールの温度による状態変化を中心に授業を組み立てた。従来の水を水蒸気にしたり，氷にしたりする学習に加えて，ポリエチレンの袋にエタノールを入れて，湯をかけることで膨らむ現象（水とも比較）などを通してエタノールの状態変化についても学習した。単元末では，赤ワインの蒸留を観察するなかで，実際にエタノールを多く含む気体が先に抜けてきて，それが徐々に薄れていく様子を記録した。

子どもは，学習を通して個人のタブレットにパフォーマンス課題の解決に向けた資料を集め，最終的にそれを活用することでパフォーマンス課題の解決を試みた。この課題への取り組みの質の差異を示すものとなりうるルーブリックが資料4-2である。このルーブリックのレベル2が，教室のすべての子どもに保障すべきものとして想定されうるものである。

資料4-3は，レベル2に該当する子どもが発表にあたり説明を構造化するために作成したピラミッドチャートである。ここでは，教室のほぼすべての子どもが，資料4-3のように実験結果から必要な情報を取捨選択し，水とエタノールが主として気体になる温度を意識したうえで，酒まんじゅうなどアルコールが含まれた料理を子どもが食べられる理由について論理的な説明を構成していた。

### 2　「自然と人間」の実践（中学校第3学年）

この単元は，人間と自然の関わりを理解し，環境保全について考える単元である。そこでは，

**資料4-4　「自然と人間」の「本質的な問い」と「永続的理解」, およびパフォーマンス課題の例**

| 【概念理解に関する「本質的な問い」】<br>自然環境と人間の関わりは, どのようなものか？ | 【方法論に関する「本質的な問い」】<br>自然環境は, どのように調べることができるのか？ |
|---|---|

| 【永続的理解】<br>自然界では, 土を物質循環の要として, 生物がつり合いを保ちながら生活している。生物と自然環境が相互に影響を与え合いながら生態系は保たれているが, 科学技術の発展とともに人間による影響力が増している。身の回りの水や空気, 土, 温度, 植物や動物について調査するには, それぞれ適当な方法があり, 継続的に行う必要がある。調べた結果から科学技術のあり方を考察し, 自然に適切にはたらきかけることが, 人間という種が生存するために必要である。 |
|---|

| 【パフォーマンス課題】<br>マツの葉の気孔は, 陥没した形状をしており, 大気の汚れがたまりやすい性質があります。みなさんは,「学校の1階よりも3階の方が, 空気が澄んでいる」と感じることができませんが, 昨年, 附属中の先輩は,「高いところにいくほど大気の汚れが少ない」という仮説を立て, マツが私たちよりも, 大気の汚れの影響を受けていることについて検証しました。この先輩のように,「大気の汚れとマツの関わり」について仮説を立て, 検証し, 科学的に説明してください。 |
|---|

出典：京都大学大学院教育学研究科 E. FORUM『「スタンダード作り」基礎資料集（第2集）』2017年, p.130 より引用。

**資料4-5　生徒の実験ノート**

これまでの学習を生かし, 生物や大気などの自然環境を直接調べたり, データを収集したりすることで, 身近な環境を調べていく。それにより, 生徒たちが自然のバランスがどのように保たれ, 科学技術を含む人間の活動が, 環境にどのような影響を与えているのか, どのように環境を保全することができるのか, ということを科学的に考察し, 判断し, 行動することが企図されている。

この単元について, 吉井雅英先生（香川大学教育学部附属高松中学校）は,「本質的な問い」や「永続的理解」, パフォーマンス課題を**資料4-4**の形で設定した。特に, この単元は中学校理科の終末に位置づけられており, 既習の内容を現実社会の問題に活用して課題を探究する力を育むことを重視して単元が設計された。

単元内では,「大気の汚れと植物の関わり」というテーマで, 生徒が探究を進めた。そこでは, **資料4-5**の実験ノートに班ごとで仮説を立て, 見通しをもって方法を考え, 実験データをもとに解釈する活動に取り組んだ。その際に, 吉井先生は課題解決の場面で指導者への報告を

行わせることで，実験データの信頼性や妥当性を高め，振り返る時間を意図的に設定した。一連の活動は，まさに生徒が科学し，科学とは何かを学ぶ重要な機会を提供しているといえる。

このなかで，**資料4-5**の活動に取り組んだ生徒たちは「640個の気孔を調べた結果，田舎のマツの気孔よりも街中のマツの気孔のほうが汚れていることから，予想どおり，田舎の空気よりも街中の空気のほうが汚れていると考えた。街中のほうが人がたくさん住んでいて，車が多く走っていたり，生活によってたくさん汚れた空気が排出されたりするからだと思う」とまとめている。ここでは，実験結果から自分たちなりに身近な事象と関連づけて考察している点が非常に興味深い。

ただし，吉井先生は「科学的に観察，実験を行うことが難しく，得られた観察，実験データ1回のみで対象の共通点や相違点を見いだすなど，観察，実験データの信頼性を高めたり，妥当性を検討したりする視点」が不十分であるとも語っている。探究力やその背後にあって見通しや省察を支える学問の規範や文化などは一朝一夕に身につくものではない。このようなパフォーマンス課題に表れるような「本質的な問い」を意識し，類似の課題に継続的に取り組ませていくことで，短期的に単純化された探究をこなす力ではなく，長期的な視野で学問的な知識や「見方・考え方」が同時に働くことでなされる複雑な探究を成し遂げる力を高めていくことも，実践上の必要な工夫といえるだろう。

このように，理科の単元全体を通して概念的な理解を深め，探究力を育てていくこと，そして，総合的な学習の時間等においてもそこで培った力を発揮させていくなかで，教科や領域間で往還のある学びをデザインしていくことが必要であろう。その際に要として，単元や教科・領域をつないでいくものがパフォーマンス課題であるといえるだろう。

表4-4　理科における「本質的な問い」と「永続的理解」，およびパフォーマンス課題の例（小学校）

| 領　域 | エネルギー（小学校第6学年・ものの燃え方） | 粒子（小学校第5学年・ものの溶け方） | |
|---|---|---|---|
| 領域の「本質的な問い」<br>上段：概念<br>下段：方法論 | エネルギーによって生じる変化や現象は，どのように説明できるだろうか？<br><br>エネルギーによって生じる変化や現象は，どのように探究できるだろうか？ | 物質の変化は，どのように説明できるだろうか？<br><br>物質の変化は，どのように探究できるだろうか？ | |
| 「本質的な問い」<br>上段：概念<br>下段：方法論 | ものが燃える現象は，どのように説明できるだろうか？<br><br>ものが燃える現象は，どのように探究できるだろうか？ | ものが水に溶ける変化は，どのように説明できるだろうか？<br><br>ものが水に溶ける変化は，どのように調べることができるだろうか？ | |
| 「永続的理解」 | ものが燃えるには，十分な酸素があり，燃えるものが発火点に達しているという3要素が必要である。ろうそくなどが燃える前後では，酸素が失われ，二酸化炭素が生成する。これは，気体検知管によって，酸素の量が減り，二酸化炭素が増えるという量的な変化を関係づけて考えることや，石灰水が二酸化炭素と反応し白く濁るという質的な変化を観察することで調べられる。この証拠を基盤にモデルを用いて，ものが燃える過程を推論し，仕組みを説明できる。 | ものが水に溶けるとは溶けたものが水の中で均一に広がり，透明な水溶液になることをさす。これは，ものを溶かしたときに生じる変化について質的で観察可能な現象からモデルを構築し，検証する実験を適切に計画・実施することで確かめられる。水と溶けたものとを合わせた重さは変わらない。そのため，水の温度や量などを条件統制した実験を行うことで，ものが水に溶ける量は水の温度や量，溶けるものによって異なることを明らかにすることができる。 | |
| 課題例 | あなたはベテランの消防士です。ある日，火事の現場に駆けつけたところ，建物の中は，炎が上がっていない状態でした。そこで，新人の消防士が扉を開けて中に入ろうとしました。あなたは「バックドラフト現象」を思い出し，とっさに「開けるな」と叫び，彼を止め，時間が経った後に適切に消火活動を行いました。後日，その消防士に止めた理由を説明しようと思いました。論理的に説明するために，「バックドラフト現象」と「燃える」ということをレポートにまとめ，それを使って説明しようと思います。どのようにまとめることができるでしょうか。（長野健吉先生と筆者で作成）[1] | 今流行のパンケーキを作ろうとして，小麦粉と砂糖を混ぜるところを，間違えて小麦粉と食塩を混ぜてしまった。食塩だけを取り出すにはどうしたらよいだろう。根拠を明確にして実験計画書を作成し，それに即して実験を行い，小麦粉と食塩を分離しよう。（長野健吉先生と筆者で作成）[2] | |

1) 大貫 守「理科」西岡加名恵編『資質・能力を育てるパフォーマンス評価』明治図書，2016年，pp. 62-63。
2) 大貫 守「パフォーマンス評価とICTを用いた理科の授業設計に関する考察」『教育方法の探究』2015年，pp. 21-28。

| | 生命（小学校第5学年・植物と動物の成長） |
|---|---|
| | 生物が生命活動を維持する方法や世代を超えて生命をつないでいくための仕組みは，どのようなものであるか？ |
| | 生物が生命活動を維持する方法や世代を超えて生命をつないでいくための仕組みは，どのように探究できるだろうか？ |
| | 生物は，どのように生命をつないでいるのだろうか？ |
| | 生物が生命をつないでいく仕組みは，どのように探究できるだろうか？ |
| | 生物は，水や養分など誕生や成長に必要な物質を得ることで誕生・成長し，成体となっておしべ（精子）とめしべ（卵）が受粉（受精）することによって，子孫を残し，生命をつなぐ。その際に，世代間で形質の多くは継承されるが，すべて同じ形質をもつものは生まれない。植物と動物と人で誕生や成長の仕方に共通点と相違点がある。特に，生命をつなぐために必要なからだのつくり（機能と構造）をもっていることが，実体顕微鏡などの器具や書籍等を用いて比較することでわかる。これにより，メダカの尻びれが雌雄で異なる理由も説明される。環境などの要因に対する機能という観点から，生物のからだのつくり(構造)を説明することもできる。 |
| | 1年生が今年も朝顔を育て始めました。毎日，一生懸命育てた結果，梅雨のころ，ついに花が咲き始めました。しかし，ある1年生は不思議な顔をしていました。同じ花からできた種を育てたはずなのに，自分の花は白く，友達のものは赤やピンク色をしていました。この様子を見たあなたはなぜ違うのか，1年生に説明しようと思いました。そこで，「生命のつながり」という考えを中心として，インゲン豆やメダカ，人間の例を挙げて，適切な図や絵，写真を用いたりして，わかりやすく伝えることになりました。どのように説明することができるでしょうか。（長野健吉先生と筆者で作成） |

表4-5 理科における「本質的な問い」と「永続的理解」，およびパフォーマンス課題の例（中学校）

| 領域 | エネルギー<br>（中学校第3学年・エネルギーと物質） | 粒子（中学校第1学年・いろいろな物質） |
|---|---|---|
| 領域の「本質的な問い」<br>上段：概念<br>下段：方法論 | エネルギーによって生じる変化や現象は，どのように説明できるだろうか？ | 物質の変化はどのように説明できるだろうか？ |
| | エネルギーによって生じる変化や現象は，どのように探究できるだろうか？ | 物質の変化は，どのように探究できるだろうか？ |
| 「本質的な問い」<br>上段：概念<br>下段：方法論 | 身の回りのエネルギーは，どのように生み出され，利用されているのか？ | 身の回りの物質は，変化をもとにどのように分類できるだろうか？ |
| | 身の回りのエネルギーが生み出される過程は，どのように調べることができるだろうか？ | 身の回りの物質の性質は，どのように探究できるだろうか？ |
| 「永続的理解」 | 身の回りでは，さまざまな方法でエネルギーが作られ，多様なエネルギーが存在する。たとえば，発電所でタービンを回す運動エネルギーが電気エネルギーに変換されたり，バイオマスで作られた化学エネルギーが運動エネルギーに変換されたりといったエネルギー変換を通して，生活のなかで利用可能な音・熱・光エネルギーとなる。現代の生活はそれらを利用することで成立している。このような発電の仕組みをモデル化して単純化したり，手回し発電機の構造を観察したりするなかで，エネルギーの転換と結びつけ，エネルギーを生成する原理を調べることができる。 | 有機物は，加熱すると黒く焦げて二酸化炭素を発生させる物質であり，これにより無機物と区別される。無機物の中でも，金属は光沢や電気伝導性，展性・延性などの性質をもつ。無機物と金属は，電流を流したり，磨いたりすることで区別される。各々の物質に固有の性質として，これらの物質は固有の密度をもっており，メスシリンダーや天秤を用いて密度を求めることで，これらの物質を区別することができる。 |
| 課題例 | 現在日本には多くのテーマパークが存在しています。なかでも派手な動きをするアトラクションが人気ですが，昨今のエネルギー事情や地球環境問題を考えると，できるだけ環境にやさしいアトラクションが望まれています。そこでアトラクションを動かしているエネルギーを探り，そのエネルギーの損失を少なくしたり，エネルギーを再利用したりする工夫を加え，自分の考える環境にやさしいアトラクションを考案し，提案しなさい。（下川智紀先生作成）[1] | あなたは庭に埋もれていた箱の中にメダルをいくつか見つけ出しました。メダルの形や大きさはさまざまですがすべて銀色をしています。このメダルが本物の銀か銀でない金属か，もしくはプラスチックなのかを確かめたいと考えました。そのための実験計画書を作成しなさい。ただし，何を確かめるためにその実験を行い，どのような結果が出ればどう考えるかという仮定を前もって示しなさい。実験計画書には実験方法とその結果や考察を書く欄も作りなさい。（井上典子先生作成）[2] |

[1] 下川智紀「導かれるエネルギー」田中耕治編『パフォーマンス評価』ぎょうせい，2011年，p.161の課題に若干の修正を行った。
[2] 井上典子「実験計画を立てる」西岡加名恵編『「逆向き設計」で確実な学力を保障する』明治図書，2008年，pp.101-109。

| | 地球（中学校第３学年・地球と宇宙） |
|---|---|
| | 地球の内部や表面および周囲で生じる事象は，どのような仕組みで生じるのか？ |
| | 地球の内部や表面および周囲で生じる事象は，どのように探究できるだろうか？ |
| | 星や太陽系の惑星は，時間や季節によってどのような仕組みでどのように動くのだろうか？ |
| | 星や太陽系惑星の変化は，どのように捉えることができるだろうか？ |
| | 太陽・月・地球は球形で自転している。太陽や星座は地軸を中心に，東から西へ弧を描くように動く。また，太陽の周りを地球が公転しているので，季節ごとに星座の位置が変わる。太陽の南中高度が季節によって変わるのは，地球の地軸が傾いたまま太陽の周りを公転しているからである。太陽が自ら光を放出し，地球や月はその光を反射するので月食や日食が起こる。観測で，比較的，地球の近くに位置する金星などは太陽との位置関係から形と見かけの大きさが変化して見えるので，他の惑星などとの位置関係を概観できる。 |
| | あなたはプラネタリウムの職員です。(1) 小学生の子どもたちに星の１日の動きを説明することになりました。実際には星は動いておらず，地球が自転していることを示しながら，３つの星（地軸の近くの星，少し離れた星，大きく離れた星）がどう動いて見えるのかを説明しなさい。天球上に３つの星の動く道筋を描いて示すこと。(2)中学校１年生の生徒たちに，四季の星座がなぜ移り変わるのかを説明することになりました。図を描いて，それを使いながら説明しなさい。（井上典子先生作成）[3] |

3) 井上典子「『逆向き設計』による指導案の作成と『パフォーマンス評価』」西岡加名恵編『「カリキュラム設計」への招待』（科学研究費成果報告書）2006 年，pp. 151-158 の課題に若干の修正を行った。

# 第5章　生活科

[小学校]

中西修一朗

## 1　2017年版学習指導要領「生活科」における主な変更点

### 1　目標と内容の整理

　従来より，学習指導要領は生活科の内容を9つに分け，さらに3つの層へと階層化して提示してきた（**図5-1**のピラミッドの内側）。2017年改訂では，この3つの層の規定の性格が変更されていることが，最も大きな変更であろう。

　2008年版学習指導要領（以下，2008年版）では，この3つの層は，「児童の生活圏としての環境に関する内容」，「自らの生活を豊かにしていくために低学年の時期に体験させておきたい活動に関する内容」，「自分自身の生活や成長に関する内容」と規定されていた（図中左端）。

　一方，2017年版学習指導要領（以下，2017年版）では，「学年の目標」と対応する形で，その規定も「学校，家庭及び地域の生活に関する内容」，「身近な人々，社会及び自然と関わる活動に関する内容」，「自分自身の生活や成長に関する内容」と改められた。

　ピラミッドの上層の内容は変わっていない。しかしながら，2008年版では，中層が「体験させておきたい活動」，下層が「生活圏としての環境に関する内容」というように，区別の基準がよくわからなかった。2017年版では学年の目標と併せて提示しているため，この点がわ

**図5-1　生活科の「学年の目標」と内容**

| 2008年版 | | 2017年版 | 学年の目標 |
|---|---|---|---|
| 自分自身の生活や成長に関する内容 | (9) 自分の成長 | 自分自身の生活や成長に関する内容 | (3) 自分自身を見つめることを通して，自分の生活や成長，身近な人々の支えについて考えることができ，自分のよさや可能性に気付き，意欲と自信をもって生活するようにする。 |
| 自らの生活を豊かにしていくために低学年の時期に体験させておきたい活動に関する内容 | (4) 公共物や公共施設の利用 (5) 季節の変化と生活 (6) 自然や物を使った遊び (7) 動植物の飼育・栽培 (8) 生活や出来事の伝え合い | 身近な人々，社会及び自然と関わる活動に関する内容 | (2) 身近な人々，社会及び自然と触れ合ったり関わったりすることを通して，それらを工夫したり楽しんだりすることができ，活動のよさや大切さに気付き，自分たちの遊びや生活をよりよくするようにする。 |
| 児童の生活圏としての環境に関する内容 | (1) 学校と生活 (2) 家庭と生活 (3) 地域と生活 | 学校，家庭及び地域の生活に関する内容 | (1) 学校，家庭及び地域の生活に関わることを通して，自分と身近な人々，社会及び自然との関わりについて考えることができ，それらのよさやすばらしさ，自分との関わりに気付き，地域に愛着をもち自然を大切にしたり，集団や社会の一員として安全で適切な行動をしたりするようにする。 |

かりやすくなっている。つまり、中層では人や社会や自然と関わるなかで、工夫したり楽しんだりして、自ら生活を改善していくような活動である。一方下層は、学校や家庭や地域で生活している、人や社会や自然の関わりに気づくような学習である。

### 2 運用上の留意事項

「指導計画と内容の取扱い」に関して、2017年版で考慮すべきポイントは、「幼児期における遊びを通した総合的な学びから他教科等における学習に円滑に移行」するために、「生活科を中心とした合科的・関連的な指導や、弾力的な時間割の設定」をすることを、いっそう強調したことである。これには大きく3つの側面がある。

第1に、幼児教育との接続を強調した側面である。生活科の学習は、活動構成の原理として遊びが強調されているため、しばしば幼児教育における活動と混同される。本来は、幼児期までの学びの成果をふまえ、それをよりいっそう発展させるものでなければならない。そのために、幼児期の終わりまでに育ってほしい姿と、生活科を通して育みたい姿を区別することが必要である。その方法として2017年版は幼稚園教育要領を参考にすることしか提示していないが、より具体的に幼児教育の成果に学ぶ必要があろう。

第2に、中学年の各教科との接続の円滑化を明示した側面である。生活科の学習は、中学年以降の教科の学習の基盤となる。これを過度に意識することで、生活科が社会科や理科の単なる合科にならないように注意を払いつつも、将来のどのような学習につながるのかを意識することが重要である。

第3に、低学年のカリキュラムの中心として位置づけた側面である。2008年版は、他教科との関連を図ることに言及しつつも、生活科を中心として扱う時期は入学当初だけに限定していた。2017年版は、低学年全体においてすべての教科の中心として生活科を位置づけた点で画期的である。生活科の学習は、しばしば遊びであり息抜きであるような扱いを受けて軽視されるが、その遊びこそが低学年の中心的な学習であることを意識しなければならない。

## 2 生活科における「本質的な問い」と「永続的理解」

### 1 生活科の領域区分

先述のとおり、2017年版は生活科の9つの内容を①「学校、家庭及び地域の生活に関する内容」、②「身近な人々、社会及び自然と関わる活動に関する内容」、③「自分自身の生活や成長に関する内容」の3つに区分している。

③の自分の成長に関する内容は、いずれの単元でも意識したいものであり、内容というよりも視点として取り上げたい。たとえば自らの成長をふりかえる単元も実際の活動としては家族へのインタビューなどを介することになる。そのため、①や②に含まれる内容とみなすことができ、**表5-1**（82〜83ページ）では領域として設定していない。なお、自分との関わりを強調することは、ともすると愛情ややさしさといった特定の心情が生まれることを目標として設定することにつながりかねない。生活を教科として学ぶという生活科の趣旨をふまえるなら、特定の心情に至ることを目標にすえるのではなく、自分の行動や心情をメタ的に認識する力を育てることが目標である点に注意を払いたい。

①および②は、活動の対象ではなく、どのよ

うに対象に取り組むかを重視して学習内容を規定している。①は自分たちを取り巻く社会的・自然的環境がどのように自分たちの生活を支えているのかを知る学習である。いわば、「生活しらべ」である。②は、自分たちを取り巻く社会的・自然的環境に積極的に関わり、生活を作り変えていく活動だといえよう。換言するなら、「生活づくり」となる。**表5-1**では、この「生活しらべ」と「生活づくり」を領域として採用している。

### 2 生活科における「本質的な問い」と「永続的理解」

「生活しらべ」（学校、家庭及び地域の生活に関する内容）においては、自分たちの生活がどのようにして成立しているのか、ということが中心的な問いとして位置づけられる。それはさまざまな人々の思いや工夫であるかもしれず、自然や事物の生態やあり方であるかもしれない。いずれにせよ、この領域の課題を設計する際には生活が何によって支えられているのかを知り、また知る方法を理解することを意識しなければならない。そのため、この領域の包括的な「本質的な問い」として成立するものには、次のような問いがあるだろう。

「私たちの生活は、誰／どんな自然によってどのように支えられているのだろうか？」、「生活とは人によって異なるものだろうか？」、「生活はどのような要素によって成立しているのだろうか？」、「そのようなことを明らかにするためにはどうすればよいのだろうか？」

「生活づくり」（身近な人々、社会及び自然と関わる活動に関する内容）は、さまざまな活動を通して自分たちの生活に手を加えるものである。そのため、「自分の力を生活に役立てるためにはどうすればよいのか？」を問うことが中心となる。この問いに取り組むなかで、「生活が豊かになるとはどういうことなのか？」、「生活が楽しいと感じるのはどんなときであり、それはなぜか？」といった問いも成立するだろう。以上も含め、この領域に含まれる単元の「本質的な問い」として成立するのは、次のような問いであろう。

「植物や動物の世話をすることは、私たちの生活にとってどんな意味があるのだろうか？」、「楽しいとはどういうことだろうか？」、「ものごとを楽しむために、私たちにできることは何だろうか？」、「あそびと仕事との違いは何なのか？」

いずれの領域にしても、生活科の学習は子どもとともに生活を構成している人やものを離れては成立しない。それゆえ、このような問いに対する「永続的理解」は、本来的には学校や学級、地域の状況によって異なってくる。「生活しらべ」であれば誰のどんな生活活動について理解してほしいのか、「生活づくり」であれば誰とどんな活動をするのか、といったことを意識しながら、固有名詞を伴った「永続的理解」を設定するように心がけたい。

## 3　生活科におけるパフォーマンス課題の実践例

小学校第2学年で実践されたパフォーマンス課題の事例をみてみよう[1]。この事例で先生は、一人ひとりが意欲的に植物を世話し、観察や記録を行う必然性がどうすれば生まれるだろうかと考えた。その解決策が、おいしいカレーを作るという目的を設定することであり、これによって一人ひとりが野菜の世話に責任を自覚することを願っている。設定されたパフォーマンス課題とルーブリックは、**資料5-1**のようなものである。

### 資料5-1 「やさいをそだてよう」のパフォーマンス課題とルーブリック

| パフォーマンス課題 |
|---|
| 夏休み前にクラスみんなが好きなカレーをみんなで作って食べます。そのためには，カレーの材料となる夏野菜が必要です。あなたは小さな野菜の苗のお父さん，お母さんとなって苗を一生懸命お世話して，おいしい実をたくさん作りましょう。 |

| | ルーブリック |
|---|---|
| A | 植物の生長に気づくと同時に，植物に対する感謝の気持ちや，深い愛情に気づいている。また自分のお世話のよさや自分の成長を感じ取っている。 |
| B | 植物の生長に気づき，植物に対する愛情ある言葉や行動を表出している。 |
| C | 植物の変化のみを捉えている。 |

### 資料5-2 やさいからのてがみ

> トマちゃんから，○○ちゃんへ
> 　わたしに，かわいい名まえをつけてくれてありがとう。まい日かかさず水をくれてありがとう。○○ちゃんのくれる水は，とってもつめたくておいしいよ。まい朝くるとすぐにしゅうかくしてくれたね。おかげでまたあたらしいトマトを作ることができたよ。また，せんせいに言ってしちゅうをかえてくれたね。あと，わたしの土のちかくのくきをみて，でこぼこしてるでしょ。これは虫が上ってこないためだよ。それから，よく光があたるところにおいてくれたね。くきがのびたのは○○ちゃんのおかげだよ。ほんとうにありがとう。
> 　　　　　　トマトのトマちゃんより

　課題を提示された子どもたちは，おいしい野菜を作るためにはどうすればよいかを考え，日々植物の様子を観察し，スケッチしていった。先生は，それをワークシートに記録するように促し，そのワークシートをノートに綴じていった。しかし，この方式ではそれぞれのワークシートを鳥瞰することができないため，子どもの意識が途切れ，形成的評価が難しいとわかる。

　そこで観察記録をボードにまとめることに変更し，お互いの記録を見たりしながら，ボードに自分の気づきを貼っていった。収穫のあとには，カレーを作り，自分の気づいた野菜の生長のよさや自分の世話のよさを紙芝居などにまとめ，さらに野菜へのお礼の手紙を書いて単元を終えた。

　ここで重要なのは，観察するだけでなく，野菜に対する自分の世話，野菜との向き合い方がどう変わっているかを子ども自身が気づくことであろう。ある子は，とても細かいところまでスケッチしていた。しかし，植物の生長のために自分がどう関わったのか，どう感じたのかまでは書けないでいた。

　そこで先生は，その子に野菜から自分へのお礼の手紙を書いてもらった。すると資料5-2のような手紙を書いてくれた。ここには，トマトの観察結果だけでなく，トマトを育てている自分の姿も現れている。先生はこれを「自分ががんばったお世話について客観的に捉えること」ができているとみなし，Aの評価を与えた。

　この実践については，ルーブリックの記述語に「感謝の気持ち」や「深い愛情」という心情表現にとどまっている点には改善の余地があるだろう。しかしながら，植物の観察が，カレーを作るという目的の手段として位置づけられているため，子どもにとって切実な活動となっている点は意義深い。また，実際の指導においては，単なる観察だけでなく，観察している自分をも対象化する課題を与え，子どもの学びを深めることができている。そのため，表5-1には，この手紙も課題の一部とみなし課題文を変更したうえで掲載した（83ページ下段）。

1) 小早川覚「第2学年『やさいをそだてよう』」香川大学教育学部附属高松小学校『活用する力を育むパフォーマンス評価』明治図書, 2010年, pp. 64-66。

表5-1 生活科における「本質的な問い」と「永続的理解」、およびパフォーマンス課題の例

| 領域 | | 学校・家庭及び地域の家庭の生活に関する内容（生活しらべ） |
|---|---|---|
| 領域の「本質的な問い」 | | ・私たちの生活は、誰／どんな自然によってどのように支えられているのだろうか？<br>・それが誰であり、どのように支えられているのかを知るためにはどうすればよいのだろうか？<br>・単に生きていることと生活することとはどのように違うのだろうか？ |
| 低学年 | 「本質的な問い」 | ・私たちが見ていないところで、生活のためにどのような活動を行っているのか？<br>・お父さん、お母さんが行っていることや、お父さん、お母さんのイメージは、家庭によってどのように異なるのか？ |
| | 「永続的理解」 | ・自分と一緒にいるとき以外にも、お父さん、お母さんは家事や仕事、趣味やボランティアなど、それぞれの生活を営んでいる。そのうえ考えていることや行っていることは、一人一人違っている。みんなのお父さん、お母さんには共通点もあるが、一方で家庭によって役割は異なり、みんなが同じイメージをもっているわけではない。 |
| | 課題例 | お父さんとお母さんが生活のために何をしているのかを調べて、絵本を作りましょう。絵本には、午前6時半、10時半、午後3時半、9時半の4つの時間に、お父さんとお母さんが何をしているのかを描きましょう。できあがったら、絵本を使って、友達に読み聞かせをしてもらいます[1]。 |
| | 「本質的な問い」 | ・町の生活は誰によって支えられているのか？<br>・町にはなぜお店が必要なのか？　お店の人はどんなことを大切にして商売をしているのか？<br>・インタビューでうまく思いを聞くためにはどんな工夫をすればいいのか？ |
| | 「永続的理解」 | ・お店は、私たちが買い物をする場所というだけでなく、それを売ってくれる人たちがいる場所でもある。お店の人がさまざまな工夫をして商品を売っていることにより、町は生き生きとしたものとなり、私たちの生活も成り立っている。<br>・自分とは異なった立場にいる人の思いを知るためには、インタビューや観察が役立つ。その際、事前に調査し、質問したり観察したりするポイントを絞っておくのがよい。 |
| | 課題例 | あなたたちは、○○町商店街を運営する商店会のメンバーです。最近、商店街に来る人が少し減っているようです。商店街を盛り上げるため、それぞれのお店のよいところや、お店の人の思い、願いをVTRにまとめ、商店街をPRすることになりました。インタビューや見学を通して、お店の人の思いや工夫を探り出しましょう。さらにわかったことをお店の模型に表現していきましょう。再現VTRを作り、商店街がどんなところなのかを伝え合います[2]。 |

[1] 行田稔彦「家族を見ーつけた」丸木政臣・行田稔彦編著『和光小学校の生活べんきょう――生活科をのりこえるカリキュラム』民衆社、1989年、pp. 43-45 を参考に作成。
[2] 久利和光「第2学年『町だいすき　自分だいすき―町ではたらく人と自分とのかかわりを伝え合おう―』」香川大学教育学部附属高松小学校『活用する力を育むパフォーマンス評価―パフォーマンス課題とルーブリックを生かした単元モデル―』明治図書出版、2010年、pp. 67-69 を参考に作成。

| 身近な人々，社会及び自然と関わる活動に関する内容（生活づくり） |
|---|
| ・私たちは，誰を/何をどのように支えることができるのだろうか？<br>・植物や動物の世話をすることは，私たちの生活にとってどんな意味があるのだろうか？<br>・楽しいとはどういうことだろうか？<br>・ものごとを楽しむために，私たちにできることは何だろうか？<br>・あそびと仕事との違いは何なのか？ |
| ・本物のパン，本当にいいものを作るにはどうすればいいのか？　その方法を理解するためにやらねばならないことは何か？<br>・成功と失敗はどのような関係をしているのか？ |
| ・パンを作るにはさまざまな工程があり，それぞれの要素が複雑に組み合わさり，材料を量る，時間を測るなど繊細な作業が必要となる。その調整には自ら試行錯誤を繰り返したり，本物のパン屋さんが何を考えてどのように作っているのかを調べて理解することが必要である。<br>・本当の挑戦であれば，1回でうまくいくことは少ない。失敗は成功のために必要な経験であり，その原因と解決策を考えることで，本当にいいものを作ることができる。 |
| ○○小学校まつりにパン屋さんを出そう。でも，出店するからには，中途半端なものを提供するわけにはいきません。これまで麦の種をまくところから始めて，観察をしたりして無事収穫にたどりつきました。でも，本番はこれからです。収穫した麦を挽いて小麦粉にしたり，うまくふくらむ生地を練ったり，うまく焼けるように工夫したりと，さまざまな課題をクリアしなければなりません。そのためには，どんなことを勉強すればよいのでしょうか？　しっかりと考えて，「本物のパン」を作り上げましょう[3]。 |
| ・私たちの食べ物はどこから来るのか？<br>・どうすれば植物をうまく育てられるのか？<br>・何かを育てることには責任がついてくるのか？　そうだとすれば，その責任はどのように果たせばいいのか？ |
| ・私たちが普段食べているものの背後には，それを育て，作っている人がいる。その人たちは育てている植物や動物のことをよく知っているため，おいしく育てることができる。対象のことをよく知るためには，それをよく観察し，記録することが重要である。<br>・何かを育てることは，それを分担した学級に対しても，それ自体に対しても責任が生まれる。その責任をうまく果たしているかを評価するためには，自分が相手の立場だったらどう感じるかと想像してみることが役立つ。 |
| 夏休み前にクラスみんなが好きなカレーをみんなで作って食べます。そのためには，カレーの材料となる夏野菜が必要です。おいしいカレーを作ることができるかどうかは，あなたがおいしい野菜を作れるかどうかにかかっています。野菜がおいしく育っているかをしっかりと観察し，観察ボードにまとめましょう。そして……，ついに野菜を収穫し，カレーを作る日が近づいてきました。野菜たちにとって，あなたのお世話はどうだったのでしょうか？　どんなところがよく，どんなところは直すとよいでしょうか？　カレーへと旅立っていく野菜から自分への手紙を書きましょう[4]。 |

3) 古川武雄「麦を育ててパンづくり」行田稔彦・古川武雄『和光小学校の総合学習　たべる・生きる・性を学ぶ』民衆社，2000年，pp. 42-69 の実際の展開過程をもとに課題文をまとめた。
4) 小早川覚「第2学年『やさいをそだてよう』」香川大学教育学部附属高松小学校『活用する力を育むパフォーマンス評価―パフォーマンス課題とルーブリックを生かした単元モデル―』明治図書出版，2010年，pp. 64-66 を参考に作成。

[小学校／中学校]

# 第6章 音楽科

小山英恵

## 1　2017年版学習指導要領「音楽科」における主な変更点

### 1　音楽科の目標・内容と3つの「資質・能力」

　音楽科における2017年版学習指導要領においては，これまでの目標および内容が「知識及び技能」，「思考力，判断力，表現力等」，「学びに向かう力，人間性等」という「資質・能力」の3つの柱に沿って再整理された。「表現」領域の内容は，曲想と音楽の構造や歌詞の内容等の関わり，発声，奏法，音楽の構成上の特徴などの理解である「知識」，創意工夫を生かした表現のための「技能」，これらの知識および技能を生かして表現を創意工夫する「思考力，判断力，表現力等」に，「鑑賞」領域の内容は，曲想と音楽の構造との関わり，音楽の特徴とその背景となる文化や歴史，他の芸術との関わり，音楽の多様性などの理解である「知識」と，それらの知識を生かして音楽のよさや美しさを味わって聴く「思考力，判断力，表現力等」に整理された。また〔共通事項〕は，音楽の諸要素の知覚と感受に関する「思考力，判断力，表現力等」，および音楽の用語や記号などの理解に関する「知識」に整理された。

　ただし，これらの「資質・能力」は規範的に固定されたものでも，バラバラのものでもない。大事なことは，これらを一人ひとりの子どもの生き生きとした一連の音楽の営みが分析されたものとして捉えることである。すなわち，これらの「資質・能力」は生きた音楽を営む多様な状況のなかで発揮される能力であり，そこには子どもの生（思いや願い）が伴う。したがって，音楽科の「資質・能力」の育成にあたっては，生きた状況においてそれらが総合されるような創造的な行為を求めることが重要となる。

　一方，発声や奏法などの「技能」に関しては，それが「創意工夫」を生かした表現のための「技能」であることはもちろんであるが，ときに個別の技能に焦点を合わせて楽曲を繰り返し学習することによって身体的な知を獲得することも重要となる。そのような学習は楽曲の身体的理解をもたらし，楽曲への親しみや創意工夫の思いや意図をもつことにもつながるであろう[1]。

### 2　「音楽的な見方・考え方」

　2017年版学習指導要領においては，新たに「音楽に対する感性を働かせ，音や音楽を，音楽を形づくっている要素とその働きの視点で捉え，自己のイメージや感情，生活や社会，伝統や文化などと関連付けること」という「音楽的な見方・考え方」が示されている[2]。このうち，前半の「音や音楽を，音楽を形づくっている要素とその働きの視点で捉え」ることは，音響そのものに目を向けることであり，その支えになるのは2008年版の学習指導要領における〔共通事項〕に示された音楽の諸要素の知覚と感受であるとされる。一方，後半部分は「音や音楽と音や音楽によって喚起される自己のイメージや感情との関わり，音や音楽と生活や社会との関わり，音や音楽と伝統や文化などの音楽の背景との関わりなどについて考える」ことであり，

音や音楽の存在に対する視野を人間にとって意味のあるものとして広げるものであるとされている。

この「音楽的な見方・考え方」から、音楽科の学習における2つのポイントを挙げてみたい。ひとつは、音を単なる物質として捉えるのではなく、一人ひとりの子どもに何らかのイメージを語るものとして捉えることである。留意されたいのは、そのようなイメージや意味が、所与のもの、あるいは規定されたものではないということである。換言すれば、ある音楽の要素それ自体がもっている客観的な働きといったものがあるのではない（したがって、「要素の働き」という言葉には注意を払う必要がある）。音や音楽を何らかのイメージや意味のあるものとして捉えるということは、音や音楽に、自らの生活経験や音楽経験、個性をもつそれぞれの子どもが向かい合うことである。もちろん、同じ音楽の要素に対して複数の子どもが類似するイメージをもつこともあるだろう。ただしそれは、あくまで子どもたちに共通理解されうるイメージであることを意味する。音や音楽のイメージは、音や音楽自体、子どもの生、そして他者との関わりのなかにある多様な要因がからみあって生まれてくるものとして捉えることが肝要である。

もうひとつのポイントは、そのような音楽的な感性に基づいた活動が、さまざまな生活や社会、伝統や文化を深く理解するなかで営まれることである。それは、音や音楽文化を生活や社会、伝統や文化のなかに位置づけて理解することを意味する。

これらのポイントが、表現や鑑賞の一連の生きた音楽の営みの中核に位置づけられる。すなわち、多様な生活や社会、伝統、文化を理解しながら、「表現」の営みにおいては子どもがそれぞれ音や音楽のイメージを育み表現するのであり、「鑑賞」の営みにおいては、子どもそれぞれが、音や音楽のイメージを豊かに育み受容するのである。「音楽的な見方・考え方」をふまえれば、音楽科の学習はこのように、子ども一人ひとりの感性と、音や音楽、生活や社会、伝統や文化との創造的な関わりのなかにあるものとして捉えられる。音や音楽を何らかのイメージや意味を語るものとして捉える音楽的な感性を通して、音や音楽、多様な生活や社会、伝統や文化、そして何より自分自身と対話しながら、自らの生における創造的な行為としての表現や鑑賞を営み、その経験と価値判断を深めていく、こうした子ども一人ひとりの生を軸に螺旋的に循環する対話的なアプローチ[3]が必要となろう。

### 3 「生活や社会の中の音や音楽、音楽文化と豊かに関わる資質・能力」の育成

2017年版学習指導要領における主な変更点として最後に挙げておきたいのは、音楽科において育成すべき「資質・能力」のすべてが、「生活や社会の中の音や音楽、音楽文化と豊かに関わる資質・能力」として規定されたことである[4]。ここには、単に普段の生活において歌を歌ったり音楽を聴いたりといった日常生活における音楽との豊かな関わりを育むということだけでなく、グローバル化の進む現代の状況をふまえ、「我が国及び世界の様々な音楽文化を尊重」したり、「自己及び日本人としてのアイデンティティーを確立することや、自分とは異なる文化的・歴史的背景をもつ音楽を大切にし、多様性を理解する」[5]という趣旨が含まれている。したがって、さまざまな音楽をメドレーのように扱い、それらの表層的な特徴を感じる学習にとどまるのではなく、音楽的な感性を通してそれぞれの音楽を生み出した人間への共感や人間の多様性の理解、異文化をもつ人々の尊重

といった，子どもたちと音楽との深い「対話」がもたらされるような学習が肝要となろう。

また，生活や社会において音楽と豊かに関わる「資質・能力」に関連して，中学校の「鑑賞」領域の内容に「生活や社会における音楽の意味や役割」について考えることや，歌唱および器楽の教材を選択する際の配慮事項として「生活や社会において音楽が果たしている役割が感じ取れるもの」という事項が新たに導入された。このような学習においては，単に「生活や社会における音楽の意味や役割とは何か？」といった問いを考えるのではなく，「表現」や「鑑賞」の活動のなかで音楽的な感性に基づく実感を通してそれらを理解し考えていくことが大切である。

## 2 音楽科における「本質的な問い」と「永続的理解」

### 1 表現と鑑賞の深まりをもたらす

表6-1（92〜95ページ）の「本質的な問い」と「永続的理解」は，上述のような「見方・考え方」をふまえた創造的な営み，対話的なアプローチを念頭におき，また2017年版の学習指導要領を参考にするとともに，音楽専門家の知見[6]を適宜取り入れて例示している。この「本質的な問い」および「永続的理解」は，「表現」領域の歌唱・器楽，創作（音楽づくり），および「鑑賞」領域を柱としており，また基本的に学年別に示していない（課題のみ小学校，中学校の学校段階ごとに示している）。というのも，音楽科における学年ごとの学習指導要領の内容は，学年を追ってさまざまな新たな内容を積み上げていくというよりむしろ，表現と鑑賞の多様な活動を繰り返すことによって，その世界を広げ，質を深め，洗練させていくことをめざすものだからである。

単元や学年を越えてこれらの問いを繰り返し問いながら，表現や鑑賞のパフォーマンスを深めていくことを想定している。同じ問いを繰り返し問うことにより，教師も子どもも，単元間の学習のつながりを意識することができ，長期的な「資質・能力」の育成が可能になると考えられる。

各単元においては，焦点化されるさまざまな音楽の要素，技能，文化等の内容を，表現や鑑賞を深める契機として学習していくことを想定している。「表現」と「鑑賞」の2領域を横断する単元構想においては，両領域における「本質的な問い」を設定するとよいだろう。

これらはあくまで汎用的な例示であり，実際の単元構想においては，教材等に沿って，また，実践を行う教師や子どもたちの願いをふまえてより具体的な「本質的な問い」，「永続的理解」を考える必要がある。それは，各教師が単元の中核を明文化していくプロセスである。

「本質的な問い」，「永続的理解」は基本的には学年を追って変化しないものの，当然のことながら求められるパフォーマンスの水準は学年ごとに違ってくる。そこで，パフォーマンス課題は小学校と中学校に分けて例示している。たとえば，小学校における音楽づくりの課題例「市長からの手紙」（93ページ）においては，決められたリズムと指定された音を用いて2小節の旋律をつくることが求められている。

一方で，中学校における音楽創作の課題例「短編映画にあう音楽をつくろう」（89ページ）においては，リズムや音の指定がなく9小節の旋律（音楽）を創作することが求められている。

学年が変わっても同じ「本質的な問い」を繰り返し問うことになる音楽科においては，パ

フォーマンス課題におけるさまざまな条件等の詳細を調節することによって，難易度を調整することが可能となるであろう。

### 2 「本質的な問い」

「本質的な問い」について詳しくみていこう。まず，領域の「本質的な問い」は，単元レベルの「本質的な問い」を包括するものであり，あらゆる単元の根底にある問いである。ここでは，音楽科における学習が，さまざまな内容や方法を学習するだけでなく，子ども一人ひとりの生に関わる創造的な営みであることをふまえて，問いを設定している。すなわち，「楽曲の表現はどのように追求すればよいか？」といった共通理解しうる問いに加えて，「私はどの楽曲をどのように歌いたいか？」という子どもの生に関わる自己内対話の問いを設定している。

単元（題材）レベルの「本質的な問い」に関しては，「思考力，判断力，表現力等」の総合性を考慮して設定している。2017年版学習指導要領においては，「表現」および「鑑賞」の各領域の事項と，〔共通事項〕のいずれの内容にも，「思考力，判断力，表現力等」が位置づけられている。「本質的な問い」は，一問一答で答えられないような，深い理解を求めるような問いであり，これまで「思考力，判断力，表現力等」に相当する内容に対応するといわれてきた。しかし，たとえば，歌唱の内容における「思考力，判断力，表現力等」にあたる「歌唱表現に関わる知識や技能を得たり生かしたりしながら，曲にふさわしい歌唱表現を創意工夫すること」と，〔共通事項〕の「思考力，判断力，表現力等」にあたる「音楽を形づくっている要素や要素同士の関連を知覚し，それらの働きが生み出す特質や雰囲気を感受しながら，知覚したことと感受したこととの関わりについて考えること」とを比較するなら，それぞれの思考や判断の総合性が異なることが明らかであろう。いわば後者は前者の下位項目にあたるため，ここでは各領域に位置づけられた「思考力，判断力，表現力等」に焦点を合わせて単元レベルの「本質的な問い」を設定している。

単元レベルの「本質的な問い」は，各単元において焦点化される内容を意識しつつ，そこではあくまで知識やスキル等を総合させる表現や鑑賞の一連の営みが求められていることを念頭において，設定することが大切である。

### 3 「永続的理解」

「本質的な問い」の答えとして想定されるのが「永続的理解」である。表6-1では単元レベルの「本質的な問い」に対する「永続的理解」を示している。

「表現」の歌唱・器楽の領域における，「楽曲の表現は，以下の作業を行いながら追求することができる。……」という「永続的理解」を例にとろう。実際の単元計画においては，ここに示された作業のうちのいくつかに焦点を合わせることになろう。ここで，「これらの作業が総合され，最終的には理屈ではなく各自のセンスと感性による判断によって納得する表現へ至る」という「永続的理解」の内容に着目してほしい。

示された複数の作業は，決して表現を追求する手順ではないし，また論理的な推論によって展開するものでもない。楽曲と子どもたちとが対話しつつ，作業を行き来しながら進められるのである。このように，「マニュアル」や「手順」に基づく作業ではなく，子どもの願いや意図と生きた状況に応じて知識や技能を総合する作業の「理解」を示すためにこそ，パフォーマンス課題の活用が有効となると考えられる。

音楽科においてはこれまでも楽曲の歌唱や演奏，創作のパフォーマンスが求められ，その評

価も行われてきた。このような音楽科において，パフォーマンス課題は，単に演奏する，創作するといったパフォーマンスを求めるのではなく，さまざまな知識や技能を子どもが自らの生と関わらせながら総合的に活用するという創造的な営みのパフォーマンスとして現れる「永続的理解」を，すべての子どもたちにもたらすためのしかけとして捉えることができる。

また，**表6-1**には示されていないが，たとえば「楽曲の表現とはどのようなことか？」という包括的な「本質的な問い」には，「楽曲の表現とは，楽曲と演奏者との対話によって生まれるものであり，演奏者にとっては楽曲を深く理解したうえで自分が納得する表現のあり方を追求するプロセスである」といった「永続的理解」が想定されうるし，「楽曲の表現は，私たちの生活や社会に何をもたらすか？」という問いに対しては，「楽曲の表現は，演奏者に自己理解や他者理解，さまざまな楽曲を通した世界や人物の理解をもたらす。また聴き手に音楽的な味わいをもたらす」といった「永続的理解」が想定されうるだろう。

## 3　音楽科におけるパフォーマンス課題の実践例

### 1 小学校第4学年〔歌唱表現〕

パフォーマンス課題の実践例として，まず香川大学附属高松小学校（当時）の和中雅子先生による小学校第4学年の題材「重なりの美しさを感じて歌おう」[7]を取り上げてみていこう。パフォーマンス課題は，**資料6-1**に示すとおりである。

**資料6-1　題材「重なりの美しさを感じて歌おう」のパフォーマンス課題**

> 合唱コンクールで，響きのある，美しい，心が一つになった合唱を，聴いている人に届けましょう。そのために，自分たちの合唱を振り返り，直したいことと，それを解決するための方法を考えながら学習活動を進めます。この歌の思いを伝えるためには，どんな歌い方をしていくとよいか考えながら，みんなで一つの合唱をつくりあげていきましょう。

出典：和中，2011年，p.102をもとに筆者作成。

この実践では，合唱コンクールというゴールへ向けて子どもたちが二部合唱を含む「いのちの森」（高木知明作詞／深野義和作曲）の歌い方を工夫していくという題材全体を通したパフォーマンス課題を設定している。

まず着目したいのは，このパフォーマンス課題に子どもの思いが含まれている点である。題材を始めるにあたって，子どもたち一人ひとりが，合唱コンクールにおいて「どんな合唱にしたいか」ということと，そのための取り組みのめあてをもつ。たとえば，ある子どもは「みんながそろって，ひびいている合唱にしたい」と考え，そのために「しっかりとおなかを使ってひびかせたい」というめあてを設定する。こうした子ども自身の願いや思いに，「楽曲のもつ曲想や歌詞から伝わる思いを，歌声に表現して合唱すること，自分たちの考えた方法で表現を高めていくこと」という教師の意図が組み込まれる。このような両者の思いの融合によって，合唱コンクールで「響きのある……」合唱を届ける，そのために歌い方を工夫していくという，パフォーマンス課題が設定されている。このことによって，子どもの願いから出発する生きた音楽の営みがもたらされているといえる。

また，題材構想（**資料6-2**）をみると，題材のはじめにパフォーマンス課題を共有することで，子どもたちの願いと計画から出発する一連の音楽の営みが開始している。その後，歌詞の

### 資料6-2 題材構想

| 時 | 学習活動 |
|---|---|
| 1 | ○パフォーマンス課題を共有する。合唱コンクールの曲のパートを決め、グループで練習の仕方を確認する。 |
| 2 | ○第1時の合唱を振り返り、課題を意識して修正個所を見つけたり、改善したりして歌う。 |
| 3 | ○「いのちの森」の歌詞の意味や背景を考えて歌う。 |
| 4 | ○歌劇「魔笛」を鑑賞し、役柄の様子や気持ちを想像し、登場人物の歌い方を味わう。 |
| 5 | ○重なりの部分を振り返り、「いのちの森」に対する思いを伝えるための歌い方を工夫する。 |
| 6 | ○合唱コンクールに向けて曲を仕上げる。 |
| 7 | ○合唱コンクールで心を一つにした合唱を発表する。 |

出典：和中、2011年、p.102 をもとに筆者作成。

意味や背景を考えたり、「魔笛」を鑑賞することによって音のイメージや歌い方のヒントを得たり、またこの単元で焦点化されている音の重なりの部分の歌い方を工夫したりするなかで、常に自分たちの合唱を振り返り改善しながら表現を追求していく。つまり、子どもたちが自らの歌い方を省察し多様な知識や技能を駆使して表現を工夫していくサイクルが繰り返される題材構想となっている。

音楽科における単元（題材）は主題に基づいて構想されることが一般的である。しかし、そのような単元構想は子どもたちに身につけさせたい力を明確化する一方で、ともすれば主題のみに学習が偏り、生きた音楽の追求を子どもたちにもたらしにくくなる場合がある。この実践は、単元において焦点化される音の重なりの学習を、子どもの願いから始まり合唱コンクールで歌うまでの間の創造的な営みを深めていく契機の一つとして位置づけている点に特徴があるといえよう。

### 2 中学校第3学年〔創作〕

次に、奈良女子大学附属中等教育学校（当時）の多賀秀紀先生による中学校第3学年の創作分野の題材「映像に音楽をつけよう」[8]をみていこう。この実践の「本質的な問い」、「永続的理解」およびパフォーマンス課題は**資料6-3**のとおりである。

### 資料6-3 題材「映像に音楽をつけよう」の「本質的な問い」と「永続的理解」、およびパフォーマンス課題

「本質的な問い」：
短編映画を鑑賞したことで頭に浮かんだイメージは、どのような音素材を用いてどのように構成すれば、登場人物の心情や場面の様子を表現した音楽にすることができるだろうか。

「永続的理解」：
映像表現における効果音や音楽の存在は、登場人物の心情や場面の様子を表現するうえで大切である。そのような音楽をつくるためには、音素材の特徴や、反復、変化、対照といった構成や全体のまとまりを工夫する必要がある。

パフォーマンス課題：
「短編映画にあう音楽をつくろう」
あなたは、ある映画の音楽を担当することになりました。本編はすでに完成していますが、制作者からは主人公の心の中や場面の雰囲気を表現する音楽が求められています。音楽をつくるにあたっては、音の高さやリズム、テンポなどを工夫し、9小節にまとめる必要があります。

出典：多賀、2017年をもとに筆者作成。

このパフォーマンス課題は、映像に音楽をつける作曲家の仕事というリアルな文脈をもつ。この文脈によってこの課題は、魅力と難易度の高さを有すると同時に、2017年版学習指導要領において強調されている、社会における音楽の意味や役割の理解をもたらすものとなっている点に着目したい。ただし「社会における音楽

の意味や役割とは何か？」という問いを考えるのではなく，短編映画にあう音楽をつけるという創作活動とそれに向けた学習のなかで，「映像表現における効果音や音楽」が「登場人物の心情や場面の様子を表現するうえで大切である」ことを理解することがめざされている。

また，このパフォーマンス課題における創作課題は，広く実践されているように決まった手順を踏んでいくと音楽が構成され作品が完成する，といったマニュアル遂行的なものではないことにも着目したい。この題材計画（全5時間）では，まず題材の前半において，題材の最後に実施されるパフォーマンス課題に必要な知識や技能を，確実に身につけていく。その後，パフォーマンス課題においてそれらの学習内容を自由に総合的に活用することが求められる。

第1次においては，リコーダーを用いた模倣や即興によるリズムづくり，C・F・Gのコードを使った基本的な和声進行や循環コード，および非和声音等の学習を行う。第2次では，異なる音楽がつけられた2つの短編映画『臭れ縁』を視聴し，音楽の特徴や要素の変化による効果を学習し，音や音楽が映像に与える影響について理解を深める。そのうえで，第3次においてパフォーマンス課題に取り組む。音楽のつけられていない短編映画『うたかたの季』の冒頭部分に旋律をつける課題である。ここでは，（ア）4分の4拍子，9小節，（イ）循環コードは使っても使わなくてもよい，（ウ）楽器はリコーダーとするが使いたい楽器がある場合は相談のうえ認める，という3つの条件が提示される。第4次においては，互いの作品を聴き合うことを通した他者との対話が行われる。

**資料6-4**は，パフォーマンス課題のルーブリックである。この題材においては，**資料6-4**に示した総合的な評価規準を用いるだけでなく，第1，2次においては音楽をつくるための知識・技能，音や音楽が映像に与える影響の理解を，また第3次においては音楽をつくるためのイメージを言葉で表すことについて，それぞれワークシートを用いて細やかなみとりを行っている。

**資料6-4　パフォーマンス課題「短編映画にあう音楽をつくろう」のルーブリック**

| レベル | 記述語 |
|---|---|
| A | 短編映画から読み取った主人公の心情や場面の雰囲気を，音の高さやリズムを工夫した旋律として創作し，その意図を説明できている。 |
| B | 短編映画から読み取った主人公の心情や場面の雰囲気を，音の高さやリズムを工夫した旋律として創作している。 |
| C | 短編映画から読み取った主人公の心情や場面の雰囲気を旋律として創作できず，その制作意図も説明できない。 |

（多賀先生にご提供いただいた資料から筆者作成）

**資料6-5**は，生徒の作品と解説である。生徒①は，オーケストラ部に所属してコントラバスを担当していることから低い音を用いて創作している。生徒②は，学校外でピアノを習っており，ピアノを用いた曲を創作している。また，同じ映像から創作されたにもかかわらず，生徒①は登場人物の「ご機嫌」な気持ちを付点を用いた明るい旋律で表現している。一方，生徒②は「こみあげる悲しみ」を流れるような音の動きとコード進行で表していることがみてとれる。ここに，各生徒が学習内容を生かしながら，自らの音楽経験と生活経験をもって映像から抱いたイメージを音によってさまざまに表現する創造的な営みがもたらされていることがみてとれよう。

**資料6-5　生徒の作品と解説**

生徒①
田舎に住む花が好きな高校生，嵐の前の静けさ。まだのんびりとした気持ち，好きな花の写真が撮れてご機嫌，朝，快晴

生徒②
草々が広がるなか，学校に行こうとしたときに一輪のピンクの花に出会い，転校する一人の親友のことを思い出し，悲しみがこみあげる。

出典：多賀，2017年をもとに筆者作成。

1) 身体知の重要性については，小山英恵「音楽演奏における表現追求プロセスについての研究——演奏家へのインタビュー調査・演奏シミュレーション調査から——」『鳴門教育大学研究紀要』第33巻，2018年，pp. 410-425を参照されたい。
2) 「音楽的な見方・考え方」については，文部科学省『中学校学習指導要領解説　音楽編』2017年，pp. 10-11による。
3) 対話的なアプローチについては，小山英恵「K. H. エーレンフォルトの『音楽の教授学的解釈』——対話的陶冶の概念がもたらす意義」『教育学研究』82 (3)，2015年，pp. 389-401を参照されたい。
4) 文部科学省，前掲書，2017年，p. 9。
5) 同上書，p. 12。
6) 小山，前掲論文，2018年に基づく。
7) 以下，和中雅子「事例6『思いを込めたハーモニーを届けよう』音楽」，小山英恵「実践Review」，田中耕治編著『パフォーマンス評価——思考力・判断力・表現力を育む授業づくり』2011年，ぎょうせい，pp. 100-110および，小山英恵「第2部　日本におけるパフォーマンス評価実践　第5章　音楽科　——香川大学教育学部附属高松小学校第4学年　題材「重なりの美しさを感じて歌おう」研究代表者：田中耕治『「活用」を促進する評価と授業の探究　研究成果最終報告書』，2013年，pp. 88-96による。
8) 多賀秀紀「映像に音楽をつけよう」京都大学大学院教育学研究科『E.FORUM共同研究プロジェクト「スタンダード作り」基礎資料集（第2集）』2017年，pp. 167-170。

表6-1 音楽科における「本質的な問い」と「永続的理解」，およびパフォーマンス課題の例

| 領域 | | 表　現 |
| --- | --- | --- |
| | | 歌唱・器楽 |
| 領域の「本質的な問い」 | | ・楽曲の表現とはどのようなことか？<br>・楽曲の表現はどのように追求すればよいか？<br>・私はどの楽曲をどのように歌いたいか？　どのように演奏したいか？<br>・楽曲の表現は，私たちの生活や社会に何をもたらすか？ |
| 単元レベルの「本質的な問い」 | | ・この曲の歌詞の内容や曲想にふさわしい表現とはどのようなものか？　またふさわしい声の音色や響き，発声，楽器の音色や響き，奏法とはどのようなものか？<br>・ふさわしい表現で歌うため，演奏するためには，どのように身体を使い，発音し，発声すればよいか，あるいはどのような奏法で，どのように身体を使えばよいか？　また，どのようにしたら自分の声部を全体の響きのなかで調和させることができるか？ |
| 「永続的理解」 | | ・楽曲の表現は，以下の作業を行いながら追求することができる。<br>　- 楽曲の部分や全体を繰り返し演奏することによって，技術的な問題を解決しながら，楽曲を身体知として理解する。そのなかで，どのように表現したいかが生まれてくることもある。<br>　- 歌詞の表す内容，音楽の構造と曲想との関わり，曲のもつ背景や，その曲やその言葉の特性等にふさわしい発声，楽器の音色や響きを，音楽に対する感性を働かせるとともに自己のイメージや感情等と関わらせながら理解する。<br>　- 音楽の諸要素の働かせ方などを試行錯誤しながら，曲にふさわしい表現を創意工夫する。<br>　- 創意工夫を生かした表現で歌うために，身体の使い方，発音，発声，奏法，身体の使い方に気をつけたり，全体の響きや各声部の音などを聴きながら他者と合わせたりする。<br>　- 表現のイメージや音のイメージを得るために，他者の演奏を聴く。<br>　- 自分の演奏を録音して聴き，表現を省察する。<br>　- 楽曲の理解や自分の演奏について，他者と対話する。<br>　- これらの作業が総合され，最終的には理屈ではなく各自のセンスと感性による判断によって納得する表現へ至る。ただし，表現のあり方は日によってまた表現を追求するなかで高まりつつ変化していく。 |
| 課題例 | 小学校 | 「合唱コンクールで，響きのある，美しい，心が一つになった合唱を，聴いている人に届けましょう[1]」（4年生）<br>そのために，自分たちの合唱を振り返り，直したいことと，それを解決するための方法を考えながら学習活動を進めます。この歌の思いを伝えるためには，どんな歌い方をしていくとよいか考えながら，みんなで一つの合唱をつくりあげていきましょう。（和中雅子先生）<br><br>「器楽アンサンブルの楽しさを伝えよう」（5，6年生）（試案）<br>幼稚園の園長先生から，幼稚園の音楽発表会のための準備に向けて園児たちに器楽アンサンブルの楽しさを伝えてほしいという依頼がありました。園児たちが楽しめる楽曲を選んで，器楽アンサンブルを演奏してください。また，園児たちがより楽しさを理解できるように，使用する楽器の特徴を，演奏する楽曲の特徴と関わらせて園児たちに説明してください。 |
| | 中学校 | 「《浜辺の歌》の魅力を伝えるためにYou Tuberになろう！[2]」（2年生）（試案）<br>今の小中学生は，あまり《浜辺の歌》を知らないようです。このままでは，日本で歌い継がれている《浜辺の歌》が歌われなくなってしまいます。そこで皆さんは，《浜辺の歌》の魅力を多くの小中学生に知ってもらい，歌ってもらうために，You Tubeで○○中学校オリジナル《浜辺の歌》PR動画を市内の小中学校に発信します。以下の条件を守り，グループで協力して5分程度のPR動画を作成してください。<br>　①1, 2番とも曲の魅力が伝わるように歌うこと。<br>　②曲の背景，歌詞の内容，音楽の構造に基づいて曲の魅力を紹介するとともに，それらをふまえてグループのオリジナリティを発揮してどのように表現を工夫したのか説明すること。 |

| 創作（音楽づくり） |
|---|
| ・音楽の創作とはどのようなことか？<br>・音楽の創作表現はどのように追求すればよいか？<br>・私はどのような音楽を創作するのか？<br>・音楽創作は私たちの生活や社会に何をもたらすか？ |
| ・即興的な表現の発想はどのように得られるか？<br>・即興的に音を表現するには，どのようにすればよいか？<br>・まとまりのある音楽の構想はどのように得られるか？<br>・表したいイメージを表現するには，音階や言葉などの特徴，音のつながり方の特徴などをどのように生かせば表現できるか？ また，どのような音素材を用い，どのように構成すれば表現できるか？ |
| ・音遊びや即興的な表現の際には，さまざまな音素材の音の特徴を感じ取り，課題の条件に基づいて，音を選択したり組み合わせたり，他者の表現を模倣したりしながら，音楽の発想を膨らませて，よりよい表現を追求していくことが大切である。<br>・音楽創作表現は，課題の条件のもと，以下の点を意識して追求することができる。<br>　- 音楽に対する感性を働かせ，音楽の諸要素の働かせ方などを試行錯誤しながら表したいイメージをもつこと。<br>　- 抑揚，アクセント，リズムなどの言葉の特徴や，構成音の異なるさまざまな音階の雰囲気と，自己のイメージとを関わらせながら創作すること。<br>　- 音素材の特徴，反復，変化，対照などの音楽の構成や全体のまとまりを工夫しながら自己のイメージを表現すること。<br>　- 自己や他者の創作表現について他者と対話する。 |
| 「市長からの手紙[3]」（5年生）（試案）<br>皆さんの住んでいる○○市の姉妹都市であるドイツの○○市との交流事業で発表する音楽を作ってほしいと，市長から手紙が来ました。市長は，発表する曲は日本らしい曲がよいため，「日本の心が感じられるような日本の民よう音階を用いた曲」であることを求めています。ドイツの方々に伝えたい「日本の心」のイメージをグループごとに決め，以下の条件を守りながら，そのイメージが伝わるような作品を作ってください。<br>　①1人2小節（七五のリズム）のせんりつ作りを担当し，それらをつなげてグループで一つの作品をつくること。<br>　②せんりつは，民よう音階の音（ミ，ソ，ラ，シ，レ）を使うこと。<br>　③作品は，民よう音階の5つの音がすべて使われ，最後はミの音で終わるようにすること。<br>　④リコーダーをふきながら，イメージを表すせんりつになるように工夫すること。 |
| 「学校紹介VTRにBGMをつけよう[4]」<br>附属福岡中学校の紹介VTRの一部「朝の登校，あいさつ運動」を見て，このシーンに合うBGMを作曲しましょう。記譜の方法は問いません。また，作曲のコンセプトと工夫した点についても説明しましょう。（伊丹晶子先生） |

表6-1 音楽科における「本質的な問い」と「永続的理解」，およびパフォーマンス課題の例（つづき）

| 領域 | | 鑑　賞 |
|---|---|---|
| 領域の「本質的な問い」 | | ・音楽鑑賞とはどのようなことか？<br>・音楽をより深く味わうには，どのようにすればよいか？<br>・さまざまな音楽に，私は何を感じるのか？　それは私にとってどのような価値をもつのか？<br>・音楽鑑賞は私たちの生活や社会に何をもたらすか？ |
| 単元レベルの「本質的な問い」 | | ・この音楽のよさや美しさはどのような点にあるだろうか？ |
| 「永続的理解」 | | ・音楽は，音楽に対する感性を働かせるとともに自己のイメージや感情等と関わらせながら，以下の点を意識して曲のよさや美しさを味わって鑑賞することが大切である。<br>　- 曲想と音楽の構造との関わり，音楽の特徴とその背景となる文化や歴史，他の芸術との関わり，わが国や郷土の伝統音楽および諸外国のさまざまな音楽の特徴とそれらの多様性などを理解する。<br>　- 音楽の意味や価値などについて根拠をもって評価する。<br>　- 生活や社会における音楽の意味や役割を考える。<br>　- 他の曲との共通性やその曲の固有性を考える。<br>　- 同じ楽曲を聴いている他者と楽曲について対話する。 |
| 課題例 | 小学校 | 「おんがくのおはなしをつくろう」（1年生）（試案）<br>このおんがくは，ねこがおどっているようすをあらわしたきょくです。ようちえんせいたちが，このおんがくをたのしめるように，ねこたちのすてきなおはなしをつくってください。このおんがくには，3つのばめんと，おはなしのけつまつがあります。おんがくをよくきいて，それぞれのばめんのきょくのかんじにあうような，おはなしをつくりましょう。 |
| | 中学校 | 「エッセイ「私が聴いた『ブルタバ』」を書こう[5]」（1年生）<br>あなたはエッセイストです。エッセイ「私が聴いた『ブルタバ』」の執筆依頼がきました。エッセイの読み手は，楽曲の一般的な知識（解説）を知ることだけでなく，書き手であるあなたの個人的な思いや経験を味わいたいと思っています。（中略）エッセイストであるあなたは，楽曲の背景や音楽的特徴について学習したり，友達の感じ方を参考にしたりしながら，自分の感性で「ブルタバ」を聴き，自分にしか書けないエッセイ「私が聴いた『ブルタバ』」を完成させてください。（上原祥子先生） |

［92ページ］
1) 和中雅子「事例6『思いを込めたハーモニーを届けよう』音楽」，田中耕治編著『パフォーマンス評価――思考力・判断力・表現力を育む授業づくり』2011年，ぎょうせい，p. 104。
2) 鳴門教育大学大学院芸術系コース（音楽）の大学院生（当時），後藤正志氏，則藤剛志氏，植田尉嗣氏が2017年に作成。

［93ページ］
3) 同上。
4) 伊丹晶子「『本質的な問い』に対応する『永続的理解』，題材ごとの『永続的理解』とパフォーマンス課題の例」京都大学大学院教育学研究科『E.FORUM「スタンダード作り」基礎資料集』2010年，p. 163。

［94ページ］
5) 小山英恵「音楽科・美術科アクティブ・ラーニング――パフォーマンス課題を活用した授業＆評価モデル」西岡加名恵編著『「資質・能力」を育てるパフォーマンス評価――アクティブ・ラーニングをどう充実させるか』2016年，明治図書，pp. 72-75。

# 第7章 図画工作科

[小学校]

中西修一朗

## 1　2017年版学習指導要領「図画工作科」における主な変更点

### 1　図画工作科の目標について

2008年版の学習指導要領（以下，2008年版）までは，「感性」，「つくりだす喜び」，「基礎的な能力」，「豊かな情操」といった言葉が目標のなかに列挙されてきた。表7-1に示した文章のとおり，特に感性や喜び，情操などが重視されている。一方，2017年版学習指導要領（以下，2017年版）では，資質・能力をベースとして目標を3項目に整理している（表7-1）。そのうち，(1)および(2)までが既存の「基礎的な能力」に関わるものである。一方で，これまで重視されてきた「感性」，「つくりだす喜び」，「豊かな情操」は(3)および(2)の一部に収められ，その比重は相対的に減っている。

この変化は何を意味しているのだろうか。2つの点を指摘したい。第1に，「感性」についてである。これは2008年版への改訂時に，児童の感じ方や考え方をより重視するために追加されたもので，「様々な対象や事象を心に感じ取る働きであるとともに，知性と一体化して創造性を育む重要なもの」として説明されていた。この説明の文言が2017年版の解説でも継承され，そのうえ2017年版では知識や思考力が強調されている。これをふまえれば，「感性」は「心に感じ取る働き」である以上に，「知性と一体化」したものである側面がより重要となる。

第2に，2017年版の特色として各教科特有の「見方・考え方」が強調されている。図画工作科の「造形的な見方・考え方」は，2017年版『解説』では，「感性や想像力を働かせ，対象や事象を形や色などの造形的な視点で捉え，自分のイメージをもちながら意味や価値をつく

表7-1　小学校学習指導要領「図画工作科」における目標の比較

| 2008年版学習指導要領 | 2017年版学習指導要領 |
| --- | --- |
| 表現及び鑑賞の活動を通して，感性を働かせながら，つくりだす喜びを味わうようにするとともに，造形的な創造活動の基礎的な能力を培い，豊かな情操を養う。 | 表現及び鑑賞の活動を通して，造形的な見方・考え方を働かせ，生活や社会の中の形や色などと豊かに関わる資質・能力を次のとおり育成することを目指す。<br>(1) 対象や事象を捉える造形的な視点について自分の感覚や行為を通して理解するとともに，材料や用具を使い，表し方などを工夫して，創造的につくったり表したりすることができるようにする。<br>(2) 造形的なよさや美しさ，表したいこと，表し方などについて考え，創造的に発想や構想をしたり，作品などに対する自分の見方や感じ方を深めたりすることができるようにする。<br>(3) つくりだす喜びを味わうとともに，感性を育み，楽しく豊かな生活を創造しようとする態度を養い，豊かな情操を培う。 |

りだすこと」と説明されている。「造形的な視点」とは「形や色など」、「形や色などの感じ」、「形や色などの造形的な特徴」である。このように、心情との関係性よりも、意味や価値をつくりだす側面が重視されている。

### 2 図画工作科の内容について

2008年版から引き続き、2017年版においても図画工作科の内容は大きく「A表現」と「B鑑賞」に分けられている。ただし、指導上の配慮事項において、現行の「『B鑑賞』の指導については、『A表現』との関連を図る」から「『A表現』及び『B鑑賞』については相互の関連を図る」へと表現が変更されている。このように、鑑賞の指導において表現の学習内容を活用するだけでなく、表現の学習のなかにも鑑賞活動を取り入れ、表現をより深く学習できるようにすることもされている。

また、「資質・能力」をベースに目標が整理されたことを受け、「A表現」の領域では、各学年の内容の提示方法が改められた。2008年版では、まず(1)「造形遊び」と(2)「絵や立体、工作」に分けられ、それぞれの下位項目として、指導すべき内容が列挙されていた。これに対し、2017年版では(1)に「発想や構想」に関する事項をまとめ、(2)に「技能」に関する事項をまとめており、内容ベースから能力ベースとなっている。これによって、その学年で培うことがめざされる「資質・能力」が把握しやすくなっている。ただし、「造形遊び」と「絵や立体、工作」のそれぞれの固有性が曖昧になり、題材や単元ごとの指導目標が漠然としたものとならないよう注意が必要である。

図7-1 新旧学習指導要領における内容の枠組み

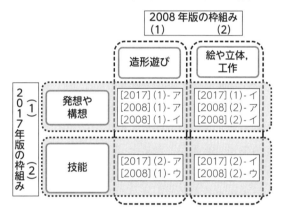

## 2 図画工作科における「本質的な問い」と「永続的理解」

### 1 図画工作科における領域区分について

まず、表現と鑑賞とは領域として分けるべきだろうか。2017年版では表現活動と鑑賞活動との連携が強調されている。表現の活動の途中でお互いの作品を鑑賞し合うことは、その後の表現に重要な影響を与えるだろう。しかしながら、名画の鑑賞を通して、絵画的に表現された内容を読みとることや、使用されている表現手法を分析することは、表現活動とはいったん切り離し、より深く表現活動の意味を問い直すためにも必要だろう。2017年版が、必要に応じて鑑賞独自の指導をすることや美術館を利用することにも言及しているのは、この理由によると考えられる。

そこで、表7-2 (100～103ページ) でも「鑑賞」を領域として設定する。ただし、これは、美術館などにおける名画の鑑賞とその解釈などを指すものとして位置づけ、表現活動の一環として行われる相互鑑賞とは区別されるものと考えたい。

次に、表現活動に含まれる多様な内容を、2017年版にならって能力ベースで区別すべきだろうか、それとも2008年版までを踏襲し活動内容によって区別すべきだろうか。残念なが

ら,「発想や構想」と「技能」という能力ベースの区別は,活動のまとまりとして単元を構成する際の基準としては使い勝手が悪い。ややもすれば,ある単元では「技能」を,別の単元では「発想や構想」を育むことにばかり着目することになりかねない。図画工作科の特徴は,「発想や構想」と「技能」とを相互作用的に育もうとする点,つまり「創造的な技能」という論点にあり,一方に偏ることは2017年版の本意とするところでもないだろう。

そこで,**表7-2**では,1977年以来の学習指導要領の区別にならい,表現の内容を,「造形遊び」と「絵や立体,工作」とに区分する。

「造形遊び」は素材や空間が先にあり,その新しい一面を見いだそうとするなかで,イメージを膨らませて表現する領域である。一方で,「絵や立体,工作」は,描きたいイメージや作りたいイメージが先行し,画材や素材との対話を通してイメージを修正しながら造形的に表現する領域である。たとえば,墨を扱うとしても,体中に塗って拓本をとるといった活動を通して,墨のおもしろさや体の一面に気づき,そのおもしろさを表現しようと工夫するならば「造形遊び」に,風景を表現したり模様を塗ったりするための画材として取り上げる場合には「絵や立体,工作」に位置づけるのが妥当である[1]。

以上より,**表7-2**では「造形遊び」,「絵や立体,工作」,「鑑賞」の3領域を設定する。

**2** 領域ごとの包括的な「本質的な問い」

以下には,各領域の包括的な「本質的な問い」となり得るものを紹介する(**表7-2**も参照)。

「造形遊び」領域の特徴は,素材や空間が先にあり,そこから受けたインスピレーションをもとに,素材の新しい一面を表現する点にある。そのため,発想を得る過程や方法を合わせて「どこでどのようにして,私たちはイメージと出合うことができるのか?」や,造形遊びの意味自体を問い直す「造形的な遊びをすることで,私たちの生活はなぜどのように豊かなものとなるのか?」というような問いが考えられる。

「絵や立体,工作」領域の特徴は,描きたいものや作りたいものの構想が先にあり,それを画材や素材を選択しながら造形していく点にある。そのため,「本質的な問い」としては「描きたいもの,作りたいものを制作するには,どうすればいいのだろうか?」や,構想と修正の過程に焦点を合わせた「私たちはどのようにして描きたいもの,作りたいものを決定するのだろうか?」というようなものが考えられる。

「鑑賞」領域の特徴は,まさに芸術作品を鑑賞することであり,そのため芸術作品とは何であり,鑑賞することにどのような意味があるのかを問う必要があろう。「芸術作品の価値はどのように決まるのか?」や「芸術について学ぶことで,私たちの世界の見え方はどう変化するのだろうか?」というような問いである。

また,それぞれの領域に対して,「見る角度を変えるだけでも,新しい形と出会い物語を見いだすことはできる」といった「永続的理解」を考えることが重要である。

## 3 図画工作科におけるパフォーマンス課題の実践例

次ページのパフォーマンス課題(**資料7-1**)は,アメリカのワシントン州スタンダードに記載されているものである[2]。第1時に,先生は課題を読み上げて,子どもたちの質問を受けたあと,3種類のプリントを配布する。このあと,基本的には3時間,必要であればそれ以上の時

**資料7-1　靴のデザインのパフォーマンス課題**

　最近，学区に手作りの靴屋さんができたのは知っていますか？　実は，そこの社長が訪ねてきて，グラフィック・イラストレーターについて説明してくれました。将来に製品になるようなアイデアをデザインし，完成図を示す仕事です。どうも社長は，君たちくらいの年の子が買ってくれるような新しい靴をデザインして名前をつけてくれるグラフィック・イラストレーターを探しているらしく，君たちにそれができるなら，ぜひ雇いたいというのです。

　靴屋さんの社長は，君たちに，新しい靴をスケッチして，完成図を作る時間をくれるそうです。ただし，その完成図からは，君たちが，線の種類・明度・生地のテクスチャといった要素をどのように理解しているのかがわかるようにしてほしい，と社長は条件をつけています。そのため君たちは，これらの要素が完成図のどの部分に反映されているのかを，別のプリントではっきり示したほうがいいでしょう。君たちのデザインやプリントは，最終確認のために社長へと提出されます。

**資料7-2　2枚目のプリント**

　児童は，芸術の要素と原則に関して完璧な理解を示している。そのことは，次の項目を4つすべて満たしていることからわかる。
・輪郭線を使ってページいっぱいに大きく靴を描いている。
・輪郭線の内側に少なくとも6種類の形を線描している。
・線を重ねることで3種の異なった明度（明るい・中間・暗い）を表現している。
・線を重ねることで3種のテクスチャを表現している。

間を使って，課題を仕上げていく。配布されるプリントは以下のようなものである。

　1枚目には，課題と注意点がチェックリスト形式で挙げられている。注意点は，靴屋さんの社長が出した注文であるという形で説明される。まず靴のスケッチに関する注意点として，鉛筆を使って外形を書くこと，直接靴を観察して大きく描くこと，基礎となる形（つまさき，かかと，足首のサポート，舌など）を少なくとも6種類は入れること，明度や生地のテクスチャを作ることで細部を表現すること，名前をつけられるような想像力を発揮することなどがある。

　また，デザインの説明書に関する注意として，どうして靴にその名前をつけたのかを説明すること，デザインのなかに使っている4種類の線を取り出して名前をつけること，4種類の明度やテクスチャについても同様に名前をつけることなどが求められる。

　2枚目には，生徒が用いるルーブリックが示される。最高レベルの記述語は**資料7-2**のとおりである。

　3枚目は，スケッチの説明をするプリントで，4つの項目を含んでいる。これは，1枚目に書かれた注意点と対応している。第1項目は，「靴にどんな名前をつけましたか？　なぜその名前をつけたのですか？」というものである。第2項目以降は表を埋める形式で，それぞれ4種の「線の種類」，3種の「明度」，3種の「テクスチャ」について説明を求めている。

　このように，どんな問いを抱いてほしいのか，どんな理解に至ってほしいのかを見据えることで，形や色などの造形的な視点を意識しながら描いたり作ったりできる授業を構想できる。その積み重ねの果てに，子どもたちは，想像を現実にすべく創造する力をつかみ取ることができるだろう。

1) 造形遊びの特徴については，金子一夫『美術科教育の方法論と歴史』中央公論美術出版，1998年，p. 86 などが参考になる。「物質・物体・場所・空間のもつ力を体験させる活動」である。
2) ワシントン州ビジュアルアート・スタンダードの評価課題例より作成。原文ではあくまでお話として提示されることが想定されていたため，切実性を高めるように若干ニュアンスを改めて訳出した。http://www.k12.wa.us/Arts/Standards/2017/VisualArtsStandards.pdf（2019年1月20日確認）。

表7-2 図画工作科における「本質的な問い」と「永続的理解」，およびパフォーマンス課題の例

| 領域 | 造形遊び | 絵や立体，工作 | 鑑賞 |
|---|---|---|---|
| 領域の「本質的な問い」[1] | ・どこでどのようにして，私たちはイメージと出会うことができるのか？<br>・材料・場所・空間にどのような工夫を加えれば，その材料・場所・空間の新しい一面を発見できるのか？<br>・創造性や革新的な思考は，創造する人の状態や行動によって，どのように影響されるのか？<br><br>・造形的な遊びをすることで，私たちの生活はなぜどのように豊かなものとなるのか？<br>・造形的な遊びを通して，私たちは周囲の環境とどのように相互作用し，順応していくのか？ | ・私たちはどのようにして描きたいもの，作りたいものを決定するのだろうか？<br>・文脈や歴史，伝統を知ることは，私たちが芸術やデザインの作品を作る際どのように役立つのか？<br>・芸術家やデザイナーは，ものや場所やシステムをデザインしたり，し直したりするときの目標を，どのようにして決定するのか？<br>・ものや場所，デザインは，生活やコミュニティーをどのようにして形作っているのか？<br><br>・描きたいもの，作りたいものを制作するには，どうすればいいのだろうか？<br>・芸術の制作は，どのような行為を通して実現されるのだろうか？<br>・どうして芸術家は，すでに確立された伝統に従ったり，それを突き崩したりするのか？<br>・芸術家やデザイナーは，画材や道具をどのように手入れし，維持しているのか？ | ・芸術作品の価値はどのように決まるのか？<br>・芸術作品はだれによってどのように保存されているのか？<br>・保存すべき作品はどのようにして決定されているのか？<br>・芸術作品の展示の形式や方法は，見る人の経験や考えにどのように影響するのだろうか？作品をみる規準はどのように決まり，なぜのように変化するのか？<br><br>・芸術について学ぶことで，私たちの世界の見え方はどう変化するのだろうか？<br>・芸術批評に参加することの意味とは何だろうか？<br>・芸術作品をテクストとして「読む」にはどうすればよいのか？<br>・芸術は，異なった時代や場所，文化における人々の生活について理解することをどのように助けてくれるのか？ |

1) 主としてワシントン州ビジュアルアート・スタンダードを参考に筆者作成。http://www.k12.wa.us/Arts/Standards/2017/VisualArtsStandards.pdf（2019年1月20日確認）。

[101ページ]

2) 郡司明子「からだで感じる土ねんど」藤江充・辻政博編著『平成20年版 小学校新学習指導要領ポイントと授業づくり 図画工作』東洋館出版，2008年，pp. 58-63を参考に筆者作成。
3) 浜口由美「授業づくり④授業の導入と展開」辻泰秀監修・編著『造形教育の教材と授業づくり』日本文教出版，2012年，pp. 84-85を参考に筆者作成。
4) 森實祐里「彫刻となかよし」藤江充・辻政博編著『平成20年版 小学校新学習指導要領ポイントと授業づくり 図画工作』東洋館出版，2008年，pp. 82-87を参考に筆者作成。

[102ページ]

5) 福森真一「語り出すものたち」岩﨑由紀夫・竹井史編著『資質・能力を育む 新図工科授業づくりのアイデア集 3年編』明治図書，2007年，pp. 98-99を参考に筆者作成。原案では鑑賞領域の実践とされていたが，環境に働きかけて新しい側面を発見するという要素を重視し，本稿では造形遊び領域に位置づけた。
6) 前出1)，ワシントン州ビジュアルアート・スタンダードの評価課題例を一部改訂し筆者作成。
7) 西村徳行「オリエンテーリング式かんしょう」奥村高明・岡田京子編著『わくわく小学校新図画工作授業 中学年編』明治図書，2011年，pp. 81-88を参考に筆者作成。

| 領域 | | 造形遊び | 絵や立体，工作 | 鑑賞 |
|---|---|---|---|---|
| 低学年 | 「本質的な問い」 | ・粘土とはどんなものか？<br>・材質を感じるためにはどうすればいいのか？<br>・粘土との関わり方は，できあがるものにどのような影響をもたらすのか？ | 線を描くということは，どのように感情や物語とつながっているのだろうか？ | ・人物の彫刻を鑑賞するときに重要なことは何か？<br>・人物の彫刻を鑑賞したイメージを言葉にして伝えるには，どんな工夫をするとよいか？ |
| | 「永続的理解」 | ・粘土はもともと砂のようで，水を加えれば加えるほど柔らかくなっていき，感触も変化していく。<br>・材質を感じるためには，手で触るだけでなく，足や顔に塗ってみたりするなど，体全体を使うのがよい。<br>・手や足で塗る，こてで塗る，投げつけてみるなど，材料の扱い方によってできあがるものの表情も違ってくる。 | 線を描くという行為は，単に図形を視覚化するだけではなく，描き手の主観をも反映する。描き手の感情やイメージは，線の太さや勢い，曲線や直線の組み合わせによって表現できる。 | ・人物の彫刻は，その表情や首の角度などさまざまな細かい要素に注目するとともに，大きさやポーズなどの大きな構造にも注目すると，表現されているイメージをつかむことができる。<br>・人物の彫刻のイメージを伝えるためには，必ずしも言葉の量は関係なく，そこに表現されている感情や情景をつかむことで，短くまとめることができる。 |
| | 課題例 | この不思議な砂は，水を加えると粘土になるとききました。本当でしょうか？ どれだけ水を加えたら，触り心地のよい粘土になるのでしょうか？水を加えながらベニヤ板に塗って，いろんな形をつくってみましょう。手で塗ったり，足で塗ったり，いろんな塗り方を試してみましょう[2]。 | 線と色を発見するための旅にでかけます。物語をつくって，それを語りながら画用紙いっぱいに筆で線をひきましょう。筆の動かし方や太さを意識するのがポイントです。描いたものを見ながら，線に描いた物語やそのときの気持ちをほかの人に紹介しましょう[3]。 | （2年生の授業）今度，1年生が美術館に行くそうです。1年生の先生から美術館の彫刻を楽しめるように協力してほしい，とお願いされました。みんなで美術館に行って，お気に入りの彫刻を選んでください。そのあと，その彫刻にオリジナルの名前をつけて，どうしてその名前になったのかの由緒書きをつけてください。彫刻と同じポーズをとったり，彫刻の表情から気持ちを考えると，きっとよい名前がつけられるはずです。1年生は，名前から彫刻を当てられるでしょうか？[4] |

図画工作科

表7-2 図画工作科における「本質的な問い」と「永続的理解」,およびパフォーマンス課題の例(つづき)

| | 領域 | 造形遊び | 絵や立体,工作 | 鑑賞 |
|---|---|---|---|---|
| 中学年 | 「本質的な問い」 | 見慣れたものを,目新しく感じるように変えるには,どうすればよいのだろうか? | ものを作るときには,なぜアイデアスケッチや下書きをすることが有効なのか? | 作品に描きこまれているさまざまなものに気づくにはどうすればよいのか? それはなぜ大事なのか? |
| | 「永続的理解」 | 見る角度を変えたり,形の輪郭線や色にこだわってみたりすることで,見慣れたはずのもののなかに,新しい形を見つけることができる。さらに,それらを周りのものとつなげることで,物語を読みとることができる。 | 目で見える形にすると,アイデアの良さを評価しやすい。ただし,いきなり本番のものを作ってしまうと,やり直しを行いにくい。そこで,事前にアイデアスケッチや下書きをすることで,線やデザインや色など,いろいろな側面を実験しながら作ることができる。しかし,下書きでうまくいっていたからといって,いざ作ってみたときにいいものになるとは限らない。 | 作品には,主題となる人や動物や物も含めて,さまざまな対象や,形,色,それらの組み合わせが描きこまれている。それらは作品をじっくりと見ることで見つけることができる。そこに自分なりのイメージをもつことを通じて,作品全体に対する印象も変化し,より深いものとなる。 |
| | 課題例 | 私たちの身のまわりには,実はいろいろな生き物が隠れています。でも,かれらには目も口もないので,人間に気づいてもらえず,さびしがっているようです。身の回りにいるかれらを見つけ出して,「目のカード」を貼ってあげましょう。そうしたら大人たちにも,かれらが見えてくるはずです。どんな角度で見ると,動きだしそうな見え方がするかな? それから,「口のカード」を貼ってあげたら,かれらは思っていることを話しかけてくれるかもしれません。かれらは,いったいどこにいて,どんなことを話してくれましたか? 友達や先生に教えてください[5]。 | 地元の水族館が,新しいボーダータイルを使って壁を飾りたいらしく,独特なタイルの案を募集しています。水族館が願っているのは,浮き彫りになっていて,くり返し同じ模様を使っていて,水族館の動物をモデルにしていることです。ただし,言葉は使わないでほしいそうです。水族館からみなさんへの依頼は,色鉛筆で描いたデザインスケッチと,粘土でつくった実物のタイルを提出することです。また,水族館の人から質問があるかもしれません。タイルのどこをへこませてどこをふくらませるのか,動物の特徴をどの部分で表現しているのかといった質問です。答えられるように,考えておきましょう[6]。 | 「作品クイズを解こう! クイズは,10枚の作品のどれかについての問題だ。ヒントを手がかりにどの作品かを選んで,じっくりと作品を見て答えを探ってね」<br>それぞれの班には,他の班に解いてもらうクイズを作ってもらいます。まずは,封筒に入った10種類の作品から,どの作品の問題を作るかを選んでください。<br>そして,絵の一部を取り出して,作品をあてるヒントを作ってください。そのあと,その作品に描かれているものについてのクイズを考えましょう。作品だけを見れば答えられる問題にすること,でも,よく見ないとわからないような問題にすることがポイントです[7]。 |

[103ページ]

8) 岡田京子「シートでアート」藤江充・辻政博編著『平成20年版 小学校新学習指導要領ポイントと授業づくり 図画工作』東洋館出版,2008年,pp.124-129を参考に筆者作成。
9) 前出1)。ワシントン州ビジュアルアート・スタンダードの評価課題例より筆者作成。
10) 独立行政法人国立文化財機構東京国立博物館監修『日本美術の授業―東京国立博物館の名品による鑑賞授業の手引き―』日本文教出版,2006年より筆者作成。

| 領域 | 造形遊び | 絵や立体，工作 | 鑑 賞 |
|---|---|---|---|
| 「本質的な問い」 | ・見慣れたものでも，少し違う要素が加わると別のものになってしまうのはなぜだろうか？ また，その工夫を見いだすにはどのようにすればいいのだろうか？ | ・芸術家やデザイナーは，ものや場所やシステムをデザインしたり，し直したりするときの目標を，どのようにして決定するのか？<br>・決定したデザインを，どうして誰にでもわかるように表現しなくてはいけないのか？ | ・美術館で鑑賞する作品はどのようにして決定されているのか？ 芸術作品の展示の形式や方法は，見る人の経験や考えにどのように影響するのだろうか？<br>・作品をみる規準はどのように決まり，なぜどのように変化するのか？ |
| 「永続的理解」 | ・見慣れたものでも，何かに見立てて工夫を加えると，別のものに見えるようになる。ものを見つめて特徴を捉えることや，試しにいろいろと工夫をしてみるなど，観察や行動によって見立てを促すことができる。<br>・見慣れたものを変化させることによって，私たちは非日常を体験し，日常の生活を捉えなおすことができる。 | ・制作において新しいアイデアを生み出すためには，これまでの制作において注意を払われてきた既存のアイデアを組み合わせることが有効である。<br>・その組み合わせの過程では複数の選択が必要となり，なぜその選択をしたのかを説明するためには，線の種類，明度，生地のテクスチャなどの用語を使うとよい。そうすることで，自分のデザインの注目すべきところを示すことができ，適切な評価を促すことができる。 | ・美術展の作品を選ぶ際には，その展覧会のテーマを決定し，そのテーマにふさわしい作品を選出する。そのためには，文化的な重要さや作成法の特異性，作品自体から受ける印象など，さまざまな面に注目する必要がある。そうして選択した展示物は，展示の方法によって印象が大きく異なる。<br>・どの作品を一つの展示室で並べ比べられるようにするのか，説明はどの程度つけるのかなどに注意することで，作品の魅力をより引き出した展示が可能となる。 |
| 課題例 | 文化祭の日,学校中を「いつもとは違う空間にしよう」ということに運営委員会で決まりました。そこでみなさんの力を借りたいと思います。というのも校長先生に掛け合ったところ，「それはよいアイデアね。でも，学校のものをいじるのなら，それ相応の手続きが必要です。何に，どんな工夫をすることで，いつもの学校とどういうふうに違うようになったのかを，後からでいいので報告してください」と課題を出されてしまったのです。また，図工の先生に相談すると，片付けやすさも考えて，「養生シート」を使うといいとアドバイスをいただきました。養生シートを使って，ぜひとも学校を別空間に変えてみせましょう！[8] | 最近，学区に手作りの靴屋さんができたのは知っていますか？ 実は，そこの社長が訪ねてきて，グラフィック・イラストレーターについて説明してくれました。将来に製品になるようなアイデアをデザインし，完成図を示す仕事です。どうも社長は，君たちくらいの年の子が買ってくれるような新しい靴をデザインして名前をつけてくれるグラフィック・イラストレーターを探しているらしく，君たちにそれができるなら，ぜひ雇いたいというのです。靴屋さんの社長は，君たちに，新しい靴をスケッチして，完成図を作る時間をくれるそうです。ただし，その完成図からは，君たちが，線の種類・明度・生地のテクスチャといった要素をどのように理解しているのかがわかるようにしてほしい，と社長は条件をつけています。そのため君たちは，これらの要素が完成図のどの部分に反映されているのかを，別のプリントではっきり示した方がいいでしょう。君たちのデザインやプリントは，最終確認のために社長へと提出されます[9]。 | こんど遠足で奈良へ行きます。奈良は，お寺がたくさんあるので，大きなものから小さなものまで，穏やかなものから派手なものまでさまざまな仏像を見られるでしょう。でも，残念なことに，最近学校で，「仏像なんてどれもおんなじでおもしろくない」なんて声を聞きました。残念なことです。そこで，仏像の美術展を開こうということになったのですが，どんな仏像をどんなふうに紹介しようかがなかなか決まりません。そのため，みなさんには美術展のコーディネーターに就任して，手伝ってもらいたいと思います。どの仏像を，どんな順番でどんな風に展示すると，学校のみんなに仏像のおもしろさを伝えられるでしょうか？ 仏像の作り方や表現の方法の違いに注目して，教科書や図書館で展示する仏像を選び，展示方法を考えて計画書にまとめてください。今度遠足で見ることが，きっと役に立つでしょう[10]。 |

高学年

図画工作科

# 第8章 美術科

[中学校]

小山英恵

## 1　2017年版学習指導要領「美術科」における主な変更点

### 1 「生活や社会の中の美術や美術文化と豊かに関わる資質・能力」の育成

　2017年版学習指導要領における美術科の主な変更点は，これまでの目標および内容が，「知識及び技能」，「思考力，判断力，表現力等」，「学びに向かう力，人間性等」という「資質・能力」の3つの柱に沿って整理されるとともに，それらの「資質・能力」が「生活や社会の中の美術や美術文化と豊かに関わる資質・能力」として明示された点にある。

　「生活や社会の中の美術や美術文化と豊かに関わる資質・能力」とは，「造形的な視点を豊かにもち，生活や社会の中の形や色彩などの造形の要素に着目し，それらによるコミュニケーションを通して，一人一人の生徒が自分との関わりの中で美術や美術文化を捉え，生活や社会と豊かに関わる」[1]ものとされている。また，生活や社会における美術や美術文化との関わり方としては，美術館での鑑賞からウェブページのデザイン，また自然の美しさを感じ写真におさめるなどの幅広い活動が想定されている。

　このような「資質・能力」は，生徒が自らの生活において造形的な視点からさまざまな喜びを発見していく姿や，美術を多様な人間の営みのなかにある真正なものとして理解する姿として捉えることができる。それゆえ，美術科の学習を，単に造形的な表現に関わるものとして捉えるというだけでなく，さまざまな文化，人間の生活や精神の営みの理解と生徒の自己理解に関わり，生徒の内面を豊かにするものとして捉えることが肝要である。

### 2 「造形的な見方・考え方」

　2017年版学習指導要領において新たに示された「造形的な見方・考え方」は，「表現及び鑑賞の活動を通して，よさや美しさなどの価値や心情などを感じ取る力である感性や，想像力を働かせ，対象や事象を造形的な視点で捉え，自分としての意味や価値をつくりだすこと」[2]とされている。ここで「造形的な視点」とは，造形の要素の働きを捉えたり，造形的な特徴からイメージを捉えたりする視点である[3]。

　このような「造形的な見方・考え方」から，美術科の学習の中核が，造形やその要素等と生徒一人ひとりの生とが結びつくところにあると捉えられる。それは，生徒が多様な造形と対話しながら自分にとっての意味や価値を創り出していく対話的創造的なアプローチである。生徒の生が動き出すそのようなアプローチこそが，生活や社会において美術と豊かに関わる「資質・能力」の育成につながると考えられる。

## 2 美術科における「本質的な問い」と「永続的理解」

### 1 美術科の学習と「私」との関わり

　美術科の学習の中核が子ども一人ひとりの生と美術の諸要素や美術との対話的創造的な関わりにあるということは，そこでは常に，「私」自身を問う自己内対話が必要となることを意味する。そこで表8-1（108～109ページ）では，単元レベルの「本質的な問い」を包括する，領域の「本質的な問い」において，美術の内容や方法に関して共通理解しうる問い（絵や彫刻の制作による表現はどのように追求すればよいか？）に加えて，子どもの生に関わる自己内対話の問い（私はどのような絵や彫刻を制作するのか？）を設定している。これらの「本質的な問い」と「永続的理解」の具体は，2017年版の学習指導要領および諸外国の例[4]を参考にしながら例示している。あくまで汎用的な例示である。

　実際の単元構想においては単元の内容に即したより具体的な「本質的な問い」，「永続的理解」を考える必要がある。単元設計にあたりこのような「本質的な問い」を考える作業は，美術の本質とは何かを明確化するとともに，それを生徒たちが主体的に追求する展望（専門的内容の学習と生徒の感性に基づく追求の結合）をもたらすと考えられる。

### 2 美術の「表現」と「鑑賞」の営み

　表8-1において，「本質的な問い」と「永続的理解」は，各「資質・能力」ではなく，「表現」（絵や彫刻などの制作，デザインや工芸の制作），および「鑑賞」という領域を柱として例示している。「資質・能力」を軸としていないのは，「造形的な見方・考え方」をふまえれば，個々の「資質・能力」は，美術文化にアプローチしながら生徒自身が意味や価値を創り出していく「表現」や「鑑賞」の一連の営みのなかでこそ発揮され，育成されるものだからである。一方で，美術科における「資質・能力」の育成をより大きな視点でみれば，「表現」と「鑑賞」の2領域を横断する単元構想を多く取り入れることが望まれる。その際には，1つの単元において両領域の「本質的な問い」を設定するとよいだろう。

　多様な単元において，学年を越えてこれらの問いを繰り返し問いながら，「表現」と「鑑賞」の営みを深めていくことを想定している。

## 3 美術科におけるパフォーマンス課題の実践例

### 1 「本質的な問い」を繰り返し問う単元構想

　パフォーマンス課題の実践例として福岡教育大学附属福岡中学校（当時）の武田巨史先生による第2学年の実践[5]をみていこう。この実践の特徴は，「表現」と「鑑賞」の両領域を含む3つの題材（「言葉のイメージを表す立体構成」，「息づく空間——パステルによる静物画」，「演出，光と影」）を1つの単元「人間の持つ美意識」として構造化し，最初の2つの題材の学習を活用する場面として3つめの題材「演出，光と影」のなかにパフォーマンス課題を位置づけている点にある。

　単元全体の「本質的な問い」は，「人間が共通して美を感じる美的な要素とは何か？」という問いである。この問いを追求するために，生徒たちは3つの題材を通して「美術的な価値観を構成する要素」の学習に取り組む。

　最初の題材「言葉のイメージを表す立体構成」において，生徒たちはさまざまな言葉のイメージから立体構成を試みる活動を通して，構成美

の要素，トーンの概念，色や形の感情効果，材料の特性，立体の動勢や量感を学習する。次の題材「息づく空間——パステルによる静物画」においては，パステルによる静物画の作成を通して，光と影に関わる構成美の要素，主調色，明暗の比率，全体と部分の関係，光の性質を学習する。最後の題材「演出，光と影」では，前の2つの題材での学習を生かしながら，「こだわりの1枚を撮影しよう」，「友達の作品写真を批評しよう」という2つのパフォーマンス課題に挑む。

学習を発展させるパフォーマンス課題をゴールとする長期的な単元構想において，生徒たちは，「人間が共通して美を感じる美的な要素とは何か？」という「本質的な問い」を繰り返し問うことになり，その理解を深めていく。

### 2 「造形的な見方・考え方」を育むパフォーマンス課題とルーブリック

最後の題材「演出，光と影」について詳しくみていこう。この題材における「本質的な問い」，「永続的理解」，および2つのパフォーマンス課題は**資料8-1**のとおりである。

この題材においては，最初の題材において制作した立体構成の作品を光と影で演出して写真撮影を行う課題と，友達の作品写真を批評する課題を行う。「作品のよさを引き出す演出や撮影の方法とはどのようなものか？」という「本質的な問い」に対する「永続的理解」は，造形要素や光と影が人間の感情に結びつくといったように，美的な要素や特徴とそれらに対する生徒一人ひとりの美的価値観を結びつけることに焦点を合わせるものである。このような「永続的理解」をもたらすために，美的な要素を生かして生徒一人ひとりが「こだわりの1枚」を撮影し，またそれを批評するというパフォーマンス課題が設定されている。

パフォーマンス課題「友達の作品写真を批評しよう」においては，「写真からは，下から光を当てることによってふわっとしている感じがわかったし，囲いの"明"と中のほうの"暗"のコントラストがおもしろいと思った。横から撮るなど，撮る位置や角度をもっと工夫すれば，まん中の円のアクセントがもっと強調できると思う」という生徒Aの批評文が見られた。この批評文からは，造形的な視点をもって，作品に対して自分なりの意味や価値を創り出している姿をみとることができよう。

パフォーマンス課題「友達の作品写真を批評しよう」のルーブリックは**資料8-2**のとおりである。生徒Bの批評文，「影が扇風機みたいで美しい。作品もシンメトリーが生かされている。裏が白で表が黒だから，また変化もあってよい。周りが黒なので宇宙感がある。しかし，宇宙の壮大なイメージが少し伝わりづらいと思うので，作品をもうちょっと目立たせてもよかったと思う。……」も，構成美の視点をもった自分なりの価値の創出を表している。ただし，具体性のある改善案を記述していないためB評価となっている。A評価とされた先の生徒Aの批評文を見ると，生徒Aの批評文には美的な要素の理解に基づいた改善案が記述されている。このようなパフォーマンスの質の差をルーブリックにおいて明文化することによって，B評価のパフォーマンスを示す生徒が自らの価値を造形的な視点により深く結びつけるためのさらなる指導の展望を得ることができるだろう。

資料8-1　題材「演出，光と影」の「本質的な問い」と「永続的理解」，およびパフォーマンス課題

| 「本質的な問い」 | 作品のよさを引き出す演出や撮影の方法とはどのようなものか？ |
|---|---|
| 「永続的理解」 | ・美術科の造形要素である形，色，材料，光には，それぞれ感情を表したり，感じさせたりする効果がある。<br>・光と影には，特に，人間の感情を大きく揺さぶる効果がある。<br>・明暗には理想とされる比率が存在しており，それを使いこなすことで，さまざまな感情効果を引き出すことができる。<br>・光と影を演出する際には，構成美の要素のなかでも，特にアクセント，コントラスト，グラデーションとのかかわりが強い。 |
| パフォーマンス課題 | 「こだわりの1枚を撮影しよう」<br>あなたが制作した立体構成作品のテーマを，最も効果的に表すことができる演出方法と撮影方法を構成し，こだわりの1枚を撮影しなさい。<br>「友達の作品写真を批評しよう」<br>友達の撮影した作品写真を鑑賞し，その友達の作品にこめた思いや光による演出方法・撮影方法の工夫をふまえて，批評文を書きなさい。 |

出典：武田巨史「美術科」西岡加名恵・田中耕治編著『「活用する力」を育てる授業と評価　中学校——パフォーマンス課題とルーブリックの提案』学事出版，2009年，p.93をもとに筆者作成。

資料8-2　パフォーマンス課題「友達の作品写真を批評しよう」のルーブリック

| レベル | 記述語 |
|---|---|
| A | ・形や色，光に関わる構成美の視点を的確に用いて記述している。<br>・テーマに応じた演出や撮影方法の工夫に気づき，その価値について記述している。<br>・演出や撮影の方法についての具体性のある改善案を提起している。 |
| B | ・光と影に関わる構成美の視点（コントラスト，アクセント，グラデーション）を用いて記述している。<br>・形や色，光のもつ感情効果について，作品のテーマと結びつけながら記述している。 |
| C | ・作品のテーマにもとづいて，作品から感じ取ることができる効果について，自分の言葉で記述している。 |

出典：武田，同上書，p.93をもとに筆者作成。

1) 文部科学省『中学校学習指導要領解説　美術編』2017年，p.11。
2) 同上書，p.10。
3) 同上。
4) 米国におけるナショナル・コア・アート・スタンダード
http://www.nationalartsstandards.org/sites/default/files/Visual%20Arts%20at%20a%20Glance%20-%20new%20copyright%20info.pdf（2019年1月20日確認）
およびカナダ　オンタリオ州ブルーウォーター学区教育委員会HP
http://www.bwdsb.on.ca/Assessment/EU_EQ_AVI（2019年1月20日確認）など。
5) 武田巨史「美術科」西岡加名恵・田中耕治編著『「活用する力」を育てる授業と評価　中学校——パフォーマンス課題とルーブリックの提案』学事出版，2009年，pp.86-97，および京都大学大学院教育学研究科E.FORUM『「スタンダード作り」基礎資料集』2010年，pp.172-173。

表8-1 美術科における「本質的な問い」と「永続的理解」，およびパフォーマンス課題の例

| 領域 | | 表現 | |
|---|---|---|---|
| | | 絵や彫刻などの制作 | デザインや工芸の制作 |
| 領域の「本質的な問い」 | | ・私はどのような絵や彫刻を制作するのか？ 絵や彫刻の制作による表現はどのように追求すればよいか？ 絵や彫刻を制作するとはどのようなことか？ それは私たちの生活や社会に何をもたらすか？ | ・私はどのようなデザインや工芸を制作するのか？ デザインや工芸の制作による表現はどのように追求すればよいか？ デザインや工芸の制作とはどのようなことか？ それは私たちの生活や社会に何をもたらすか？ |
| 中学校 | 単元レベルの「本質的な問い」 | ・絵や彫刻の主題はどのように生み出すことができるか？ 主題を効果的に表現するにはどのように構想すればよいか？ | ・デザインや工芸の主題はどのように生み出すことができるか？ 主題を効果的に表現するにはどのように構想すればよいか？ |
| | | ・意図を表現するためには，どのように表現を工夫すればよいか？ 制作を効果的に進めるにはどのような順序で進めればよいか？ 協働することによって，創造性はどのように高まるだろうか？ | |
| | 単元レベルの「永続的理解」 | ・絵や彫刻などの主題は，複数の視点から対象や事象を見つめ自身の体験や心情に基づく豊かな感性によって感じ取ったことや考えたこと，また夢，想像や感情などの心の世界をもとに生み出される。主題を効果的に表現するには，全体と部分との関係，単純化や省略，強調，材料の組み合わせなどを考えて創造的な構成を工夫する必要がある。主題と表現方法が調和すると豊かな構想が実現する。<br>・絵や彫刻などの創作を通して私は自分自身を表現することができる。 | ・デザインや工芸の構想の主題は，構成や装飾の目的や条件などをもとに，対象の特徴，用いる場面や環境，社会との関わりなどから，‐伝える目的や条件などをもとに，伝える相手や内容，社会との関わりなどから，‐使う目的や条件などをもとに，使用する者の気持ちや立場，材料，社会との関わり，機知やユーモアなどから生み出される。また，機能と美の調和を総合的に考え，形や色彩，材料などの効果を生かして表現の構想を練ることが大切である。 |
| | | ・発想や構想は創造的な追求のなかで伝統に従ったり伝統を打ち破ったりすることで生まれる場合がある。<br>・発想や構想は，表現意図に応じて形や色彩などの表し方（遠近感や立体の量感・塊，動きなど），材料や用具の生かし方などを考え，また新たな表現方法を工夫するなどして造形にしていくことができる。また，美術作品の制作においては，材料や用具，表現方法の特性などを考えて制作の順序を決め，計画的に進める必要がある。ただし，制作の途中で新たなイメージが膨らんだり，構想上の課題を発見したりしたとき等には制作順序が変わることもある。また同じ材料であっても用具や表現方法を変えると，まったく違った手順になる。 | |
| | 課題例 | 「「自分」の気持ちを表そう[1]」<br>これまでの人生やこれからの人生に対する自分自身の思いや考えを形や色，表現方法，描画材料，表現技法を自由に組み合わせながら，自画像を描きましょう。 | 「ユニバーサルデザインに挑戦しよう[2]」<br>自分が考案したユニバーサルデザインの取扱説明書を作成します。商品としてのキャッチコピーと使用者に対してよりわかりやすい説明文を，以下の条件をふまえ，考えましょう。<br>条件：色や図は自由に使用してよい。デジカメも使用可能。 |

1) 武田巨史「美術科」西岡加名恵・田中耕治編著『「活用する力」を育てる授業と評価 中学校――パフォーマンス課題とルーブリックの提案』学事出版，2009年，p. 97。

| | 鑑 賞 |
|---|---|
| | ・さまざまな美術作品に，私は何を感じるか？ それは私にとってどのような価値をもつか？ 美術作品をより深く鑑賞するには，どのようにすればよいか？ 美術鑑賞とはどのようなことか？ それは私たちの生活や社会に何をもたらすか？ |
| | ・この絵や彫刻の造形的なよさや美しさ，作者の心情や表現の意図，創造的な工夫はどのような点にあるか？<br>・このデザインや工芸の目的や機能との調和のとれた美しさ，作者の心情や表現の意図，創造的な工夫はどのような点にあるか？<br>・私たちの周りの自然や環境のなかにはどのような造形的な美しさを見つけることできるか？ それらは私たちの生活や社会に何をもたらしているか？<br>・日本の美術文化の変遷や作品の特質はどのようなものか？ 日本や世界のさまざまな美術文化のよさ，相違と共通性はどのような点にあるか？<br>・美術文化を継承することや新たに創造していくことの意義はどこにあるか？ |
| | ・絵や彫刻の造形的なよさや美しさを感じ取る際には，自己との対話を重ねながら対象の形や色彩などの特徴や印象などから内面や全体の感じ，価値や情緒などを感じ取り，外形には見えない本質的なよさや美しさなども捉えようとすることが大切である。絵や彫刻の作品における作者の心情や表現の意図と創造的な工夫は，作者の生きた時代や社会的背景，作者の生き方の変遷などの幅広い視点から捉えることが大切である。<br>・デザインや工芸の作品を鑑賞する際には，使う人や場を考えた作者の温かい心遣いや，作品の主題や表現の意図などに基づいた創造的な工夫について美と機能性との調和，社会や生活，自分との関わりなどの視点から考えることが大切である。<br>・人間は，形，色彩，材料，光，空間などにより，明るい開放感や落ち着いた雰囲気，心が躍るような楽しさなどを感じることができる。自然や，優しさのある環境は，精神的な温かみやくつろぎを与えてくれる。<br>・日本美術の表現は，自然界のもつ美の秩序や造形要素を造形活動に創造的に取り入れ生かしてきた。<br>・国や地域，民族によって，美術の表現の主題，描写，材料など表現方法や造形感覚に相違がある。<br>・美術を通して，自国の文化のよさを説明したり他国の文化を共感的に理解し捉えたりすることができる。美術文化は，心豊かな生活に寄与する。<br>・鑑賞の際には，自分が感じ取った作品のよさや美しさなどの価値を，根拠を明らかにして発表し批評し合い，鑑賞の視点を広げることが大切である。<br>・美術は，世界を見る枠組みを提供する。<br>・美術鑑賞における個々の美的センスや共感は，自己や他者，自然や環境の理解をもたらす。 |
| | 「友達の作品写真を批評しよう[3]」<br>友達の撮影した作品写真を鑑賞し，その友達の作品にこめた思いや光による演出方法・撮影方法の工夫をふまえて，批評文を書きなさい。 |

2) 同上。
3) 同上書，p. 93。

# 第9章 家庭科 [家庭／技術・家庭科（家庭分野）]

[小学校／中学校]

北原琢也

## 1 2017年版学習指導要領「家庭科」における主な変更点

### 1 家庭科の目標における主な変更点

2008年版学習指導要領家庭／技術・家庭の家庭分野（本章では，家庭科とする）の目標では，家庭科における「事実的知識」や何かをつくるための「個別的スキル」の習得とその定着が重視されがちであった。それに対して，2017年版学習指導要領家庭科の目標は，冒頭に総括的な目標として，よりよい生活の実現に向けて，生涯にわたって自立し共に生きる生活を工夫し，創造するために，「転移可能な概念」や「複雑なプロセス」の意味を理解し，応用し，「原理や一般化」である「見方」と方法論である「考え方」を使いこなすことができる資質・能力をどのように身につけるかという学習過程のあり方で記述されている（表9-1，9-2）。

一方，具体的な目標(1)〜(3)は，家庭科で育成をめざす資質・能力の3つの柱で，以下のような趣旨で構成・記述されている。

(1)の記述は，生きて働く「知識・技能」の習得として，単に「事実的知識」や「個別的スキル」の習得とその定着だけでなく，わかるレベルとして「転移可能な概念」の意味理解および，応用できるレベルとしての「複雑なプロセス」を身につけることを求めている。

表9-1 2017年版小学校学習指導要領「家庭科」の目標

| |
|---|
| 　生活の営みに係る見方・考え方を働かせ，衣食住などに関する実践的・体験的な活動を通して，生活をよりよくしようと工夫する資質・能力を次のとおり育成することを目指す。<br>(1) 家族や家庭，衣食住，消費や環境などについて，日常生活に必要な基礎的な理解を図るとともに，それらに係る技能を身に付けるようにする。<br>(2) 日常生活の中から問題を見いだして課題を設定し，様々な解決方法を考え，実践を評価・改善し，考えたことを表現するなど，課題を解決する力を養う。<br>(3) 家庭生活を大切にする心情を育み，家族や地域の人々との関わりを考え，家族の一員として，生活をよりよくしようと工夫する実践的な態度を養う。 |

表9-2 2017年版中学校学習指導要領「家庭科」の目標

| |
|---|
| 　生活の営みに係る見方・考え方を働かせ，衣食住などに関する実践的・体験的な活動を通して，よりよい生活の実現に向けて，生活を工夫し創造する資質・能力を次のとおり育成することを目指す。<br>(1) 家族・家庭の機能について理解を深め，家族・家庭，衣食住，消費や環境などについて，生活の自立に必要な基礎的な理解を図るとともに，それらに係る技能を身に付けるようにする。<br>(2) 家族・家庭や地域における生活の中から問題を見いだして課題を設定し，解決策を構想し，実践を評価・改善し，考察したことを論理的に表現するなど，これからの生活を展望して課題を解決する力を養う。<br>(3) 自分と家族，家庭生活と地域との関わりを考え，家族や地域の人々と協働し，よりよい生活の実現に向けて，生活を工夫し創造しようとする実践的な態度を養う。 |

(2) の記述は，未知の状況にも対応できる「思考力・判断力・表現力等」の育成として，課題解決的な学習を重視し，「原理や一般化」である「見方」と方法論である「考え方」を使いこなし，実践的・体験的，科学的に探究し，課題解決の能力を育むことを求めている。

(3) の記述は，将来，家庭科で身につけた力を家庭・地域だけでなく社会で生かし，よりよい生活を創造していく実践的な態度の育成として，答えが即座にわからないような問題に直面した際に，聡明に行動できるような態度の傾向性を意味する「知性の習慣（habits of mind）」[1]（「心の習慣」，「精神の習慣」と訳される場合もある）の育成を求めている。

## 2 家庭科の教育内容と指導内容における見直し

家庭科の教育内容は，今後の社会を担う児童生徒たちには，グローバル化，少子高齢化，持続可能な社会の構築などの現代的な諸課題を適切に解決できる能力が求められることから，各校種ごとに次のような教育内容の見直しが図られている（表9-3, 9-4）。

家庭科の指導内容は，家庭科で育成をめざす資質・能力と学習過程との関連を図るため，以下の3点で見直し構成されている。

1点目は，児童生徒の発達段階（系統性）をふまえた内容の接続・連携（縦軸構造）をより明確にし，小・中・高等学校の内容を「家族・家庭生活」，「衣食住の生活」，「消費生活・環境」に関する3つの内容（領域）で構成されている。

2点目は，小・中・高等学校の児童生徒の発達段階に即した学習対象を空間軸と時間軸の視点で捉え，前者は，「家庭・地域・社会」を空間的フィールドとされ，後者は，「これまでの生活」，「現在の生活」，「これからの生活」を時間的フィールドとされている（次ページの**表9-5**参照）。

3点目は，今まで中学校から重視されてきた課題解決的な能力の育成について，今回，小学校から家庭や地域と連携を図った生活の課題と実践に関する指導事項が設定され，「生活の課題発見」，「解決方法の検討と計画」，「課題解決に向けた実践活動」，「実践活動の評価・改善」という課題解決学習が重視されている（**表9-5**参照）。

表9-3　小学校「家庭科」の教育内容の見直し

　家族の一員として家庭の仕事に協力するなど，家庭生活を大切にする心情を育むための学習活動や，家族や地域の異世代の人々と関わるなど，人とよりよく関わる力を育成するための学習活動，食育を一層推進するための食事の役割や栄養・調理に関する学習活動を充実する。また，消費生活や環境に配慮した生活の仕方に関する内容を充実するとともに，他の内容との関連を図り，実践的な学習活動を一層充実する。さらに，主として衣食住の生活において，日本の生活文化の大切さに気付く学習活動を充実する。

出典：中央教育審議会「幼稚園，小学校，中学校，高等学校及び特別支援学校の学習指導要領の改善及び必要な方策等について（答申）」2016年12月21日。

表9-4　中学校「家庭科」の教育内容の見直し

　家庭の機能を理解し，家族や地域の人々と協働することや，幼児触れ合い体験，高齢者との交流等，人とよりよく関わる力を育成するための学習活動，食育を一層推進するための中学生の栄養と献立，調理や食文化などに関する学習活動を充実する。また，金銭の管理に関する内容や，消費生活や環境に配慮したライフスタイルの確立の基礎となる内容を充実するとともに，他の内容との関連を図り，実践的な学習活動を一層充実する。さらに，主として衣食住の生活において，日本の生活文化を継承する学習活動を充実する。

出典：同上。

表9-5　各校種の家庭科で育成したい資質・能力

| | 知識・技能 | 思考力・判断力・表現力等 | 学びに向かう力・人間性等 |
|---|---|---|---|
| 高等学校 | 自立した生活者に必要な家族・家庭，衣食住，消費や環境等についての科学的な理解と技能 | 家族・家庭や社会における生活の中から問題を見出して課題を設定し，生涯を見通して課題を解決する力 | 相互に支え合う社会の構築に向けて，主体的に地域社会に参画し，家庭や地域の生活を創造しようとする実践的な態度 |
| 中学校 | 生活の自立に必要な家族・家庭，衣食住，消費や環境等についての基礎的な理解と技能 | 家族・家庭や地域における生活の中から問題を見出して課題を設定し，これからの生活を展望して課題を解決する力 | 家族や地域の人々と協働し，よりよい生活の実現に向けて，生活を工夫し創造しようとする実践的な態度 |
| 小学校 | 日常生活に必要な家族や家庭，衣食住，消費や環境等についての基礎的な理解と技能 | 日常生活の中から問題を見出して課題を設定し，課題を解決する力 | 家族の一員として，生活をよりよくしようと工夫する実践的な態度 |

出典：中央教育審議会，前掲「答申」別添資料 11-1。　　　　　　　　　　　　　　　　　　（下線は筆者）

## 2　家庭科における「本質的な問い」と「永続的理解」

### 1　家庭科における「見方・考え方」

　家庭科における「見方・考え方」は，「生活の営みに係る見方・考え方」として整理され，「家族や家庭，衣食住，消費や環境などに係る生活事象を，協力・協働，健康・快適・安全，生活文化の継承・創造，持続可能な社会の構築等の視点で捉え，よりよい生活を営むために工夫すること」と記述されている。さらに，「なお，この『見方・考え方』に示される視点は，相互に関わり合うものであり，児童生徒の発達の段階を踏まえるとともに，例えば，衣食住の生活に関する内容においては，『健康・快適・安全』や『生活文化の継承・創造』を主として考察する視点とするなど，取り上げる内容や題材構成等によってどの視点を重視するのかを適切に定める必要がある」[2]と付け加えられている。

### 2　家庭科における「本質的な問い」

　そこで最初に，家庭科における「見方・考え方」を探究していくような，家庭科全体を貫く包括的な「本質的な問い」を考えてみよう。たとえば，概念理解（内容）に関する「問い」としては，「生活の質的充実・向上とは何か？」などが考えられる。方法論に関する「問い」としては，「どうすれば質的充実・向上した生活を実現することができるのか？」などが考えられる。

　同様に，中学校の教育内容（領域）の例をもって考えてみよう。たとえば，「家族・家庭生活」における「本質的な問い」の場合，概念理解（内容）に関する「問い」としては，「よりよい家族・家庭生活の営みとは何か？」などが考えられる。方法論に関する「問い」としては，「どうすればよりよい家族・家庭生活を営むことができるのか？」などが考えられる。

　次に，中学校の単元の概念理解（内容）に関する「問い」を考えてみよう。たとえば，「子どもにとっての家族とは何か？」などが考えられる。

### 3　家庭科における「永続的理解」

　この「問い」に対応した「永続的理解」としては，たとえば，「家族には，子どもを育てる環境としての役割がある。よりよい家族を作る

には，自分の成長と家族との関わりや家族の役割，これからの自分と家族との関わりについて考え，自分なりの課題を見つけ，子どもにとってのよりよい家族関係を構築する方法について考え，工夫することが重要である」などが考えられる。

## 3 家庭科におけるパフォーマンス課題の実践例

「子どもにとっての家族とは何か？」に関する単元の例で，パフォーマンス課題を考えてみよう。

たとえば，「あなたは，1学期に，保育園での幼児との触れ合い体験で，親の目線から幼児との関わり方を考えるために，お兄さんお姉さんとして接してきました。親子のインタビューや保育園の方の話を聴くことで，まず子どもにとっての家族とは何かについて明らかにしましょう。あなた自身，将来は大人として，社会を構成していくことになります。そこで，自分の未来像について考え，これまでの自分の成長を支えてきてくれた家族に宛てた手紙を書き，自分の考えを表現してください[3]」などが考えられる。

最後に，前述のパフォーマンス課題について評価するためのルーブリックとしては，**表9-6**のように作成することが考えられる。

---

1) Wiggins, G. & McTighe, J., *Understanding by Design*, ASCD, 1998/2005, G. ウィギンズ, J. マクタイ（西岡加名恵訳）『理解をもたらすカリキュラム設計』日本標準, 2012年, p. viii.
2) 中央教育審議会「幼稚園，小学校，中学校，高等学校及び特別支援学校の学習指導要領等の改善及び必要な方策等について（答申）」2016年12月21日。
3) 荻島千秋先生「題材名：子どもにとっての家族を考えよう」（2014年2月12日，第5校時，被服室），埼玉県加須市立大利根中学校 第3学年 技術・家庭科学習指導案を参考にして筆者が作成。
https://www.pref.saitama.lg.jp/g2204/gakuryokukoujou/kyoukapage/documents/601570.pdf（2019年1月20日確認）

表9-6 「家族関係をよりよくするための問題解決」に関するルーブリック

| レベル | 記述語 |
| --- | --- |
| A | 子どもを育てる環境としての家族の役割を十分に理解し，これまでの自分の成長を支えてきてくれた家族のことを振り返り，自分なりの課題を設定している。そのうえで，自分の今の家族や未来の家族のあり方について考え，家族関係をよりよくする方法について考え，工夫しようとする内容を表現している。 |
| B | 子どもを育てる環境としての家族の役割を理解し，自分なりの課題を見つけている。自分の成長と家族との関わりを考え，家族関係をよりよくする方法について考え，工夫しようとする内容を表現している。 |
| C | 子どもを育てる環境としての家族の役割を理解したり，自分なりの課題を発見することに困難を抱えている。自分の成長と家族との関わりを考え，家族関係をよりよくする方法について，十分に考えられていない。 |

（筆者作成）

表9-7 家庭科における「本質的な問い」と「永続的理解」，およびパフォーマンス課題の例

**小学校・中学校家庭科における内容・方法論に関する包括的な「本質的な問い」**
〔内容〕生活の質的充実・向上とは何か？
　　　　よりよい生活ができる社会とは，どのようなものか？
〔方法論〕どうすれば質的に充実・向上した生活を実現することができるのか？
　　　　　どうすればよりよい生活ができる社会を実現できるのか？

| 領　域 | | 家族・家庭生活 | 衣食住の生活 |
|---|---|---|---|
| 領域の「本質的な問い」 | | 〔内容〕よりよい家族・家庭生活とはどのようなものか？<br>〔方法論〕どうすればよりよい家族が実現でき，よりよい家庭生活が送れるのか？ | 〔内容〕よりよい食生活とはどのようなものか？<br>〔方法論〕どうすればよりよい食生活ができるのか？ |
| 小学校 | 単元の「本質的な問い」 | どうすれば家族・家庭生活を大切にすることができるのか？ | どうすればおいしいご飯とみそ汁を作ることができるのか？ |
| | 単元の「永続的理解」 | ・家族・家庭生活を大切にするには，まず，自分の家族との過ごし方や，近隣の人々とのかかわりについて振り返り，解決すべき課題を見いだすことが大切である。<br>・次に，家族との触れ合いや団らんに関心をもち，理解し，家族に気持ちを伝えたり，触れ合う場を考え，家族との触れ合いや団らんを楽しくすることについて，考えることが重要である。<br>・さらには，近隣の人々とのかかわりを見直し，快適に生活するため，自分なりに工夫することが大切である。 | ・おいしいご飯とみそ汁を作るには，まず，日常，当たり前に食べている「ごはん」，「みそ汁」に関心をもち，問題意識をもつことが大切である。<br>・炊飯する際には，米がごはんとなる様子を観察し，おいしくできあがる炊飯の仕組みを理解するとよい。<br>・おいしいみそ汁にするためには，「だし」が必要であり，みそを入れるタイミングがみその香りと味を生かすために大切である。また，具材については，季節感や好み，味，いろどり，栄養のバランスなどを考え，衛生や安全に気をつけて取り合わせる工夫が必要である。 |
| | 課題例 | あなたは，よりよい家族・家庭生活を実現するために，「㊙家族の団らん作戦」を発表することになりました。そこで，まず，これまでの自分の生活を見直し，解決すべき課題を決めてください。次に，家族との触れ合いや団らんを深めるための工夫を考え，計画し，実行してください。最後に，実行した内容について，うまくいった点，うまくいかなかった点，さらに，考えられる工夫すべき点や改善点も含めて発表してください。 | あなたは，日本の伝統的な食事である，ご飯とみそ汁をおいしく作ることに挑戦します。そこで，まず，毎日の「ごはん」，「みそ汁」の食事に関心をもち，その役割を考えて，さらに改善するための目標を決めてください。そのうえで，おいしいご飯の炊き方やみそ汁の作り方を工夫し，調理してください。最後に，その調理したご飯とみそ汁について，工夫した点や反省点，さらに考えられる工夫すべき点や改善点も含めて発表してください。 |

| 領域 | 衣食住の生活 | 消費生活・環境 |
|---|---|---|
| 領域の「本質的な問い」 | 〔内容〕よりよい食生活とはどのようなものか？<br>〔方法論〕どうすればよりよい食生活ができるのか？ | 〔内容〕よりよい社会をめざした消費生活・環境とはどのようなものか？<br>〔方法論〕どうすればよりよい社会をめざした消費生活・環境ができるのか？ |
| 中学校 単元の「本質的な問い」 | どうすれば健康によい朝食を作ることができるのか？ | どうすれば環境にやさしい消費生活ができるのか？ |
| 中学校 単元の「永続的理解」 | ・健康によい朝食を作るには，まず，中学生にとって，1日（3食）分の必要な栄養を満たす献立を考えることが大切である。<br>・次に，健康な朝食の献立を考えるには，主食，汁物（飲み物），主菜，副菜を組み合わせるとバランスのとれた食事になる。その際，食品群別摂取量の目安や食品の概量をふまえることが重要である。<br>・さらに，費用，調理する時間，食べる人の好み，季節感なども考えて，自分らしい献立を工夫することが大切である。 | ・環境にやさしい消費生活をするためには，まず，限りある資源を採取し，商品が作られていることに気づくことが必要である。<br>・そのうえで，生活に必要な商品を購入する際には，価格や利便性だけでなく，環境に配慮した商品や店舗を選ぶことが重要である。<br>・さらに，購入した商品の循環利用（リデュース，リユース，リサイクル）を考え，私たちだけでなく，次世代の人々も健康で豊かに暮らせるような，持続可能な社会をめざして，環境に配慮した生活を送ることが重要である。 |
| 中学校 課題例 | あなたは，「私の健康的な朝食作り」を発表することになりました。まず，日常，摂っている朝食を振り返り，問題点を見つけて，改善すべき課題を設定してください。そのうえで，食事の役割，栄養・献立，調理の方法などを考え，生活の自立を考えつつ，朝食の献立を計画し，実行してください。最後に，実行したことについて，工夫したことや反省点，さらに考えらえる工夫すべき点や改善点を含めて発表してください[1]。 | あなたは，「私は，グリーンコンシューマー（緑の消費者）！」のテーマで，「環境にやさしい消費者の心得！」というリーフレットを作ることを依頼されました。まず，日常生活のなかで購入している商品を調べ，身近な環境に配慮した消費生活という視点から振り返って，改善すべき問題点を明らかにしてください。そのうえで，生活の自立を考えつつ，環境にやさしい消費行動などを計画し，リーフレットを作成してください。最後に，作成したリーフレットについて，工夫したことや反省点，さらに考えられる改善点を含めて発表してください[2]。 |

1)『新しい技術・家庭（家庭分野）』中学校技術・家庭科用 文部科学省検定済教科書2，東京書籍 家庭721, pp. 22-23 を参考に筆者が作成。
2) 同上書，pp. 226-229 を参考に筆者が作成。

# 第10章 技術科　[技術・家庭科（技術分野）]

[中学校]

北原琢也

## 1　2017年版学習指導要領「技術科」における主な変更点

### 1 技術科の目標における主な変更点

　技術・家庭の技術分野（本章では，技術科とする）の目標（**表10-1**）では，冒頭の総括的な目標および具体的な目標(1)～(3)の内容で構成されている。概観すると，従来，生活技術の学習に重点を置いていた教科観から，社会につながる技術として捉え直し再構築を図るため，技術を理解し，適切に評価・利用・管理して，意思決定できる資質・能力および態度を育むことに重点を置く教科観に大きく転換したといえる。

　総括的な目標は，よりよい生活の実現や持続可能な社会を構築するために，「転移可能な概念」や「複雑なプロセス」の意味を理解・応用し，「原理や一般化」である「見方」と方法論である「考え方」を使いこなすことができる資質・能力をどのように身につけるかという技術の特質をふまえた学習過程のあり方で記述されている。

　一方，具体的な目標(1)～(3)は，技術科で育成をめざす資質・能力の3つの柱で，以下のような趣旨で構成・記述されている。

　(1)の記述は，生きて働く「知識・技能」の習得として，単に「事実的知識」や「個別的スキル」の習得とその定着だけでなく，わかるレベルとして「転移可能な概念」の意味理解および，応用できるレベルとしての「複雑なプロセス」を身につけるため，以下の項目が重視されている[1]。

> ・技術に用いられている科学的な原理・法則の理解
> ・技術を安全・適切に管理・運用できる技能
> ・技術の概念の理解
> ・技術の役割と，生活や社会，環境に与える影響についての理解

　(2)の記述は，未知の状況にも対応できる「思考力・判断力・表現力等」の育成として，課題

**表10-1　2017年版中学校学習指導要領「技術科」の目標**

> 　技術の見方・考え方を働かせ，ものづくりなどの技術に関する実践的・体験的な活動を通して，技術によってよりよい生活や持続可能な社会を構築する資質・能力を次のとおり育成することを目指す。
> (1) 生活や社会で利用されている材料，加工，生物育成，エネルギー変換及び情報の技術についての基礎的な理解を図るとともに，それらに係る技能を身に付け，技術と生活や社会，環境との関わりについて理解を深める。
> (2) 生活や社会の中から技術に関わる問題を見いだして課題を設定し，解決策を構想し，製作図等に表現し，試作等を通じて具体化し，実践を評価・改善するなど，課題を解決する力を養う。
> (3) よりよい生活の実現や持続可能な社会の構築に向けて，適切かつ誠実に技術を工夫し創造しようとする実践的な態度を養う。

解決的な学習を重視し,「原理や一般化」である「見方」と方法論である「考え方」を使いこなし,生活や社会における技術に関わる課題解決の方法論とその資質・能力を身につけるため,以下の項目が重視されている[2]。

- 生活や社会の中から技術に関わる問題を見出し,解決すべき課題を設定する力
- 課題の解決策を条件を踏まえて構想(設計・計画)する力
- 課題の解決策を製作図,流れ図,作業計画表等に表す力
- 試行・試作等を通じて解決策を具体化する力
- 課題の解決結果及び解決過程を評価し改善・修正する力

(3)の記述は,よりよい生活の実現や持続可能な社会の構築に向けて,生活を工夫・創造しようとする実践的な態度を養うため,答えが即座にわからないような問題に直面した際に,聡明に行動できるような態度の傾向性を意味する「知性の習慣(habits of mind)」[3](「心の習慣」,「精神の習慣」と訳される場合もある)の育成をめざし,よりよい生活の実現や持続可能な社会の構築に向けた環境技術の開発・利用を工夫し創造しようとする態度を育むため,以下の項目が重視されている[4]。

- 進んで技術と関わり,主体的に技術を理解し,技能を身に付けようとする態度
- 自分なりの新しい考え方やとらえ方によって,解決策を構想しようとする態度
- 自らの問題解決とその過程を振り返り,改善・修正しようとする態度
- 知的財産を創造・保護・活用しようとする態度,技術に関わる倫理観,他者と協働して粘り強く物事を前に進める態度

## 2 技術科の教育内容と指導内容における主な見直し

技術科の教育内容は,生活や社会においてさまざまな技術が複合して利用・活用されていることから,「材料と加工の技術」,「生物育成の技術」,「エネルギー変換の技術」,「情報の技術」の専門分野における中心的な概念等をベースにした見直しを図った構成がされている。

技術科の指導内容は,技術科で育成をめざす資質・能力と学習過程との関連を見直し,以下の内容で構成されている[5]。

- 技術の仕組みや役割,進展等を,科学的に理解することで,「技術の見方・考え方」に気付き,課題の解決に必要となる知識・技能を習得させる内容(「生活や社会を支える技術」)
- 習得した知識・技能を活用して,生活や社会における技術に関わる問題を解決することで,理解の深化や技能の習熟を図るとともに,技術によって問題を解決できる力や技術を工夫し創造しようとする態度を育成する内容(「技術による問題解決」)
- 自らの問題解決の結果と過程を振り返ることで,身に付けた「技術の見方・考え方」に沿って生活や社会を広く見つめなおす内容(「社会の発展と技術」)

今回の改訂は,単に何かを作るというハウツー的な学習活動ではなく,課題解決的な学習を重視し,技術科固有の「原理や一般化」である「見方」と方法論である「考え方」を使いこなし,社会につながる技術として捉え直し,生活と社会の発展につながる技術全般に共通する課題を見いだし,生徒自身に「技術の本質は,人間生活に役立つために問題を解決すること」にあることに気づかせ,理解させる探究的な学習を求めていると考える(次ページの**表10-2**参照)。

表 10-2　資質・能力を育成する学びの過程

> 技術・家庭科技術分野で育成することを目指す資質・能力は，単に何かをつくるという活動ではなく，「技術の見方・考え方」を働かせつつ，生活や社会における技術に関わる問題を見出して課題を設定し，解決方策が最適なものとなるよう設計・計画し，製作・制作・育成を行い，その解決結果や解決過程を評価・改善するという活動の中で効果的に育成できると考えられる。そこで学習過程を，㋐既存の技術の理解と課題の設定，㋑技術に関する科学的な理解に基づいた設計・計画，㋒課題解決に向けた製作・制作・育成，㋓成果の評価と次の問題の解決の視点と整理することができる。

出典：中央教育審議会「幼稚園，小学校，中学校，高等学校及び特別支援学校の学習指導要領の改善及び必要な方策等について（答申）」2016 年 12 月 21 日。

## 2　技術科における「本質的な問い」と「永続的理解」

### 1　技術科における「見方・考え方」

技術科では，技術ならではの物事を捉える視点や考え方を「技術の見方・考え方」として，「生活や社会における事象を，技術との関わりの視点で捉え，社会からの要求，安全性，環境負荷や経済性等に着目して技術を最適化すること」[6]とされている。

つまり，技術的な課題における解は，ある制約条件のもとでの最適化（最適解）であり，その解は，時間や費用の制約，利用者の特性などの「原理や一般化」である「見方」に影響を受け，唯一ではないということである。特に，最適化（最適解）という技術の方法論である「考え方」は，今現在および将来，技術によって作られる高度技術社会に対して，「技術の生活への影響」，「技術の社会への影響」，「技術の環境への影響」等を理解し，よりよい生活の実現や持続可能な社会を構築するために不可欠な資質・能力であるといえる。

たとえば，よりよい生活の実現や持続可能な社会の構築の前提の一つである安全性は，安心のための必要条件である。しかし，技術の社会への影響には安全性だけでなく，倫理的，社会的，文化的，経済的，政治的および環境面など多種多様な要素があり，性能と費用，安全性と費用などは両立しないことが多くある。つまり，同時には達成できない要因などに対して，折り合いをつけた解決策の方略として，技術の最適化（最適解）を見いだす判断である比較考量（トレード・オフ）という「複雑なプロセス」が必要であろう。比較考量（トレード・オフ）は，よりよい生活の実現や持続可能な社会の構築等のため，社会や生活のなかのさまざまな課題解決を考える際の重要な概念といえよう。

### 2　技術科における「本質的な問い」

最初に，技術科全体を貫く包括的な「本質的な問い」を考えてみよう。たとえば，概念理解（内容）に関する「問い」としては，「技術革新はどのような可能性と課題をもっているのか？」などが考えられる。方法論に関する「問い」としては，「どうすれば技術革新と持続可能な社会を両立できるのか？」などが考えられる。

次に，教育内容（領域）の「本質的な問い」を考えてみよう。たとえば，「材料と加工の技術」における「本質的な問い」の場合，概念理解（内容）に関する「問い」としては，「材料と加工の技術が社会や環境に果たすべき役割と影響は何か？」などが考えられる。方法論に関する「問い」としては，「どうすれば材料と加工の技術が生活や社会，環境によりよい影響を与えるこ

とができるのか？」などが考えられる。

単元の概念理解（内容）に関する「問い」としては，たとえば，「どうすれば木材をうまく利用・活用することができるのか？」などが考えられる。

### 3 技術科における「永続的理解」

そして，この「問い」に対応した「永続的理解」としては，たとえば，「木材は再生可能な材料であり，鉱物資源をある程度代替できるという利点がある。しかし，全体では，製材品，紙の原料，燃料などで，成長量以上に使用されているといわれている。これからは，植林をはじめ，間伐材の有効利用，主伐材の製造・流通などを考え，天然資源の消費を抑え，循環利用を促進し，処分量を減らして環境への負荷を低減するなどを考え，自分の生活に生かすことが重要である。このような生活行動が，生活を安全に快適にするとともに，持続可能な社会を築くことにつながる[7]」などが考えられる。

## 3　技術科におけるパフォーマンス課題の実践例

次に「どうすれば木材をうまく利用・活用することができるのか？」の単元の例で，パフォーマンス課題を考えてみよう。

たとえば，「あなたは，○○市の『環境にやさしいものづくりへの提言！』に発表することになりました。まず，身の回りの生活や社会で使用されている木製品（机やいすなど）から問題点を見つけて，解決すべき課題を設定してください。次に，材料と加工の技術の学習を生かしつつ，木製品を材料，耐久性，環境への負荷などに着目し，条件に適合する最適な製品や利用方法を選択する計画を提言してください」などが考えられる。

最後に，ルーブリックを考えてみよう。まず，「材料と加工の技術における問題解決力」を評価するルーブリックとしては，**表10-3**のよ

表10-3　「材料と加工の技術における問題解決力」を評価するためのルーブリックの例

| レベル | 記述語 |
|---|---|
| A | 身の回りの生活や社会のなかで使用されている木製品を，材料と加工の技術の視点で捉え，持続可能な社会の構築という視点から，解決すべき課題を設定している。その課題について，材料，耐久性，環境への負荷などに着目し，使用目的や使用条件など，評価の観点を設定し，資料を収集し，比較・検討を行い，使用目的や使用条件などに合致する最適な製品や利用方法を選択している。さらに，その成果やそこで得た知識や考え方を生活に生かした計画を提言している。<u>その際，複数の条件を同時に満たすことができない関係に折り合いをつけ，合致する最適な製品や利用方法を選択した計画を提言している。</u> |
| B | 身の回りの生活や社会のなかで使用されている木製品を，材料と加工の技術の視点で捉え，課題を設定している。その課題について，材料，耐久性，環境への負荷などに着目し，資料を収集し，使用目的や使用条件など，おおむね合致する製品や利用方法などの計画を提言している。<u>その際，複数の条件を同時に満たすことができない関係に，おおむね折り合いをつけるような，製品や利用方法を選択している。</u> |
| C | 身の回りの生活や社会のなかで使用されている木製品を，材料と加工の技術の視点で捉えたり，課題を設定することや，材料，耐久性，環境への負荷などに着目したりすることに困難を抱えている。使用目的や使用条件などに，ある程度合致する製品や利用方法を選択する計画を提言している<u>ものの，複数の条件を同時に満たすことができないという関係への着眼が弱い。</u> |

うに作成することが考えられる。

　科学は正解（真理）を求めて探究するものであるのに対し，技術には唯一の正解はなく，複数の要求や条件のもとでの最適解を求める問題解決の探究であり，要求や条件が変われば最適解も変わるといわれている[8]。

　技術の開発や利用・活用の最適化を図るための中心的な「転移可能な概念」である社会的要求，安全性，環境負荷，経済性などは，相反する要求や条件である。これらを同時に満たすことができない関係に折り合いをつけ（トレード・オフ），解決策を見いだし，最適化する必要がある。

　つまり，「技術の本質は，人間生活に役立つために問題を解決すること」であるが，常にトレード・オフを考えなければならない。

　そこで，表10-3のルーブリックの記述語には，相反する要求や条件を，同時に満たすことができない関係に折り合いをつけ（トレード・オフ），解決策を見いだし，最適化するために問題解決力を用いるという観点を織り込んだ（表中の下線部）。この観点については，「生物育成の技術」，「エネルギー変換の技術」，「情報の技術」の領域における類似したパフォーマンス課題のルーブリックについても，適用できるといえよう。

1) 中央教育審議会「幼稚園，小学校，中学校，高等学校及び特別支援学校の学習指導要領等の改善及び必要な方策等について（答申）」2016年12月21日，別添資料11-2。
2) 同上。
3) Wiggins, G. & McTighe, J., *Understanding by Design*, ASCD, 1998/2005, G.ウィギンズ，J.マクタイ（西岡加名恵訳）『理解をもたらすカリキュラム設計』日本標準，2012年，p. viii。
4) 中央教育審議会，前掲「答申」別添資料11-2。
5) 中央教育審議会，前掲「答申」。
6) 同上。
7) 『新しい技術・家庭（技術分野）』中学校技術・家庭科用　文部科学省検定済教科書2，東京書籍　家庭721，p. 87を参考に筆者が作成。
8) 科学技術振興機構「技術専門部会報告書」，2007年10月，p. 36を参照。
www.jst.go.jp/csc/science4All/member/download/report1-gijyutu.pdf

表10-4 技術科における「本質的な問い」と「永続的理解」，およびパフォーマンス課題の例

**技術科における内容・方法論に関する包括的な「本質的な問い」**
〔内容〕技術革新は，どのような可能性と課題をもっているのか？
〔方法論〕どうすれば技術革新と持続可能な社会の構築を両立できるのか？

| 領域 | | | 生物育成の技術 | エネルギー変換の技術 |
|---|---|---|---|---|
| 領域の「本質的な問い」 | | | 〔内容〕生物を育てる技術が生活や社会，環境に対して果たすべき役割や与える影響は何か？<br>〔方法論〕どうすれば生物を育てる技術が生活や社会，環境によりよい影響を与えられるのか？ | 〔内容〕持続可能な社会の構築のためのエネルギーの有効利用とは，どのようなものか？<br>〔方法論〕どうすれば持続可能な社会を構築するためにエネルギーの有効利用ができるのか？ |
| 中学校 | 単元の「本質的な問い」 | | どうすれば食料生産に関わる生物育成技術と環境との良好なバランス関係を構築できるのか？ | どうすれば家庭用電気機械器具（以下，家電製品）のエネルギーを有効利用できるのか？ |
| | 単元の「永続的理解」 | | 一般の農家による露地栽培では，コストが安く，連作障害が出る作物でも場所が変えられるが，播種から収穫まで人手を多くかけ，収穫までは気象，環境，生物要因に大きく左右される。一方，近年注目されている植物工場では，日照時間や温度管理がコンピューターで制御された施設内で必要な肥料を必要な分だけ与えられ，人手もかからず，生産の一貫性や無農薬栽培などが可能だが，建設費と維持管理費，管理費用，運用コストなどが高い。今後，これらを比較検討し，社会的，環境的，経済的側面などに着目し，生物育成に関する技術の課題を明確にし，適切な解決策を見いだすことが重要である。 | 現在，技術の進歩により，さまざまな家電製品が開発され，私たちの生活は以前よりも快適になったが，家電製品は大量生産，大量消費され続けている。そこで，家電製品のエネルギーを有効活用するためには，まず，生活で使用している家電製品について，エネルギー変換の技術との関わりの視点で捉えて問題点を見いだし，解決すべき課題を設定することが必要である。次に，その課題について，安全性，出力，変換の効率，環境負荷や省エネルギー，経済性などに着目し，環境にやさしいエネルギー利用について考え，適切な解決策を実現するような計画・実践することが重要である。 |
| | 課題例 | | あなたは，露地栽培と植物工場を比較検討するために，1学期間，リーフレタスのプランター栽培とペットボトルを利用した養液栽培を行ってきました。そこで，露地栽培と植物工場のメリットとデメリットを比較・分析し，生物育成の技術との関わりから，解決すべき課題を設定してください。次に，生物育成技術が，社会的，環境的，経済的側面などに，どのような影響を与えているかなどの現状を分析し，将来，食料生産に関わる生物育成技術と環境の良好なバランス関係を図る解決策を提案してください[1]。 | あなたは，「未来に向けた，わが家の省エネ」と題した壁新聞を作ることになりました。まず，日常，家族が使っている家電製品とその使用状況を振り返り，環境にやさしいエネルギー利用という視点から，改善すべき問題点を見つけてください。次に，エネルギー資源の枯渇や地球温暖化などをふまえて，エネルギーをより有効活用するため，一人ひとりができる，家電製品の使用方法を計画し，実践してください。そのうえで，その成果と課題について，壁新聞で報告してください[2]。 |

[1] 第2学年 技術・家庭科（技術分野）学習指導案，2014年10月21日，（当時）島根県美郷町立大和中学校，立木光史先生，「題材名 生物育成に関する技術」を参考に筆者が作成。www.pref.shimane.lg.jp/education/kyoiku/kikan/matsue_ec/kyouiku_jhouhou/gakushushidouan_leader/gijutsu_sidoan.data/05_C.pdf

[2] 『新しい技術・家庭（技術分野）』中学校技術・家庭科用 文部科学省検定済教科書2，東京書籍 家庭721，pp. 142-147を参考に筆者が作成。

# 第11章 体育・保健体育科

[小学校／中学校]

徳島祐彌

## 1　2017年版学習指導要領「体育・保健体育科」における主な変更点

　2017年版学習指導要領において，体育科（保健体育科）はどのように変わるのだろうか。以下では，(1) 豊かなスポーツライフの重視，(2)「知識・技能」と「思考・判断・表現」の重視の2点を確認したうえで，(3) 予想される影響と危惧される点について検討しよう。

### 1　豊かなスポーツライフの重視

　2017年版学習指導要領（小学校・中学校）では，「目標」が「運動に親しむ資質や能力」から「豊かなスポーツライフを実現するための資質・能力」へと変更され，明確に「スポーツライフ」の文言が取り入れられた。これは，これまでの「生涯スポーツ」重視がよりいっそう推進されたものとみてよいだろう。

　「豊かなスポーツライフ」に関連する変更点として，次の3点が確認できる。1点目は，オリンピック・パラリンピックの指導が詳述されたことである。2点目は，中学校1〜2年の「体育理論」において，「［スポーツを］行うこと，見ること，支えること」の観点に「知ること」が加わったことである。3点目は，中学校の「武道」において，「柔道，剣道，相撲」だけでなく「空手道，なぎなた，弓道，合気道，少林寺拳法，銃剣道」などの多様なスポーツの具体例が示されていることである。

　スポーツ文化との多様な関わりとともに，オリンピック・パラリンピックを含めたスポーツの意義や価値に関する指導が求められている[1]。今後も，学校を超えた世界的なスポーツ文化や，卒業以降のスポーツライフを扱うことが求められるであろう。

　これら「豊かなスポーツライフ」の実現に関連した目標・内容の変更に加えて，小学校では「運動領域と保健領域との関連」が，中学校では体育分野と保健分野の相互の関連が求められている。これは，カリキュラム・マネジメント推進の一環であるとともに，生涯にわたって身体（運動や健康）の課題と向き合う力の育成を重視するものと考えられよう。

### 2　「知識・技能」と「思考・判断・表現」

　2017年の改訂では，各教科の目標が「知識及び技能」，「思考力，判断力，表現力等」，「学びに向かう力，人間性等」の3点で整理された。これに伴い，体育科では「『その特性に応じた各種の運動の行い方』という『知識』の理解と，『基本的な動きや技能を身に付ける』ことがセットで示された」[2]ことが重要事項とされている。従来「技能（できること）」が単体で示されていたのに対し，「知識（わかること）」をセットにすることで，知識と技能をともに高めることが求められているのである。この傾向は，たとえば保健領域の「心の健康」において「簡単な対処をすること」が付け加えられたように，保健領域（分野）でも見られる。

知識と技能を1つの柱とした一方で，2017年の改訂では「思考力，判断力，表現力等」である「運動や健康についての自己の課題を見付け，その解決に向けて思考し判断するとともに，他者に伝える力を養う」（小学校）ことが新たな柱となっている。たとえば，「体つくり運動」や「器械運動」など多くの運動において，自己（や他者）の課題を見つけることや，自己や仲間の考えを他者に伝えることが示されることとなった。今回の改訂では，「思考力，判断力，表現力等」の育成が求められており，子どもたちが運動・スポーツの問題を仲間と協働して考えることが重要な活動となっている[3]。

　このように，知識と技能をセットで学習することと，自ら課題に取り組み表現することが重視されている。これらの3つの柱の育成に関連しては，「言語活動」の充実や情報手段の活用，具体的な体験の促進が求められている。

### 3 予想される影響と危惧される点

　2017年版の学習指導要領においては，豊かなスポーツライフや心身の健康のために，子どもたちが自ら身体（運動や健康）に関する課題について考え，他者と協働することが重視されている。そこで想定されるのは，タブレット端末などを駆使してとび箱の技術やサッカーの戦術をグループで話し合うような授業や，バレーボールの単元においてオリンピックや健康的な運動量を関連づけるような授業である。

　このような授業は，子どもたちが自ら心身の問題に取り組む学習のために重要であろう。しかし，そこでは子どもたちの考える活動が形骸化してしまい，学びが深まらないことが危惧される。スペースを探して動くという作戦をチームで話し合っても，どこのスペースに動くことが課題なのかを教師も子どもも把握していないために，試合では思いつきの動きで終わるかもしれない。また，オリンピックや運動量の学習についても，子どもたちが生活のなかで，オリンピックの持つ影響力や，運動不足のつらさをわかっていなければ，形式的なレポートの提出で終わるかもしれない。

　これら学びの深まりがない授業は，単元の目的を教師が十分に考えていないことが一つの原因となっている。このような授業や単元に陥らないために，子どもたちに探究させたい「問い」，至らせたい「理解」，それらを生み出す「課題」を事前に熟考することが重要である。

## 2　体育科における「本質的な問い」と「永続的理解」

　体育科の「見方・考え方」は，「運動やスポーツを，その価値や特性に着目して，楽しさや喜びとともに体力の向上に果たす役割の視点から捉え，自己の適性等に応じた『する・みる・支える・知る』の多様な関わり方と関連付けること」[4]とされている。この「見方・考え方」は楽しさや喜びといった運動の価値を知るとともに，体力といった側面への効果も理解しており，そのうえで自分なりの関わり方ができることを示している。ここでは，この「見方・考え方」を参照しつつ，「本質的な問い」と「永続的理解」を設定しよう。

　体育科における「本質的な問い」として，北原琢也氏は「生涯にわたって，バランスのとれた健康的な生き方をするにはどうすればよいか」[5]を提案している。この提案を引き継ぎつつ，筆者は体育（運動）と保健を区別したうえで，体育の「本質的な問い」を「運動をすることの意味とは何か？」という内容面と，「運動技能を獲得するためにはどうすればよいか？」とい

う方法面の二軸で捉えることを提案したい（130〜135ページの**表11-1, 11-2**）[6]。保健は,「健康とは何か？」と「健康になるにはどうすればよいか？」と設定できよう。

この「本質的な問い」は, 概念理解を尋ねるものと方法論を尋ねるもの（第Ⅰ部を参照）で構成されている。「運動とは何か？」ではなく「運動することの意味とは何か？」としたのは, 単に座学で概念だけを理解するのではなく, 実際に動くなかで得られた感覚をふまえて運動について理解することを重視したためである（ただし, それぞれの単元では使いやすさを考慮して「〜とは何か？」としている）。方法論については, 自分なりの動きの獲得について探究を促すことを意図している。

また, それらに対応する「永続的理解」として, 内容面は「運動とは, 健康をもたらす効果がある一方で, 環境と他者に身体的に働きかけながら, 自己を表現したりおもしろさを味わったりするものである。スポーツ文化に対しては,『する・みる・支える・知る』という多様な関わり方がある」とした。また, 方法面は「運動技能を獲得するためには, 必要な体力（筋力,柔軟性など）を備えたうえで, 反復練習によって基本的な技の感覚を身につけるとともに, 自身の動きを振り返ったり, 試合場面のなかで技を洗練するとよい」と設定している[7]。

この「永続的理解」に至ったとき, 次のようなパフォーマンスが想定される。新たな運動やスポーツに出合ったときに, その技能を獲得したり, そのルールでうまくプレーしたりするための自分なりの方法をもっている。また, その運動・スポーツが自分の心身についてどのような影響を与えるのか, 主観的・客観的な側面から把握し, 説明することができる。さらに, そのスポーツのおもしろさを, 他者と共有することができる。これらのパフォーマンスをできることが, 生涯のスポーツライフにつながっていくと考えられよう。

以上の「本質的な問い」と「永続的理解」, およびこれまでの実践の蓄積をふまえて, **表11-1, 11-2**を作成した。ここでの領域は,「体つくり運動」とその他の運動領域（体育分野）, そして保健領域（分野）の3つに区別している。それぞれの領域において, 学年を経るごとに理解が深まっていくことを想定している。

## 3 体育科におけるパフォーマンス課題の実践例

ここでは, 中学校第1学年体育分野の「球技（バスケットボール）」での実践例と, 小学校第5学年保健領域の「けがの防止」での実践例から, 体育科の「見方・考え方」を育てる単元のあり方について検討しよう。

### 1 パフォーマンス課題「ヒーローインタビューに答えよう！」の実践

まずは, 中学校第1学年体育分野の「球技（バスケットボール）」での実践例である。（実践者は愛媛大学教育学部附属中学校の古澤龍也先生）。この実践では, 事前アンケートにて「シュートが決まったときが一番楽しい」や「仲間と協力し, パスをつないでゴールをめざすところがおもしろい」との回答があったことをふまえて, オフェンスをうまくなることに重点を置いた単元を計画している。特に, ドリブルやシュートなどボールを使った動きだけでなく, ボールを持たないときの動き（カットイン, スクリーン）の技術を教えることを意図している。

この実践では, **資料11-1**のように「逆向き設計」のテンプレートを活用して単元が設計

## 資料11-1 「逆向き設計」のテンプレートでの指導計画

| 第1段階：求められている結果 | |
|---|---|
| 本単元における設定されている目標： 【G】goals<br>(a) 研究テーマに対して：<br>基本的技能を高め，仲間と連携した空間に走り込む動きでゴール付近での攻防を展開し，勝敗を競う楽しさを味わうことができる。<br>(b) 「論理的に思考し表現する力」に対して：<br>・基本的技能を身につけるために，技能のポイントやコツをチームの仲間と伝え合うことができる。<br>・意図的な攻撃を展開するために，互いに意見を出し合い，共に考え，チームに合った戦術を探ることができる。 | |
| 理解 【U】understanding<br>得点を奪うためには，シュート技能を身につけ，その精度を高める必要がある。そして正確なパス・ドリブルなどのボール操作や，ボールを持たない人が空間に走り込んだり，空間を作り出したりするなど，意図的にシュートチャンスを作ることでチームとしての得点の可能性が上がる。また，意図的に攻撃をするためには，チームの仲間が互いの考えを伝え合うなかでよりよい方法を探り，戦術を共有して，与えられた役割を果たしながら連携して動くことが大切である。 | 本質的な問い 【Q】questions<br>相手チームからより多く，より確実に得点するためにはどうすればよいか？ |
| 生徒は次のことができるようになる 【S】skills<br>(a)<br>・パスキャッチ，ドリブル，シュートなどゲームを展開するうえで必要な基本的技能を身につけることができる。<br>・ボールを持たないときの動き（カットインプレー，スクリーンプレー）を理解し，身につけることができる。<br>・チームで戦術を探りながら，意図的に攻撃することでゲームの楽しさを味わうことができる。<br>(b)<br>・仲間の動きを見て，基本的技能のポイントやコツを伝え合い，チーム全員が技能を定着させたり，技能を高めたりするような学び合い・高め合いができる。<br>・チームのメンバーそれぞれが既習の技能や知識を生かして，意図的に攻撃するための方法を考えることができる。またそれを互いに伝え合い，チームとして最善の戦術を探り，実践に移そうとすることができる。 | 生徒は次のことを知る 【K】knowledge<br>・パスの種類（チェストパス・サイドハンドパス・ショルダーパス）とパスの使い分け（ストレート・バウンド・フロート）<br>・キャッチの構え（手のひらを相手に向ける，勢いを殺す）<br>・ドリブルのポイント<br>・シュートの種類（セットシュート，ジャンプシュート，ランニングシュート）とポイント<br>・1対1の守り方<br>・インサイドカットとアウトサイドカット，スクリーンプレーの仕方<br>・ゴール型球技におけるゴール前での攻防の展開方法 |

| 第2段階：評価のための証拠 | |
|---|---|
| パフォーマンス課題 【T】tasks<br>(a) に対して<br>・4対4のゲーム（ハーフコート）をします。試合をするうえで意識することは，学習したことを生かして全員が連携して動くこと，そして相手に勝つこと，この2つです。チームの仲間と協力してゲームを展開してください。<br>・ヒーローインタビューに答えよう！ | 他の根拠 【OE】other evidence<br>(a) に対して　　　　(b) に対して<br>・ワークシート　　　・観察<br>・技能の観察　　　　・ワークシート<br>・他者評価 |

| 第3段階：学習計画 |
|---|
| 1　　　　オリエンテーション，ボールハンドリングなどボールに慣れるための運動<br>2　　　　レディネスチェック（チーム分け），2人組でのパス練習<br>3〜4　　基本的技能の習得に向けた練習（セットシュート・ジャンプシュート・ランニングシュート）をする<br>5　　　　基本的技能の習得に向けた練習（パスを受けてからのシュート練習，ドリブルやランパスからのシュート練習）をする<br>6　　　　試しのゲーム①（4対4オールコート）<br>7〜8　　ボールを持たないときの動きを習得するための練習（カットインプレー・スクリーンプレー）をする<br>9　　　　試しのゲーム②<br>10〜11　スペースを有効に活用して攻撃をしよう<br>12〜15　リーグ戦をしよう |

出典：京都大学大学院教育学研究科 E.FORUM『「スタンダード作り」基礎資料集（第2集）』2017年，p. 184 をもとに，筆者が一部省略・加筆修正して作成。なお，テンプレートについては，G. ウィギンズ，J. マクタイ（西岡加名恵訳）『理解をもたらすカリキュラム設計』日本標準，2012年，p. 27 を参照。

されている。単元を通した目標として，基本的技能を高めることや，仲間と連携して攻防を展開すること，チームで協力して戦術を考えることなどが挙げられている。それらを達成するための「本質的な問い」として「相手チームからより多く，より確実に得点するためにはどうすればよいか？」が設定され，単元を通して子どもたちに点を取る方法を考えさせていった。また，対応する「永続的理解」としては，基礎的な技能を身につけつつも，ボールを持っていないときの動きや，チームで戦術を共有する重要性が挙げられている。このように，この実践では求める成果を「理解」，「問い」，「技能」，「知識」に整理して事前に設定している[8]。

パフォーマンス課題としては，12〜15時間目にかけての4対4のゲームをすることと，「ヒーローインタビューに答えよう！」というワークシートに回答することが設定されている。このワークシートは，リーグ戦が終わった後に，シュートを決めるためのポイント，スペースを有効に活用するために必要なこと，試合を振り返ってのベストプレー，チームプレーのために意識したことをインタビュアーに答える形で説明するものである。

**資料11-2**は，実際に4対4のリーグ戦に取り組み，その後に提出された生徒のワークシートである。この生徒は，「シュートを決めるためのポイント」として「横からのシュートや正面からのシュートは少し手前に放つことを意識したらよい」という自分なりの理解を示している。また，「あなたが考えるベストプレー」については，フェイクとパスで点を取った場面での動きを，図と文章でわかりやすく説明している。最後に，連携プレーで大切なこととして「やはり声を出すことです」と話し，練習の三角パスから意識する大切さを説明している。

この実践では，**資料11-1**の第2段階で示さ

**資料11-2　生徒の作品例**

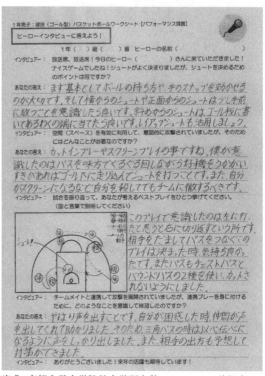

出典：京都大学大学院教育学研究科 E.FORUM, 前掲書, p.183 より引用。

れているように，それぞれの成果をみる方法として，パフォーマンス課題での評価と観察での評価，他者評価を区別している。特に技能面については，個人で身につける技能（a）と，自分の考えを他者と共有する技能（b）を区別し，パフォーマンス課題を用いて評価するのか，観察で評価するのかを事前に整理している。「永続的理解」や複雑な技能についてはパフォーマンス課題（ワークシート）で，基礎技能については観察で評価するといった具合である。

観察での評価と，パフォーマンス課題を用いた評価において，測る対象を区別することは生徒の学力の質の違いをみとることにつながっている。たとえば，**資料11-2**の生徒は，観察で評価したときの技能面ではB評価であった。しかしながら，このワークシートでは授業で学んだ内容を適切に説明しており，一番よいA

評価となっている。一方で，これまでのバスケットボールの経験から技能面ではA評価であった生徒でも，ワークシートでは十分に回答できておらずB評価となる生徒もいた。

この実践から，次の2つの点を学ぶことができよう。1点目は，事前に（テンプレートを活用して）成果や評価方法を明確にし，それらに即して単元展開を設計していることである。「永続的理解」を記述することによって子どもたちに養いたい「見方・考え方」を明確にしたり，評価方法を組み合わせて技能面と総合的な力の評価を区別したりしている。これら事前の単元設計が，技能面だけでなく体育科の総合的な学力を育てることにつながっている。

2点目は，単元を通して子どもたちに問わせたい「本質的な問い」の設定と，パフォーマンス課題を設計していることである。単元の「本質的な問い」を提示することによって，基本的技能を練習する時間であったとしても，子どもたちは目的をもって練習に取り組むことができるようになる。そして，その考えたことをパフォーマンス課題のゲームとヒーローインタビューにおいて発揮するのである。このような「問い」と「課題」を設定することは，子どもたちが実際のスポーツ選手のように思考したり実演したりすることを促すであろう。

### 2 パフォーマンス課題「NHK放送局への安全な行き方を教えてあげよう！」の実践

次に紹介するのは，小学校第5学年保健領域「けがの防止」での実践である（実践者は仙台市立立町小学校の岩田礼子先生で，保健5時間，学活2時間の計7時間で実践された）。この単元では，「けがの防止」についての科学的な根拠（人的要因や環境要因）について知り，未然にけがを防止するとともに，負傷したときの応急処置を学ぶことが主な内容となっている。

この実践では，**資料11-3**（128ページ）のように「本質的な問い」，「永続的理解」，パフォーマンス課題が設定されている。「本質的な問い」には「どうして，けがは起こるのだろうか？」が設定されており，子どもたちがけがの原因や応急処置について考えることが意図されている。また「永続的理解」としては，人の行動や環境によって発生するけがの防止や，けがが悪化するのを防ぐ方法についての理解が示されている。

この実践のパフォーマンス課題は，保健の授業後の学級活動2時間を使って行われた。課題は，各グループが安全係になって，身の回りの道路にある危険な場所や，けがをした場合の応急処置などを説明するというものである。立町小学校の5年生が実際にNHK放送局まで歩いた道のりを扱っており，かつ下級生の4年生にわかりやすく説明するという場面が設定されている。子どもたちは，本単元で学習した内容と，実際に自分たちがNHK放送局に行ったときの経験とを重ね合わせながら，「けがの防止」についての紙芝居や劇を作成した。

**資料11-4**（128ページ）は，あるグループが作成した紙芝居である。NHK放送局に行く途中にある車の交通量が多い道路に注意を促し，左右を確認する大切さを説明している。また，膝をすりむいたときには水で汚れを洗ったり，絆創膏をはったりして応急処置をすることが説明されている。最後に，けがの原因と手当てについての「おさらいクイズ」をするという工夫がなされている。この紙芝居での説明を通して，子どもたちが身の回りにある危険を言葉やイラストで理解している様子がうかがえる。

子どもたちの作品と発表は，**資料11-5**（129ページ）のルーブリックで採点された。「おおむね満足できる」のレベルBは，ルールを守ることや，危険の予測が事故防止につながるこ

資料11-3　単元「けがの防止」での「本質的な問い」と「永続的理解」, およびパフォーマンス課題

| 【永続的理解】 | 【本質的な問い】 |
|---|---|
| けがは，人の行動や環境が関わって発生する。けがを防止するには，周囲の危険に気づき，的確な判断の下に安全に行動し，環境を整えるとよい。けがの悪化を防ぐには，状況を速やかに把握して処置し，近くの大人に知らせるとよい。 | どうして，けがは起こるのだろうか？ |

| 【パフォーマンス課題】 |
|---|
| あなたのグループの仕事は，安全係です。新5年生が安全にNHK放送局で学習できるように，けがの防止について，教えてください。<br>けがの防止の内容には，次のことを入れてください。<br>①身の回りにひそむ危険について　②事故やけがが起こる原因とその対策について<br>③けがをしたときの手当について<br>4年生が理解しやすい伝え方にするための方法をグループで話し合ってください。たとえば，ポスターや紙芝居の作成や劇など，工夫してください。 |

出典：岩田礼子先生ご提供の資料をもとに，筆者が一部加筆修正して作成。

資料11-4　子ども（グループ）の作品例

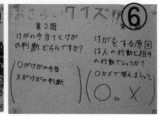

出典：岩田礼子先生ご提供。各番号は，紙芝居の順番を示している。

となど最低限教えたい内容が作品のなかに表れているかどうかが基準となっている。その上のレベルAは，校外学習の時だけでなく普段からけがの防止に気をつけることと，NHK放送局へ行く途中にある大きな交差点での注意を説明していることの2点が付け足されている。このルーブリックに照らして，**資料11-4**のグループの紙芝居と発表は，危険な場所や状況を的確に示しており，けがの応急処置など普段から心がけるべきことも示していることからレベルAとなった（この作品はクラスで最もよい評価を受け，実際に4年生の前で発表された）。

この実践から，保健のパフォーマンス課題を考えるにあたって重要な点を2つ確認しよう。1点目は，実際に通ったことのある道路を素材として，パフォーマンス課題を作成していることである。それによって，子どもたちは学んだ内容を活用してあらためて日常生活の場面を捉

え直していき，保健の「見方・考え方」を養っていったといえよう。

2点目は，単にノートにまとめるのではなく，4年生に説明するという場面を設定していることである。下級生に説明するためには，自分の理解を整理し直して，わかりやすい言葉で言いかえたり，絵や写真を使って視覚的に説明したりしなければならない。このような活動が，学習した知識や技能を総合する場面を生み出し，より深い学びにつながると考えられよう。

**資料11-5　パフォーマンス課題「けがの防止」のルーブリック**

| レベル | 記述語 |
|---|---|
| A<br>十分満足できる | Bの評価規準の内容にさらに以下の内容が加わっている。<br>・校外学習のときだけでなく，普段から事故やけがの防止に注意して生活する必要があることを説明している。<br>・大きな交差点での歩行者の安全な行動，車の死角，危険な自転車の乗り方についても触れて説明している。 |
| B<br>おおむね満足できる | ・交通ルールだけではなく生活のなかでもルールを守り，危険を予測し，事故を防ぐための対策を考えることが大切であることを説明している。<br>・危険を予測し，状況を的確に判断し，安全な行動を行うことが，事故防止につながることを説明している。<br>・4年生に教える際に自分ができる役割を果たしている。 |
| C<br>支援を必要とする | ・危険の予測ができず，事故やけがを防止する対策を立てることができない。<br>・グループでの活動に参加できず，4年生に教える際に役割がなく，参加できない。 |

出典：岩田礼子先生ご提供の資料をもとに，筆者が加筆修正して作成。

## 4　おわりに

本章で紹介した2つの実践は，ともに「永続的理解」として体育科の「見方・考え方」を育成するような実践である。これらの実践は，「本質的な問い」と「永続的理解」，およびパフォーマンス課題を事前に設定することで，形骸化に陥らずに学習を深めることができている。これら先駆的な実践に学びつつ，体育科の「見方・考え方」を育成することが重要といえよう。

1) 宮崎明世「スポーツの意義や価値の理解」『楽しい体育の授業』編集部編『平成29年版 学習指導要領改訂のポイント　小学校・中学校　体育・保健体育』明治図書，2017年，pp. 32-35 を参照。
2) 木原成一郎「『できる』と『わかる』を大切にしてきた，これまでの体育と保健の授業実践に学ぼう」水原克敏編著『新小学校学習指導要領改訂のポイント』日本標準，2017年，pp. 84-85。
3) 梅澤秋久「体育学習における『共生』を考える」『体育科教育』2017年10月号，大修館書店，pp. 33-35 を参照。
4) 文部科学省『小学校学習指導要領（平成29年告示）解説　体育編』東洋館，2018年，p. 18。
5) 北原琢也「『E.FORUMスタンダード』の改訂に向けて（体育科・保健体育科）」京都大学大学院教育学研究科『E.FORUM全国スクールリーダー育成研修　平成27年度　成果報告書』2016年，p. 210，p. 214 を参照。
6) この「本質的な問い」については，徳島祐彌「体育科アクティブ・ラーニング」西岡加名恵編著『「資質・能力」を育てるパフォーマンス評価』明治図書，2016年，p. 85 を参照。
7) 同上書を参照。体育科の「見方・考え方」も参考にしている。
8) なお，古澤龍也先生の実践では，「思考力・判断力・表現力」に相当するものは，「技能（b）」（および「永続的理解」）という形で表している。

表 11-1　体育科における「本質的な問い」と「永続的理解」，およびパフォーマンス課題の例[1]（小学校）

| 領域 | | 体つくり運動 | 器械運動，走・跳の運動 | |
|---|---|---|---|---|
| 領域の「本質的な問い」 | | 体つくり運動をする意味とは何か？ 体つくりに必要な技能を獲得するにはどうすればよいか？ | 運動・スポーツをする意味とは何か？ 各運動・スポーツの技能を獲得するにはどうすればよいか？ | |
| 小学校第1〜2学年 | 「本質的な問い」 | 〔体つくりの運動遊び〕<br>体はどのように動くのか？ どうすれば，気持ちよく動くことができるのか？ | 〔走・跳の運動遊び〕<br>走る・跳ぶとはどのような動きなのか？ どうすれば，うまく走る・跳ぶ遊びをできるのか？ | |
| | 「永続的理解」 | 体は，立ったり，跳んだり，歩いたり，走ったりといった動きをすることができる。気持ちよく動くためには，うまくバランスを取ったり，うまく用具を操作したりしながら，心や体の変化を意識しつつ，友達と仲良く協力して動くとよい。 | 走る・跳ぶ動きとは，いろいろなレーンを走ったり，リズムよく跳んだりする動きである。走る・跳ぶ遊びをうまくなるためには，走り方を工夫したり，リズムに合わせた動きを繰り返したりしながら，友達と協力して練習するとよい。 | |
| | 課題例 | 〔体ほぐしの運動遊び〕<br>自分たちが学習したそれぞれの体ほぐし運動のなかで，体を動かす楽しさや心地よさを味わった動きを見つけて発表しましょう。 | 〔走の運動遊び〕[2]<br>4人グループで，40mを走るリレーを競いましょう。グループで走る順番を決めてください。次の人に必ずタッチすることが条件です。 | |
| 小学校第2〜3学年 | 「本質的な問い」 | 〔体つくりの運動遊び・体つくり運動〕<br>体はどのように動くのか？ どうすれば動きの質を高めることができるのか？ | 〔器械・器具を使っての運動遊び・器械運動〕<br>器械・器具を使った運動とは何か？ どうすればうまく技を行うことができるのか？ | |
| | 「永続的理解」 | 体の動きは，バランスや用具の操作に関連して変化するものである。動きの質を高めるためには，体のバランスを保ったり，用具をうまく使ったりできるように練習するとよい。また，友達のよい動きを見つけて，自分の運動に取り入れるとよい。 | 器械・器具を使った運動とは，鉄棒やマットを使って，回転や倒立，跳び越す技を高める運動である。うまく技を行うためには，自分の力にあった基本的な技を繰り返し練習し，段階的に新たな技に挑戦するとよい。 | |
| | 課題例 | 〔体ほぐしの運動〕<br>自分たちが学習したそれぞれの運動のなかで，体を動かす楽しさや心地よさを味わった運動が2つ以上組み合わさった運動を見つけて実演しましょう。 | 〔鉄棒を使った運動遊び：2年生〕<br>鉄棒を使った運動遊びには，どのようなものがあるかを発表しましょう。また，友達の動きのなかでよい動きを見つけたら，それも発表しましょう。 | |

1) 表11-1, 表11-2における領域の大枠や「本質的な問い」，「永続的理解」，パフォーマンス課題例は，北原琢也「『E.FORUMスタンダード』の改訂に向けて（体育科・保健体育科）」京都大学大学院教育学研究科『E.FORUM全国スクールリーダー育成研修 平成27年度 成果報告書』2016年，pp. 214-217ならびに徳島祐彌「体育科アクティブ・ラーニング」西岡加名恵編著『「資質・能力」を育てるパフォーマンス評価』明治図書，2016年，pp. 86-87を参照した。なお，「永続的理解」については，文部科学省『小学校学習指導要領（平成29年告示）解説 体育編』東洋館，2018年と，文部科学省『中学校学習指導要領（平成29年告示）解説 保健体育編』東山書房，2018年も参照した。
2) 森脇逸朗先生作成，北原琢也氏修正の課題をもとに，筆者が加筆修正して作成した。森脇先生の提案については，京都大学大学院教育学研究科 E.FORUM『「スタンダード作り」基礎資料集』2010年，p. 183を参照。

| 水泳運動，表現運動 | ゲーム |
|---|---|
| 運動・スポーツをする意味とは何か？ 各運動・スポーツの技能を獲得するにはどうすればよいか？ | 運動・スポーツをする意味とは何か？ 各運動・スポーツの技能を獲得するにはどうすればよいか？ |
| 〔表現リズム遊び〕<br>表現やリズムの動きとは何か？ どうすれば体で表現したり，リズムにのったりできるのか？ | 〔ボールゲーム〕<br>ボールゲームとは何か？ どうすればよりよくプレーし，相手に勝つことができるのか？ |
| 表現やリズムの動きとは，身近な題材の特徴を動きで表現したり，リズムの音楽にのって踊ったりして楽しむものである。表現の動きをするためには，いろいろな題材の様子をとらえて，そのものになりきるとよい。リズムの動きをするには，音楽に合わせて身体全体を使って踊りをするとよい。 | ボールゲームとは，体を動かしてボールを操作し，ボールを的に当てたり，回したり，相手の陣地に送り返したりして勝負する遊びである。ボールゲームをうまく行うためには，ボール操作や動きを身につけ，相手が攻めたり守ったりしにくいようにボールを運ぶとよい。また，みんなでゲームのルールを話し合い，全員が楽しめるように工夫するとよい。 |
| 〔表現遊び〕<br>身近な生き物の様子や特徴をとらえて，「○○が△△しているところ」のように，全身を使って表現した動きを発表しましょう。 | 今までの学習を活かして，3人対3人のサッカーゲームをしましょう。ルールやマナーなどは，話し合って自分たちで決め，全員が楽しめるように工夫しましょう。 |
| 〔水遊び・水泳運動〕<br>泳ぐ運動とは何か？ どうすればうまく泳ぐことができるのか？ | 〔ネット型ゲーム：3年生〕<br>ネット型ゲームとは何か？ どうすればよりよくプレーし，相手に勝つことができるのか？ |
| 泳ぐこと（浮いて進むこと）とは，け伸びをしたり，浮いて呼吸をしたりしながら，手足を動かして進むことである。泳ぐためには，まず水に慣れ，陸上での動きとの違いを知ることが必要である。うまく泳ぐためには，水中での呼吸の仕方を身につけるとともに，水中での効率のよい手足の動かし方を身につけるとよい。 | ネット型ゲームとは，自陣でボールを落とさない（複数回バウンドさせない）ようにしつつ，相手にボールを返して勝負するものである。ネット型ゲームで勝つためには，ボールの落下点やボールを操作しやすい位置に身体を移動し，さまざまな高さのボールを片手または両手ではじいたり，打ち付けたりして相手コートに正確に返球するとよい。 |
| 〔水泳運動：3年生〕<br>プールの中を浮いて進んだり，もぐって浮いたりする技を組み合わせて，自分の泳ぎを発表しましょう。また，自分が考えた泳ぐ練習の仕方をみんなに教えてあげましょう。 | ソフトバレーボールのゲームをしましょう。ただし，必ず1度はボールをつないでから返すというルールで行います。それぞれのチームで作戦を考えて練習し，ゲームで使ってみましょう。 |

［132 - 133 ページ］
3）森脇逸朗先生作成，北原琢也氏修正の課題を，筆者が一部改訂して作成。
4）ボール運動の「本質的な問い」と「永続的理解」，およびフラッグフットボールの課題例は，坂田行平先生ご提供の資料をもとに筆者が作成。坂田先生の実践は，京都大学大学院教育学研究科 E.FORUM『「スタンダード作り」基礎資料集（第2集）』2017年，pp. 173-176 を参照。
5）岩田礼子先生ご提供の実践をもとに筆者が作成。
［134 ページ　表 11-2］
1）バスケットボールの「永続的理解」と課題例は，古澤龍也先生ご提供の資料をもとに筆者が作成。『「スタンダード作り」基礎資料集（第2集）』，pp. 181-184 を参照。
2）跳び箱運動の「永続的理解」と課題例は，坪内道広先生ご提供の資料をもとに筆者が作成。同上書，pp. 185-188 を参照。

表11-1 体育科における「本質的な問い」と「永続的理解」，およびパフォーマンス課題の例（小学校・つづき）

| 領域 | | 体つくり運動 | 器械運動，陸上運動 |
|---|---|---|---|
| 領域の「本質的な問い」 | | 体つくり運動をする意味とは何か？ 体つくりに必要な技能を獲得するにはどうすればよいか？ | 運動・スポーツをする意味とは何か？ 各運動・スポーツの技能を獲得するにはどうすればよいか？ |
| 小学校第4～5学年 | 「本質的な問い」 | 〔体つくり運動〕<br>体はどのように動くのか？ どうすれば，多様な動きをすることができるのか？ | 〔器械運動〕<br>器械運動とは何か？ どうすれば器具を使いこなすことができるのか？ |
| | 「永続的理解」 | 体の動きは，バランス，リズム，重心移動，用具の操作，筋力や心の状態に関連して変化するものである。動きの質を高めるためには，バランスや移動，用具の操作，力試しの動きを練習し，それらを組み合わせて動くとよい。また，友達のよい動きを見つけて，自分の運動に取り入れるとよい。 | 器械運動とは，鉄棒やマットを使って，回転や倒立，跳び越す技を高める運動である。うまく技を行うためには，自分の力にあった基本的な技を繰り返し練習し，段階的に新たな技に挑戦するとよい。また，マット運動，鉄棒運動，跳び箱運動の関連性に着目するとよい。練習の際には，自分の動きを振り返るとともに，友達のよい動きを見つけて自分の運動に取り入れるとよい。 |
| | 課題例 | 〔多様な動きをつくる運動〕<br>これまで，バランスを取る運動や，体を移動する運動などを学んできました。学習した多様な運動のなかで，体を動かすおもしろさを味わった運動を3つ以上組み合わせて実演しましょう。 | 〔マット運動〕[3]<br>自分ができるようになったマット運動の技を実演しましょう。またマット運動の技を身につけるために，どのようなことに気をつけて練習したのかを発表しましょう。 |
| 小学校第5～6学年 | 「本質的な問い」 | 〔体つくり運動〕<br>多様な動きを行うにあたって大切なことは何か？ どうすれば，動きの質を高めることができるのか？ | 〔陸上運動〕<br>陸上運動とは何か？ どうすれば，記録を伸ばすことができるのか？ |
| | 「永続的理解」 | 体の動きは，体の柔らかさ，巧みさ，力強さ，動きの持続，バランス，重心移動，用具の操作や心の状態に関連して変化するものである。動きの質を高めるためには，柔軟性や筋力を高めるとともに，巧みさやバランスを高める練習をし，そのうえでそれらを統合するとよい。また，友達のよい動きを見つけて，自分の運動に取り入れるとよい。 | 陸上運動は，一定の距離を全力で走ったり，リズミカルにハードルを越えたりして相手や記録に挑戦するものである。記録を伸ばすためには，基礎体力を高めることに加えて，走ったり跳んだりするときの姿勢を意識し，バランスを崩さずに自分のリズムを保つことが大切である。また，自分の動きを振り返ったり，友達のよい動きを取り入れたりするとよい。 |
| | 課題例 | ペアになって，これまで学んできた多様な運動のなかから，自分たちの体力に合った運動を見つけ，オリジナルの運動を考えてみましょう。お互いにうまく動けるようになったら，その運動のねらいや練習の仕方を発表しましょう。 | 〔ハードル走〕<br>50mハードル走をします。目標はスピードを落とさないように走り，自分の記録に挑戦することです。自分の課題と，その課題に対して自分で考えた練習方法を発表しましょう。 |

| 水泳運動・表現運動・ボール運動 | 保　健 |
|---|---|
| 運動・スポーツをする意味とは何か？　各運動・スポーツの技能を獲得するにはどうすればよいか？ | 健康とは何か？　健康になるとはどういうことか？　どうすれば継続的に健康の保持増進を図ることができるのか？ |
| 〔ボール運動，ゴール型ゲーム〕4)<br>ゴール型ゲームとは何か？　どうすればよりよくプレーし，得点を取り，相手に勝つことができるのか？ | 〔けがの防止：5年生〕5)<br>どうして，けがは起こるのだろうか？　どうすれば，けがを防止したり，けがの悪化を防いだりすることができるのか？ |
| ゴール型ゲームとは，味方にボールを渡したり，個人でボールを操作したりしてゴールをめざすスポーツである。相手に勝つためには，有効な空間（空いたスペース）を作り出すことや，攻守のボールを持たないときの動きを工夫することが重要である。また，作戦の有効性についてプレーごとにチームで振り返りを行い，作戦や動きの修正を行うとよい。 | けがは，人の行動や環境が関わって発生する。けがを防止するには，周囲の危険に気づき，的確な判断の下に安全に行動し，環境を整えるとよい。けがの悪化を防ぐには，状況を速やかに把握して処置し，近くの大人に知らせるとよい。 |
| 〔フラッグフットボール〕<br>3対3のフラッグフットボールのゲームをしましょう。ゲームにおいて，うまく攻撃することができた作戦を説明してください。説明するときには，攻撃の作戦図を示すとともに，どのように動いたのか，どのような動きがよかったのかを教えてください。 | あなたのグループの仕事は安全係です。新5年生が安全に○○へ行けるように，次の内容を入れて，けがの防止について工夫して伝えてください。<br>①身の回りにひそむ危険<br>②事故やけがが起こる原因とその対策<br>③けがをした時の手当 |
| 〔水泳運動，平泳ぎ〕<br>平泳ぎとは何か？　どうすれば平泳ぎをうまく泳ぐことができるのか？ | 〔心の健康〕<br>心と健康はどのように関わっているのか？　心の問題をふまえたとき，どうすれば健康な生活を送ることができるのか？ |
| 平泳ぎとは，手足で水をかいたり押し出したりしながら呼吸することと，キックの後に息をしばらく止めて伸びることを繰り返して進む泳ぎ方である。平泳ぎをうまくなるためには，両手は前方に伸ばし，円を描くように左右に開いて水をかき，足は親指を外側に開き，足の裏全体で水を押しだし，キック後は伸びの姿勢を保ち，これらの動きに合わせて呼吸をするといった，連続した練習をするとよい。 | 人間の心は，さまざまな生活経験を通して，年齢とともに発達する。また，体調不良が心のつらさにも影響するように，心と体は互いに影響し合っている。不安や悩みがあるときは，大人や友達に相談したり，仲間と遊んだり，運動をしたりといったいろいろな方法があり，それらの知識を活用して行動するとよい。 |
| 続けて長く平泳ぎをするための自分の課題を見つけ，その課題を解決するための練習方法を考えましょう。自分のできるようになった練習の成果と，平泳ぎの練習方法を発表しましょう。 | あなたは保健新聞で「心と健康」について記事を書くことになりました。以下の2点の要望をふまえて，読者にわかりやすい記事を書いてください。<br>①心と体は相互に影響していることを，体ほぐしの運動と関連づけて書いてほしい。<br>②不安や悩みにはどのような対処の仕方があるのかを教えてほしい。 |

表11-2　体育科における「本質的な問い」と「永続的理解」，およびパフォーマンス課題の例（中学校）

| 領域 | | 体つくり運動 | 器械運動，陸上競技，水泳，球技 |
|---|---|---|---|
| 領域の「本質的な問い」 | | 体つくり運動をする意味とは何か？　よりよく体つくりをするにはどうすればよいか？ | 運動・スポーツをする意味とは何か？　各運動・スポーツの技能を獲得するにはどうすればよいか？ |
| 中学校第1～2学年 | 「本質的な問い」 | 〔体ほぐしの運動〕<br>体ほぐし運動とは何か？　どうすれば効果的に体ほぐし運動を行うことができるのか？ | 〔球技・ゴール型〕<br>ゴール型の球技とは何か？　どうすればより多く得点し，相手に勝つことができるのか？ |
| | 「永続的理解」 | 体ほぐし運動とは，簡単に取り組むことのできる運動，仲間と協力して取り組める運動や，体とともに心をほぐす運動である。運動を通して効果的に体をほぐすためには，心と体の関係，体の調子，仲間との交流を意識するとよい。また，のびのびとした運動，リズムに乗った運動，ペアでのストレッチ運動，緊張をほぐす運動，（いろいろな条件で）歩いたり飛び跳ねたりする運動を行うとよい。 | 〔バスケットボール〕[1)]<br>バスケットボールは，ボール操作や仲間との連携からシュートを放ち，得点を競うゲームである。得点を奪うためには，シュート，パス，ドリブルなどの技能の精度を高め，ボールを持たない時に空間に走り込んで意図的にシュートチャンスを作ることが重要である。意図的に攻撃するためには，チームの仲間が互いの考えを伝えあい，戦術を共有して，与えられた役割を果たしながら連携して動くことが大切である。 |
| | 課題例 | あなたは○○中学校の生徒を対象に「体ほぐし運動」のプログラムを作ることになりました。生徒たちのライフスタイルをふまえ，体ほぐし運動のよさやどのような運動をするとよいのかを示したプログラムを作成し，実演しながら説明しましょう。 | 〔バスケットボール〕<br>4対4のゲーム（ハーフコート）をします。試合をするうえで意識することは，学習したことを生かして全員が連携して動くこと，より多くの得点を決めて相手に勝つこと，この2つです。チームの仲間と協力してゲームを展開してください。 |
| 中学校第2～3学年 | 「本質的な問い」 | 〔実生活に生かす運動の計画：3年生〕<br>体つくりとは何か？　どうすれば生活のなかに運動を取り入れることができるのか？ | 〔器械運動〕<br>器械運動とは何か？　どうすれば器具を使いこなし，よりよく（美しく）技ができるのか？ |
| | 「永続的理解」 | 体つくりとは，運動不足や疲労を回復し，体調を維持するなどの健康に生活するための体力や，運動を行うための体力をバランスよく高めていくことである。生活のなかに運動を取り入れていくためには，運動の行い方や練習の仕方，活動の仕方，健康・安全の確保の仕方，運動の継続の仕方などの配慮を考え，自分に適した計画を立てるとよい。 | 〔跳び箱運動〕[2)]<br>跳び箱運動とは，切り返し系や回転系などの技を用いて，一連の動きで跳び箱を跳ぶ運動である。技がよりよく（美しく）できるようになるためには，踏み切りや着手，突き放しなどの技の動きを滑らかにして跳び越すことが大切である。また，技の合理的な動き方のポイントを見つけ，仲間にアドバイスしたり，練習方法を工夫したりするとよい。 |
| | 課題例 | あなたは地域に住む大人たちを対象に「体つくり運動」のプログラムを作ることになりました。運動や健康，住民のライフスタイルを調査したうえで，実行可能なプログラムを作成し，解説しながらその運動を発表しましょう。 | 〔跳び箱運動〕<br>あなたは跳び箱教室の先生をしています。あなたの教室に通うM君は，最近「前方倒立回転跳び」の練習を始めました。M君の現状を見て，あなたはどのようなアドバイスをしますか。M君が跳び箱を跳べるように，実演しながら教えてあげましょう。 |

3) 岡嶋一博「技能に習熟度の差がある生徒たちのグループ学習」西岡加名恵，田中耕治編著『「活用する力」を育てる授業と評価　中学校』学事出版，2009年，pp.100-111を参照。なお，筆者が一部加筆修正した。

| | 武道，ダンス，体育理論 | 保　健 |
|---|---|---|
| | 運動・スポーツをする意味とは何か？　各運動・スポーツの技能を獲得するにはどうすればよいか？ | 健康とは何か？　健康になるとはどういうことか？　どうすれば継続的に健康の保持増進を図ることができるのか？ |
| | 〔武道〕<br>武道とは何か？　どうすれば武道の技術を獲得することができるのか？ | 〔傷害の防止〕<br>安全とは何か？　どうすれば身の安全を守ることができるのか？ |
| | 武道とは，相手の動きに応じて攻防し，勝敗を競う日本の伝統的なスポーツ文化である。武道を行うにあたっては，礼儀作法が正しくできて，相手を尊重する態度を取ることが必要である。また，相手に対して禁じ技を用いないなど安全に心がけて試合や練習をしたり，活動場所（設備・用具）の安全に気をつけたりすることが大切である。そして，武道の技術を高めるために自分に合った目標を設定し，その達成に向けた活動をするとよい。 | 交通事故や自然災害などによる傷害は，人的要因や環境要因などが関わって発生する。交通事故などによる傷害の多くは安全な行動，環境の改善によって防止できる。一方，自然災害による傷害は，災害発生時だけでなく二次災害によっても生じる。自然災害による傷害の多くは，災害に備えておくこと，安全に避難することによって防止でき，適切に応急手当を行うことによって傷害の悪化を防ぐことができる。 |
| | 〔柔道〕3)<br>あなたは，オリンピックの「柔道」競技を見て，初心者ながら柔道に興味をもちました。そんなとき，柔道の授業をグループで進めることになりました。「柔道」で身につける技や基本動作を意識して，グループメンバーと協力し合いながら安全に効率よく柔道を行うための計画を立ててください。また，その計画に即して実際に練習を進めましょう。 | 〔傷害の防止〕4)<br>あなたは町内会長です。今度，町内で防災訓練を行うことになり，その計画を立てる役割を任されました。そこで，具体的にどのような訓練や下準備が必要なのかを考え，防災訓練の計画を考えなさい。なお，訓練の動きが徹底できるよう，訓練の流れが一目でわかるような図をつけなさい。 |
| | 〔体育理論〕<br>文化としての運動・スポーツとは何か？　どうすれば運動・スポーツをよりよく理解することができるのか？ | 〔健康な生活と疾病の予防〕<br>健康と生活はどのように関係しているか？　健康になるためには，どのように生活と向き合えばよいか？ |
| | 文化としての運動・スポーツは，健康を維持する要求や，競技の楽しさから生まれたものであり，世代や国境を越えた影響力をもっている。運動・スポーツを理解するためには，文化としてのスポーツの意義，運動やスポーツが心身の発達に与える効果などについて必要な情報を収集し，比較・分析・整理し，まとめた考えを他者と交流することが大切である。 | 健康や疾病には主体の要因（年齢，遺伝など）と環境の要因（温度，ウイルスなど）がある。生活習慣は健康と密接に関連しており，食事の質や量の偏り，運動不足，休養や睡眠の不足などは，生活習慣病などの要因となる。健康な生活を続けるためには，年齢や生活環境などに応じた食事，運動，休養，睡眠の調和のとれた生活を持続するとよい。 |
| | あなたは運動・スポーツを扱う新聞の記者です。「文化としてのスポーツの意義」についての記事を書くことになりました。記事の視点は，運動やスポーツが心身に及ぼす効果，社会性の発達に及ぼす効果，安全な運動やスポーツの行い方などです。読者にとってわかりやすい新聞を作成してください。 | 〔健康と生活〕<br>あなたは「健康と生活」をテーマに講演をすることになりました。生活リズム，運動，睡眠および食事と健康の関係を調査したうえで，健康に暮らすための必要事項を発表してください。また，予想される質問のQ&Aも作成しましょう。 |

4) 岡嶋一博先生作成，北原琢也氏修正の課題を，筆者が一部加筆修正して作成。同上論文を参照。

# 第12章　外国語活動・外国語科 [小学校／中学校]

赤沢真世・福嶋祐貴

## 1　2017年版学習指導要領「外国語活動・外国語科」における主な変更点

### 1　外国語科で求められる資質・能力と「見方・考え方」

　2017年版学習指導要領（小学校，中学校。以下，2017年版）では，小学校5，6年生に教科「外国語」（以下，「外国語」とする）（週2時間）が導入された。教科化にともない，評価のあり方や読み書き指導など，中学校との連携が問われる内容の充実が議論されている。また，小学校3，4年生で「外国語活動」（週1時間）が展開される（どちらも英語履修が原則）。

　「知識・技能」は，語彙・表現や文法等の知識の習得に主眼を置くのではなく，それらを活用して実際のコミュニケーションを図ることができるような知識として習得されることがめざされる。そして「思考力・判断力・表現力等」は，コミュニケーションを行う目的・場面・状況等に応じて，外国語を聞いたり読んだりして情報や考えなどを的確に理解したり，外国語を話したり書いたりして適切に表現したりするとともに，情報や考えなどの概要・詳細・意図を伝え合うコミュニケーションができる力として位置づけられている。そしてこうした力を重視する流れにおいて，より外国語を通じて「何ができるようになるのか」という視点が強調される。さらに児童・生徒がコミュニケーションへの関心をもち，自ら課題に取り組んで表現しようとする意欲や態度として「主体的に学習に取り組む態度」の育成がめざされている。このように求められる資質・能力が掲げられるなか，各学校において到達目標を学年やレベルに応じて4技能それぞれで示すCAN-DOリストの作成とその活用がますます求められている。

　2017年の学習指導要領改訂において重要なのは各教科における「見方・考え方」である（表12-1）。外国語科では，小中高を貫くものとして次のように示されている。①「外国語やその背景にある文化を，社会や世界，他者との関わりに着目して捉え」ること，すなわち外国語や文化を単なる「知識」として学ぶのではなく，外国語が社会や世界においてどのように用いられているのか，どのような文化がその背景にあるのかを広く捉えたり，外国語を通して，自分

表12-1　外国語科における「見方・考え方」

| 「外国語によるコミュニケーションにおける見方・考え方」とは，外国語によるコミュニケーションの中で，どのような視点で物事を捉え，どのような考え方で思考していくのかという，物事を捉える視点や考え方であり，「外国語で表現し伝え合うため，外国語やその背景にある文化を，社会や世界，他者との関わりに着目して捉え，コミュニケーションを行う目的や場面，状況等に応じて，情報を整理しながら考えなどを形成し，再構築すること」（以下，略） |
| --- |

出典：文部科学省『小学校学習指導要領解説　外国語活動・外国語編』2018年，p. 11。

とは異なる文化的背景をもつ他者と関わることができるという視点をもつこと，そして②「コミュニケーションを行う目的や場面，状況等に応じて情報を整理しながら考えなどを形成し，再構築すること」ということが外国語科における思考力・判断力・表現力を育てる過程として重要であることが強調されている。

次に，こうした「見方・考え方」にたち，小学校・中学校それぞれの学習指導要領の改訂においてどのような変更点があるか，詳しくみてみたい。

### 2 小学校での主な変更点

先に述べたように，小学校での大きな変更点はこれまで小学校5，6年生に導入されていた「外国語活動」（週1時間，「教科」ではなく「領域」扱い）を3，4年生へ繰り下げ，小学校5，6年生においては「外国語」（週2時間，ただし短時間学習を含む時間設定）を設置するということである。

新たに設定された「外国語」の目標は**表12-2**の通りである。重要なのは，(2)の「コミュニケーションを行う目的や場面，状況などに応じて」，「身近で簡単な事柄について」という部分である。コミュニケーションが起こる場面設定を明確に想定したうえでのコミュニケーション活動の必要性が強調されている。さらに，文字が必然的に位置づく場面設定においては，とくに音声に十分に慣れ親しんだものについては，内容を推測したり語順を意識したりしながら読み書きを行い，自分の考えや気持ちなどを伝え合う基礎的な力の育成がめざされている。これまでの音声面の育成をふまえ，より現実的な場面において4技能を統合したコミュニケーション活動を行うことがめざされている。

さらに，今回の目標では，「他者に配慮しながら」（中学年では「他者」が「相手」である）という文言が示されている。上述の「見方・考え方」に示されているように，英語でつながる他者への意識や，言語の背景にある文化の多様性に気づくことがより強調されている。たとえば，「相手に伝える意識をもって書き写す」といった文言のように，小学校から一貫して相手意識のある本物の，実際のコミュニケーションを図ることが求められる。また，今回の改訂で導入される「スモール・トーク」においても，文部科学省（以下，文科省）が示した文例では，相手の発言を繰り返して反応したり，I see. や That's nice! How about you? などのコミュニケーション・ストラテジー（Communication

**表12-2 小学校学習指導要領「外国語科」（教科）の目標**

外国語によるコミュニケーションにおける見方・考え方を働かせ，外国語による聞くこと，読むこと，話すこと，書くことの言語活動を通して，コミュニケーションを図る基礎となる資質・能力を次のとおり育成することを目指す。
(1) 外国語の音声や文字，語彙，表現，文構造，言語の働きなどについて，日本語と外国語との違いに気付き，これらの知識を理解するとともに，読むこと，書くことに慣れ親しみ，聞くこと，読むこと，話すこと，書くことによる実際のコミュニケーションにおいて活用できる基礎的な技能を身に付けるようにする。
(2) コミュニケーションを行う目的や場面，状況などに応じて，身近で簡単な事柄について，聞いたり話したりするとともに，音声で十分に慣れ親しんだ外国語の語彙や基本的な表現を推測しながら読んだり，語順を意識しながら書いたりして，自分の考えや気持ちなどを伝え合うことができる基礎的な力を養う。
(3) 外国語の背景にある文化に対する理解を深め，他者に配慮しながら，主体的に外国語を用いてコミュニケーションを図ろうとする態度を養う。

（下線部は赤沢による）

Strategy）が豊富に含まれ，相手を意識したやりとりがより重視されることがみてとれる[1]。

このように，今回の改訂での大きな特徴は，コミュニケーションの目的や場面，状況，そこで情報のやりとりを行う相手・他者意識をもったコミュニケーション活動を位置づける重要性が示されたことである。新教材である5，6年生用『We Can! 1, 2』や3，4年生用『Let's try! 1, 2』をみてみると，外国語活動においてはペアや小さなグループでのコミュニケーション活動（やりとり）の課題が多く含まれており，外国語においては，より多くの聴衆を前に自分の街のよさや自分自身の夢などについて，ポスターやメモをもとにスピーチをするようなパフォーマンス課題が位置づけられている。このような課題を通して，外国語における思考力・判断力・表現力，すなわちコミュニケーションを行う目的や場面，状況等に応じて自分自身の発信する内容を思考したり，表現のあり方を考え，判断したりする力の育成が求められているのである。そして，3年生から6年生の4年間を通した指導の系統性が意識されている。

もちろん内容面では，さらにこれまでよりいっそう高度な言語材料・構造が含まれ，たとえば6年生においては過去形（was/went/ate/saw/enjoyed）も導入される。しかしながら重要なのは，内容面の難易度が高度になった背景には，こうした「見方・考え方」があり，子どもにとってのコミュニケーションの必然性，相手意識から考慮されたものであることを理解すべきである。もちろん，こうした4技能を統合化したパフォーマンス課題が，各ユニットの最後に設定されているものの，その難易度はかなり高く，意味を伴った真正の課題に近づけようとすればするほど，さらに時間がかかる。またとくに読み書きが含まれる高学年においては，子どもの個々の発達段階をより丁寧に把握し，スモールステップによるきめ細やかな指導が必要になるため，単元構成そのものが重要となってくるのである。

### 3 中学校での主な変更点

小学校に外国語科が新設されたことで，中学校でも目立った変化が生じた。2008年版中学校学習指導要領（以下，2008年版）では，外国語活動で培われた外国語能力の素地を意識して，中学校での指導を組み立てることが重視されていた。2017年版では，そうした学習の接続にいっそう留意する必要があるとされている。

外国語科の英語について，「授業は英語で行うことを基本とする」という規定がなされたのも，こうした変更点にもとづくものとみられる。この規定は，小学校の間に基礎的な文法や表現，語彙の学習がなされてきたことを前提に成り立つものである。英語でのコミュニケーションを，言語活動の一場面にとどめず，授業全体にまで広げることで，コミュニケーションの技能をより総合的に伸長させることが期待される。

内容面でも変更がみられる。従来中学校の早い段階で指導されていた初歩的なもの（文字や単文など）は，小学校で扱われることになった。これにより，従来高等学校で学習していた内容の一部（原形不定詞構文や仮定法など）が，中学校に前倒しされた。あわせて，言語の働きとして「仮定する」「命令する」「歓迎する」なども追加された。習得すべき語の数も，**表12-3**のとおり増加している。それらは，従来よりも幅広い言語活動を可能にするといえる。

言語活動としては，「読むこと」「聞くこと」「話すこと［やり取り］」「話すこと［発表］」「書くこと」という5つの領域を統合した活動がより重要視される。中学校ではこれらすべてを総合的に育成する必要があるとされている。

表12-3　学習指導要領「外国語」における英語の語数に関する記載の変化

| | 2008年版 | 2017年版 |
|---|---|---|
| 小学校 | （記載なし） | ○外国語活動で扱った語を含む600〜700語<br>○活用頻度の高い基本的な連語・慣用表現 |
| 中学校 | ○1200語程度<br>○連語・慣用表現 | ○小学校で学習した語＋新語1600〜1800語<br>○活用頻度の高い連語・慣用表現 |

（福嶋作成）

　言語活動で扱われる話題や生徒の主張のレベルも，より具体的なものとなった。小学校では「日常生活に関する身近で簡単な事柄」が取り上げられるのに対し，中学校では「日常的な話題」（学校行事や天気予報など）から「社会的な話題」（社会で起こっている出来事や問題）へと発展すべきものとされている。

　また，相手意識をもちながらコミュニケーションを図ることが，相手への「配慮」として目標に位置づけられた。従来より目標の一つとされていた「言語や文化に対する理解」が，今回の改訂では，コミュニケーションにおける「配慮」として機能すると明言されている。

　しかし，以上のような改訂に対して課題も指摘できる。第1に，内容の高度化は，生徒たちの格差の拡大を助長しかねない。とくに中学校の「授業は英語で行うことを基本とする」という規定は，そもそも授業そのものに参加できないという問題を生むおそれがある。「話すこと［やり取り］」のなかで即興性がしばしば問われることも，日本語で思考して英語で発信する生徒たちにとっては困難なものとなる。小学校の場合と同様，内容の高度化がコミュニケーションにおいて必然的に要請されたものであることをふまえつつ，コミュニケーションに対する経験や技能など，生徒間の差異に目を向けて指導を組み立てていくことが必要である。

　第2に，言語活動の幅が広がった一方で，用いる言語の正確さは比較的軽視されている。これまで学習指導要領に繰り返し表れていた「正しく」「正確に」という文言は，今回の改訂で後景に退いた。顕著な例を挙げれば，「書くこと」に関する記述では，「正しく」という言葉がまったく見られなくなっている。

　2017年版では，最初から正確さや流暢さを追求するのではなく，即興的で多様な言語活動を通して正確さを磨いていくことが重視されている。話題の概要や要点の把握に重点が置かれ，内容や構造の正確な把握をおざなりにした活動に陥ってしまわないかが懸念される。

　第3に，言語と文化の関係の捉え方である。従来の「言語や文化に対する理解」は，2017年版で「外国語の背景にある文化に対する理解」とされた。また，学習指導要領解説では，相手に配慮しながらコミュニケーションをとるにあたり，「相手の外国語の文化的背景によって『配慮』の仕方も異なってくることが考えられる」とされている。つまり，「文化」は「相手」の背景にあるというよりも，「言語」と一体のものと捉えられている。しかし英語の場合，「言語」と「文化」は必ずしも対応しない。グローバル化する世界にあって，英語を話す全員が英語文化のなかで育ってきたわけではないからである。多様性を尊重するならなおさら，「配慮」の内実も含めて慎重に検討する必要がある。

## 2　外国語科における「本質的な問い」と「永続的理解」

「見方・考え方」に表れているように，外国語科を貫く最も包括的な「本質的な問い」は，「外国語を通して，他者とのよりよいコミュニケーションを図るにはどのようにすればよいのか」という問いである。**表12-4**，**12-5**（144〜147ページ）では，その問いにつながるような「本質的な問い」と「永続的理解」，そしてそれに対応したパフォーマンス課題を，5領域それぞれ（聞くこと，読むこと，話すこと［やりとり］，話すこと［発表］，書くこと）について例示した。

なお，2017年版学習指導要領では5領域を「統合した」言語活動が重要視されている。上記の外国語科のパフォーマンス課題については，今回は分けて例示したものの，その領域の枠内のみに位置づくものではないということが重要である。現実世界の文脈を意識したパフォーマンス課題では，課題を成し遂げるために複数の領域の能力が必要とされる。実はこの点こそが，外国語科におけるパフォーマンス課題の大きな意義である。たとえば英語のニュースからクイズを作る課題があれば，「聞く」活動だけではなく，英語でクイズを作る（「書く」）能力，発表では「読む」「話す」能力が要求される。このように，真正性が高い課題であればあるほど，4技能が統合して育成される活動が必然的に展開される。「まとまりのある英語を聞いて，概要や要点を適切に聞きとること」や，「話の内容や書き手の意見などに対して感想を述べたり賛否やその理由を示したりすることができるよう，書かれた内容や考え方などをとらえること」といったように，従来の外国語科が課題として抱えてきたものである。

このように，外国語科において今後ますます求められる能力とは，単に英語を表面的，機械的に理解したり表現したりする能力にとどまらず，相手の「意向」を汲み取り，自身の意見をよりよく伝えるといった，より高次の能力である。そのため，外国語科の授業づくりにおいては，各領域での「本質的な問い」を意識した真正性の高いパフォーマンス課題の設定や，それにもとづく評価が大きな役割を担うこととなる。

また，学年による区分ではなく，生徒がレベルアップを実感できるよう，領域を通してできるだけ繰り返し型のパフォーマンス課題になるように配置し，実践を積み重ねることも必要となってくる。そのため，今回の案では学年別ではなく，小・中の大きなまとまりで記した。

では，こうしたパフォーマンス課題がどのように取り組まれるのか，次にみていきたい。

## 3　外国語科におけるパフォーマンス課題の実践例

**1**　「Welcome to Japan」（小学校第6学年）

小学校の事例として，文科省の新教材『We Can! 2』のユニット2（「Welcome to Japan」）を取り上げる。

たとえば，「外国人にむけて自分が伝えたい日本文化を伝える」という課題が設定される。自分の好きな日本の文化（食べ物，行事，遊び）などについて，それを表現する形容詞（It's delicious/fun/beautiful. など）を用いて発信する内容である。**資料12-1**は泉ら（2018）の実践をもとに筆者が「本質的な問い」「永続的理解」を整理したものである。

また，評価の具体的基準であるルーブリックに関しては，泉ら（2018）では，単元固有の評価

と，プレゼンテーションの評価という2つの視点でルーブリックを分けて作成し，それぞれに「知識・技能」「思考力・判断力・表現力」「主体的に学習に取り組む態度」の3層で3段階評価を行う詳細なものを示している。ただ本稿では，最も重視したい内容における深まり（思考力・判断力・表現力）の観点と，どの単元でも応用できるような観点として「発表」の観点でのルーブリックに絞って紹介する（142ページの**資料12-2**）。ここからは，自分の伝えたい内容を，学習した語彙や表現を駆使して伝えているか，また相手を意識した発話ができているかという観点が小学校ではとくに重要になっていることが伺える。

では，こうしたパフォーマンス課題を小学校で実践していく際には，どのようなポイントがあるだろうか。第1に，繰り返し述べているように，活動における目的や相手の具体的な想定である。『We Can!』のアクティビティはこの点が非常に意識されて設定されているが，実践においては，より目の前の児童の生活や学習の文脈に即した場面設定が求められる。

第2に，その場面で必要な知識・技能の反復練習を学びの過程に位置づけることである。チャンツやアクティビティー等を通して，これまでよりも充実した語彙や表現をいかに負担感なく慣れ親しませるかという点が検討されなければならない。すなわち，単元構成や授業の流れがこれまでよりもより重要になってくる。

第3に，子どもの多様性を認める余白を作ることである。具体的には発表やポスターづくりにおいて，内容をすべて「型」として示すのではなく，最後の1行は自由な表現，オリジナリティを発揮できる余白を入れることである。例文を頼りに定着をめざす児童もいれば，自分の思いを発信するために挑戦的な内容を書き記そうとする児童も出てくる。

このように，小学校では文科省の新教材での活動例をもとにしながら，より子どもの学びの文脈に寄り添った真正の課題の設定が求められる。こうした活動を通してこそ，目的意識と相手意識をもったコミュニケーションが行われ，外国語科における深い学びが実現すると考える。

### 2 「Show & Tellをしよう」（中学校第1学年）

中学校の事例として，濵田眞基子先生（愛媛大学教育学部附属中学校）の実践を取り上げる。この単元は，Show & Tellを用いてコミュニケーションが成立するような表現活動を通して，論理的思考力と表現力の育成をめざしたものである。この単元について，濵田先生は，**資料12-3**（143ページ）のように「本質的な問い」，「永続的理解」，パフォーマンス課題を設定した。

**資料12-1　「日本文化を紹介しよう」における「本質的な問い」「永続的理解」，およびパフォーマンス課題の例**

| 「本質的な問い」 | 自分の紹介したいことを効果的に伝えるにはどうしたらよいか？ |
|---|---|
| 「永続的理解」 | 紹介したい内容を表す言葉（形容詞）を選んだり組み合わせたりする。また，わかりやすくするために資料を指し示したり，効果的なジェスチャーを付けて伝えることが有効である。 |
| パフォーマンス課題 | 交流プログラムで出会う海外の小学生に自分が伝えたいと考える日本の文化（食べ物，行事，遊び）を発表しよう。 |

出典：泉恵美子・山川拓・黒川愛子・津田優子「思考力・表現力を育成するパフォーマンス課題と評価―小中の英語教育における取組み」『京都教育大学教育実践研究紀要』第18号，2018年，pp. 213-222 より筆者が整理。

**資料12-2　「日本文化を紹介しよう」発表のルーブリック**

| | 内容 | 発表 | |
|---|---|---|---|
| | | 英語らしさ（流暢に話す・文のまとまり）※1 | 発表の積極性 |
| 3 | 日本文化についての説明や感想を伝える形容詞を選んでいる。また、単語や文を付け足して相手の理解を深める発表ができる。 | 音のつながりやイントネーションを意識し、文の流れを保って話すことができた。話の区切れごとに相手の理解を確認するような表現が加えられている。 | 伝える相手の人数や状況に応じて目線を振ったり話題に合わせた表情やジェスチャーを取り入れた発表ができる。 |
| 2 | 伝えたいものを選んで調べ、日本文化についての説明や感想を伝える形容詞を選んで発表することができる。 | つかえることもあるが、最後まで話すことができた。叙述と自分の考えの違いがわかるように区切って発表できる。 | 相手に目線を振ったり、ジェスチャーを入れたりした発表ができる。 |
| 1 | お手本を使った発表しかできない。 | 途中で止まってしまい、続けることができなかった。話の区切れがわかる発表ではない。 | 資料や下ばかりを向いて相手に目線をあわせられない。 |

※1　泉ら前掲書では別の観点となっているが、本稿では「英語らしさ」という大きな枠組みでまとめている。
出典：泉ら前掲書をもとに筆者が整理。

友達や家族のことを紹介するとき、3人称単数現在形の使用が必然的に求められる。加えて、わかりやすく紹介し、それをもとにコミュニケーションをとるためには、文と文の間の論理的なつながりを意識して、必要な情報を提示していくことが重要である。濵田先生はこうした点を考慮して**資料12-3**のように課題を設計した。「書くこと」における文法や構文に関する事項を重視し、生徒が取り組むなかでそれらを自然に意識し活用することができるような課題設計が行われているといえる。

単元の指導は、自分の身近な人についてまとまりのある紹介文を書くことから始められた。次にその紹介文を、生徒たちがグループになって推敲しあった。紹介文に沿って、カットアウトピクチャーの制作も行われた。その後、生徒たちはグループ内で発表をし、自己評価と相互評価をもとに個人での推敲に取り組んだ。最後に全体でスピーチを発表し、評価活動を行った。

この指導計画には、推敲や発表、評価の機会が多く取り入れられている。この点について、濵田先生は、「パフォーマンス課題を成功させるには、生徒が自信をもって取り組めるように十分準備してパフォーマンステストに臨ませることが必要」と考えている。いきなりの本番で、即興でのコミュニケーションが求められるような事態は、多くの生徒をまごつかせ、格差を生んでしまうおそれがある。意識すべき点を明確にし、十分に練習と推敲を重ねることで、生徒の本来の力が発揮されるといえるだろう。

原稿の執筆・推敲、およびスピーチの際、生徒にはルーブリックが与えられた。「スピーチ原稿のルーブリック」が1種類、「スピーチ発表のルーブリック」がSpeaker用とListener用の2種類作成され、自己評価や相互評価に活用された。そのうち「スピーチ原稿のルーブリック」を**資料12-4**に示す。生徒は、これらのルーブリックを活用することで、自分に不足している力を見つけ、めざすべきレベルを把握し、目標をもって課題に取り組むことができた。

生徒たちが安心して本番を迎えるためには、明確な目標をもって学習に取り組み、生み出し

**資料12-3　「Show & Tell」における「本質的な問い」「永続的理解」，およびパフォーマンス課題の例**

| | |
|---|---|
| 「本質的な問い」 | 相手に，わかりやすく人物を紹介したり，紹介された人物について質問したり感想を言ったりするためにはどうしたらよいか？ |
| 「永続的理解」 | 相手にわかりやすく人物を紹介するためには，3人称単数現在時制の動詞に気をつけて論理的に英文を構成するとともに，スピーチ内容や発表態度を工夫することが必要である。英語で論理的に表現する力を身につけるためには，順序立てて話したり根拠や具体例を挙げたりするとよい。また，互いのスピーチ内容に関連する問答をする際に，6W1Hを意識して質問したり，応答に情報を付け加えて答えたりすることが大切である。さらに，意見や感想を述べる際に理由を伝えるようにすると，互いの理解が深まる。 |
| パフォーマンス課題 | ALTの先生やクラスのみんなに，友達や家族などあなたの身近な人について紹介します。スピーチとして，その人に関する絵や写真を実際に見せて紹介してください。これまでに習った表現を使って，その人の魅力や事実とその理由を，聞き手にわかりやすい順序で具体的に説明しましょう。そして，互いのスピーチについて，主語に気をつけたり6W1Hの問答ゲームの型を意識したりして，内容に関連した質問をしたり感想を述べ合ったりしましょう。返答する際，必要な情報を付け加えましょう。 |

出典：京都大学大学院教育学研究科 E.FORUM『「スタンダード作り」基礎資料集（第2集）』2017年，p.214。

**資料12-4　スピーチ原稿のルーブリック**

| | 論理的な思考力・表現力 | |
|---|---|---|
| | 英文構成 | スピーチ内容（先生がチェック） |
| 3 | 1つのトピックに対して，But（しかし），So（だから）などの接続詞を使うなどして，理由や事実を含んだ2～3文のつながりのある文章が書ける。 | それぞれのトピックに対して，事実を具体的に詳しく表現することができており，言っていることがよくわかる内容である。 |
| 2 | 1つのトピックに対して，But（しかし），So（だから）などの接続詞は使っていないが，理由や事実を含んだ2～3文のつながりのある文章が書ける。 | それぞれのトピックに対して，事実を表現することができてはいるが，具体性に欠ける。 |
| 1 | 1つのトピックに対して，2～3文のつながりのある文になっていない。 | いくつかのトピックを1文ずつ程度，表現するだけになっている。 |

出典：京都大学大学院教育学研究科 E.FORUM，前掲書，p.215。

た原稿をもとにして十分な練習と推敲を重ね，本番のコミュニケーションに臨むことが重要である。即興的で状況に応じたコミュニケーションも，そうした機会の保障を通して結果的に実現されるものと考えられる。濵田先生の実践は，2017年版学習指導要領のもつ理念や課題に対して重要な提起をするものと評価される。

1) 文部科学省『小学校外国語活動・外国語研修ガイドブック』2017年，pp.130-134。

［文責］赤沢真世　1(1),(2),2,3(1)
　　　　福嶋祐貴　1(3),3(2)

表12-4　外国語科における「本質的な問い」と「永続的理解」，およびパフォーマンス課題の例（小学校）

| 領域 | | 聞くこと | 読むこと | |
|---|---|---|---|---|
| 領域の「本質的な問い」 | | コミュニケーションの目的や場面，状況などに応じて話された内容を適切に聞き取り，それに応じられるようにするにはどうしたらよいのか？ | コミュニケーションの目的や場面，状況などに応じて書かれたものの主張や思いを（その概要や詳細を），効果的に読み取り，理解するにはどうしたらよいのか？ | |
| 小学校第5～6学年 | 「本質的な問い」 | 自分のことや身近で簡単な事柄について必要な情報を聞き取ったり，短い話の概要を捉えるにはどうしたらよいのか？ | 音声で十分に親しんだ語句や表現からなる簡単な文や文章の意味をつかむにはどうしたらよいのか？ | |
| | 「永続的理解」 | ジェスチャーや視覚的支援などを手がかりに，強く大きく聞こえたキーワード（動詞や目的語）や文全体の抑揚（抑揚があがる場合は疑問文，など）に注目して意味を類推するとよい。 | ・一文において英語の主述の関係をつかむことが必要である。<br>・音声で親しんだ語句や表現について，文字の情報を手がかりとしながら単語の意味を推測して読むことが有効である。 | |
| | 課題例 | 友達の「一日のスケジュール」についてのポスター発表を聞いて，自分と違っておもしろいと感じたことを友達に伝えよう。<br>（『Hi, friends! 2』Lesson6, Activity②） | 『The Hungry Caterpillar』の絵本をグループで分担して読み合わせしよう。また，オリジナルな食べ物を入れて，新しい1ページを作ってみよう。（赤沢試案） | |

| | 話すこと（やりとり） | 話すこと（発表） | 書くこと |
|---|---|---|---|
| | コミュニケーションの目的や場面，状況などに応じて，自分の考えや思い，情報等を効果的に伝え合うにはどうしたらよいのか？ | コミュニケーションの目的や場面，状況などに応じて，自分の考えや気持ち，情報等を相手に効果的に伝わるように表現するにはどうしたらよいのか？ | コミュニケーションの目的や場面，状況などに応じて，自分の考えや思い，情報等を効果的に相手に書いて伝えるにはどうしたらよいのか？ |
| | 日常生活に関する身近で簡単な事柄について，自分の考えや気持ちなどを伝え合ったり，その場で質問したり答えたりして伝え合うにはどうしたらよいのか？ | 自分のことや，日常生活に関する簡単な話題について，わかりやすく相手に伝えるにはどうしたらよいのか？ | 自分のことや身近で簡単なことがらについて書くにはどうしたらよいのか？ |
| | ・相づちや聞き返しをし，自ら積極的に対話を続けようとすることが必要である。<br>・聞き取れた単語やジェスチャーから内容を推測したり，学習した単語やジェスチャーを駆使して自分の考えや気持ちなどを伝えようとするとよい。 | ・伝えようとする内容をあらかじめ整理することが必要である。<br>・これまでに学習した簡単な語句や基本的な表現を用いながら話の順序を考えるとよい。<br>・聞く相手に合わせて声の大きさや間，効果的なジェスチャーを考え，相手の反応を見ながら発表することが必要である。 | ・大文字・小文字の区別，スペースなどの書き方を意識しながら書くことが大切である。<br>・例文を参考に，自分の書きたい内容に応じて必要な単語を選んで語順を意識して書くことが必要である。 |
| | あなたは○○さんのためにメニューを考えます。そのメニューに必要な料理を揃えるため，バイキング形式でそれぞれの料理を集めましょう。またなぜそのメニューにしたのか理由を発表しましょう。<br>（『We Can! 1』Unit8, Activity） | クラスの友達に，夏休みの思い出を伝え合い，来年の夏休みに一緒に過ごしたいという友達を増やそう。<br>（『We Can! 2』Unit5, Activity） | ALTに日本の行事について紹介します。グループごとに好きな日本の季節と「行事」「食べ物」「遊び」についてポスターを作り，発表をしましょう（発表する内容をワークシートに書いて，ポスターの裏に貼りましょう）。<br>（『We Can! 2』Unit2, Activity） |

（赤沢作成）

表12-5 外国語科における「本質的な問い」と「永続的理解」、およびパフォーマンス課題の例（中学校）

| 領域 | | 聞くこと | 読むこと |
|---|---|---|---|
| 領域の「本質的な問い」 | | コミュニケーションの目的や場面、状況などに応じて話された内容を適切に聞き取り、それに応じられるようにするにはどうしたらよいのか？ | コミュニケーションの目的や場面、状況などに応じて書かれたものの主張や思いを（その概要や詳細を）、効果的に読み取り、理解するにはどうしたらよいのか？ |
| 中学校第1〜3学年 | 「本質的な問い」 | ・人物や事物に関する説明を聞いて、必要な情報や内容の要点を適切に捉えるにはどうすればよいのか？<br>・会話において、話し手の意図や話の概要を聞き取り、それに応じられるようにするにはどうすればよいのか？ | ・日常的な話題について書かれた簡単な語句や文で構成される短い文章や物語文において、必要な情報を取り出したり、趣旨・要旨を理解するにはどうしたらよいのか？<br>・社会的な話題について書かれたまとまりのある説明文において、文章の要点を捉えたり、書き手の意向を理解するにはどうしたらよいのか？ |
| | 「永続的理解」 | ・人物や事物に関する説明については、繰り返し登場するキーワードや接続詞をもとに全体像を把握しながら、事実や数値などの詳細な情報に注意して聞くとよい。<br>・会話においては、強調されたキーワードに注意するだけでなく、不明確な内容があれば聞き返したり、確認したりするとよい。 | ・日常的な話題について書かれた文章や物語文においては、指示代名詞や感情のこもった語句や表現等に注目し、文のつながりや文脈を意識するとよい。<br>・社会的な話題について書かれた説明文においては、キーワードや必要な情報、接続詞に注目し、文章全体の構成を考えながら読むとよい。 |
| | 課題例 | 「『世界の中の日本』というテーマで英語でクイズを作ろう」[1]<br>まず、英語のニュースから、日本の特徴（生産物が世界で何位かなど）を聞き取ろう。次に、協同学習の手法を利用しつつ、小集団で協力してクイズを作り、仕事を分担して発表しよう。クイズの文では比較級か最上級を使うこと。（高木浩志先生） | 「絵本の読み聞かせをしよう」[2]<br>あなたたち二人は図書館でボランティアをしています。来館した子どもたちに英語の絵本を読んであげることとなりました。内容がよく伝わるように、声に出して読んであげてください。（田中容子先生、中谷志穂理先生） |

1) 高木浩志『中学英語教師のための小学校英語実践への対応ハンドブック』2010年、明治図書、p. 24。
2) 京都府立園部高等学校英語科『ことばの力プロジェクト2010年度報告書』2011年、pp. 18-20。課題文は一部修正した。

|  | 話すこと（やりとり） | 話すこと（発表） | 書くこと |
| --- | --- | --- | --- |
|  | コミュニケーションの目的や場面，状況などに応じて，自分の考えや思い，情報等を効果的に伝え合うにはどうしたらよいのか？ | コミュニケーションの目的や場面，状況などに応じて，自分の考えや気持ち，情報等を相手に効果的に伝わるように表現するにはどうしたらよいのか？ | コミュニケーションの目的や場面，状況などに応じて，自分の考えや思い，情報等を効果的に相手に書いて伝えるにはどうしたらよいのか？ |
|  | ・他者と英語で日常的な事柄についてやりとりを交わすとき，どのようなことを心掛けるとよいのか？<br>・社会的な事柄について英語で他者に質問をしたり，意見交換を行ったりするとき，どのようなことを心掛けるとよいのか？ | ・身近な事実や出来事，自分の気持ちや思いを正しく伝えるためにはどのような表現の仕方をすればよいのか？<br>・与えられた社会的なテーマについて，自分の意見や考えをわかりやすく伝えるにはどのような英語の表現を使えばよいのか？ | ・身近な出来事や体験を，日記や手紙，メッセージなどで相手に伝えるにはどうしたらよいのか？<br>・社会的な話題に関して聞いたり読んだりしたことについて，自分の考えや感じたことを書いて伝えるにはどうしたらよいのか？ |
|  | ・日常的な場面においては，聞き取りやすい発音で，流れを大切にしながら，場面や相手との関係を考慮した言い回しを用いる。<br>・質疑応答や意見交換の場では，重要な部分を強調したり復唱したりして，わかりやすくなるよう工夫しつつ，相手の意見などを尊重しながら，場面やテーマに応じた独特の表現を用いる。 | ・事実や自分の考え，気持ちなどをまず整理してから，相手が理解しやすい簡単な語句や文を用いて表現する。<br>・社会的なテーマに関する発表では，誰を対象にどんな内容を話すのかを整理し，初めにトピックを提示したり，理由や根拠，具体例等を付加したりして，論理的かつ応答的に伝える。 | ・身近な事柄の場合は，具体例を豊富に入れ，自分の思いや感情も含めながら，文構造や語法に注意してできるだけわかりやすく表現するとよい。<br>・社会的な事柄の場合は，具体例や根拠を交え，事実と意見を区別しつつ，読み手や状況に配慮した表現を選択しながら，文構造や語法に注意して表現するとよい。 |
|  | 「電話での応対」3)<br>あなたは用があって，植田先生の自宅に電話をかけることになりました。電話をかけましたが，先生は不在で，英語しか話せない奥さんが代わって電話に出ています。そこで先生の奥さんに伝言を頼んでください。（植田則康先生） | 「旅行の計画」4)<br>あなたは夏休みに海外旅行に行くことになりました。行き先，してみたいこと，買いたいもの，食べたいものなどについて計画を立ててください。理由などを述べると相手を惹きつける文章になります。今までに学習した表現を使って，わかりやすい内容に仕上げてください。そして，友達の旅行計画を聞いて，感想を言ったり質問したりしなさい。（河野圭恵先生） | 「This is me」5)<br>あなたが進もうとしている高校に自分自身のことを伝えるために自己PR文を書きましょう。現在完了形を使って今までの経験を述べたり，It is ～ for-toやhow toなどを用いたりして，自分の特技をできるだけたくさん書きましょう。（西田めぐみ先生） |

（福嶋作成）

3) 植田則康「ルーブリックを用いた検討会によるコミュニケーション能力の育成『ディベート』」西岡加名恵・田中耕治編著『「活用する力」を育てる授業と評価 中学校』2009 年，p. 137。
4) 河野圭恵「京都大学大学院教育学研究科 E.FORUM『『スタンダード作り』基礎資料集（第 2 集）』2017 年，p. 217。
5) 西田めぐみ『京都大学大学院教育学研究科 E.FORUM『『スタンダード作り』基礎資料集』2010 年，pp. 220-221。

【執筆者一覧】（執筆順）

| | |
|---|---|
| 西岡加名恵 | 京都大学大学院教育学研究科教授 |
| 八田幸恵 | 大阪教育大学教育学部准教授 |
| 鋒山泰弘 | 追手門学院大学心理学部教授 |
| 次橋秀樹 | 京都芸術大学芸術学部准教授 |
| 石井英真 | 京都大学大学院教育学研究科准教授 |
| 大貫 守 | 愛知県立大学教育福祉学部准教授 |
| 中西修一朗 | 大阪経済大学情報社会学部講師 |
| 小山英恵 | 東京学芸大学教育学部准教授 |
| 北原琢也 | 京都大学大学院教育学研究科特任教授 |
| 徳島祐彌 | 盛岡大学文学部児童教育学科助教 |
| 赤沢真世 | 佛教大学教育学部准教授 |
| 福嶋祐貴 | 京都教育大学大学院連合教職実践研究科講師 |

（所属は 2023 年 1 月現在）

【編著者紹介】

## 西岡加名恵（にしおか かなえ）
京都大学大学院教育学研究科教授

日本教育方法学会理事，日本カリキュラム学会理事，文部科学省「育成すべき資質・能力を踏まえた教育目標・内容と評価の在り方に関する検討会」委員など。主な著書に，『教科と総合学習のカリキュラム設計』（単著，図書文化，2016年），『新しい教育評価入門』（共編著，有斐閣，2015年），『グローバル化時代の教育評価改革』（共著，日本標準，2016年），『「逆向き設計」実践ガイドブック』（共編著，日本標準，2020年），『高等学校 教科と探究の新しい学習評価』（編著，学事出版，2020年），G.ウィギンズ，J.マクタイ『理解をもたらすカリキュラム設計』（訳，日本標準，2012年）など。

## 石井英真（いしい てるまさ）
京都大学大学院教育学研究科准教授

日本教育方法学会理事，日本カリキュラム学会理事，文部科学省「児童生徒の学習評価に関するワーキンググループ」委員など。主な著書に，『今求められる学力と学びとは』（単著，日本標準，2015年），『再増補版 現代アメリカにおける学力形成論の展開』（単著，東信堂，2020年），『授業づくりの深め方』（単著，ミネルヴァ書房，2020年），『未来の学校』（単著，日本標準，2020年），『小学校 新教科書 ここが変わった！算数』（編著，日本標準，2020年）など。

---

### 教科の「深い学び」を実現するパフォーマンス評価
#### 「見方・考え方」をどう育てるか

2019年3月30日　第1刷発行
2023年2月10日　第6刷発行

編著者　西岡加名恵・石井英真
発行者　河野晋三
発行所　株式会社 日本標準

〒350-1221　埼玉県日高市下大谷沢91-5
電話　04-2935-4671　　FAX　050-3737-8750
URL　https://www.nipponhyojun.co.jp/
印刷・製本　株式会社 リーブルテック

Ⓒ Nishioka Kanae　Ishii Terumasa
ISBN 978-4-8208-0654-7

＊乱丁・落丁の場合はお取り替えいたします。
＊定価はカバーに表示してあります。